日本史を精神分析する

自分を知るための史的唯幻論

岸田秀
聞き手・柳澤健

亜紀書房

はじめに

柳澤健

鯨からミジンコに至るまで、すべての動物は本能に従って生きる。

本能が命じるものを食べ、本能に従って交尾し、子を生み、育て、やがて死ぬ。

だが、人間は違う。

世界各地からあらゆるものを取り寄せて食べ、生殖と関係なくセックスを行い、避妊し、堕胎し、生まれてきた子を殺す。

一生使い切れないほどのカネを蓄える少数の人間と、飢えに苦しむ大量の人々がいる。

スローガンのために殺し合う人々も、未来に絶望して自殺する人々もいる。

ダーウィンの進化論によれば、人間は進化の頂点に位置するというが、本当だろうか。

人間が進化の頂点に位置するのならば、なぜこれほどまでに愚かなのだろう。

そうではない。

人間は進化の頂点にいるのではなく、本能という行動指針を失ってしまったのだ。

人間の本能はバラバラに壊れてしまった。

そのままでは滅びるほかないために、しかたなく人間はバラバラに壊れた本能の破片を無理矢理につなぎあわせて世界を再構築した。

それが文化である、と岸田秀は言う。

文化とは、失われた世界の模造品なのだ。

人間以外の動物は、本能を通じて完璧な世界と永遠に繫がっている。過去への悔恨も、未来への不安もない。

だが、本能が壊れ、世界との繫がりを失った人間は、過去を悔い、未来に不安を抱くようになった。

このようにして、人間は時間を作り出した。

孤独な人間は、失われた世界との繫がりを必死に求める。

自分はこのような父と母の間に生まれ、さらに遡れば偉大なる先祖に行き着く。

自分はこのような家に生まれ、家は地域に属し、英雄が率いる偉大なる国に属する。

時間と空間の両面から自分を説明してくれる物語。それこそが歴史である。過去も未来も、男も女も、恋愛も結婚も、国家も家族もさらに自分自身も、人間が作り出した物語に過ぎない。

岸田秀の唯幻論は「人間は本能が壊れた動物である」という地点から始まる。本能という行動指針を失った人間は、自らが作り出した幻想の物語に従って生きるほかない。

自分の幻想と他人の幻想は、必然的に衝突する。自分から見れば他人は狂っているように見えるが、他人から見れば狂っているのは自分の方なのだ。

日本も韓国も中国もロシアもアメリカもヨーロッパもアラブもアフリカも、それぞれに狂っており、必然的に衝突する。

「世界は医者のいない精神病院である」と岸田秀は言う。普遍的な正義などどこにもない。

岸田唯幻論の観点から私たちの国の物語を眺めてみれば、未来を生きる若者たちも、少しは気楽になるのではないか。そんな思いから本書を企画した。

「なんだ、みんなメチャクチャに生きてきたんだ。だったら私もメチャクチャに生きよう」

読者にそう思っていただければ、本書の目的は果たされたことになる。

目次

日本史を精神分析する

自分を知るための史的唯幻論

第一章

自分を知るための歴史

日本史にどう向き合うか

――いま、日本は中国・韓国と大きなトラブルを抱えています。アジア各地で領土問題を惹《ひ》き起こしている中国は、尖閣諸島も中国の領土だと主張しています。

さきの韓国の大統領・李明博《イミョンバク》は歴代の大統領としてはじめて竹島に上陸したばかりか、「日王（天皇）は足を縛り、ひざまずいて謝罪すべきだ」と発言しました。朴槿恵《パククネ》現大統領も「（日本と韓国の）加害者と被害者という歴史的立場は一千年の歴史が流れても変わることはない」と演説しています。韓国の歴代大統領は、日韓関係においては、日本が百パーセント悪く、韓国の責任はゼロパーセントであると考えていることがわかります。その根底には「日本の歴史認識は間違っている」という怒りがあるのでしょう。日本の中学生向けの歴史教科書を批判したのもその一環です。

おたがいに「自国は正しい。他国は間違っている」と言い続けていても仕方がない。むなしいだけだし、言い争ったあげく、戦争になるのが関の山です。戦争になれば、結果がどうであれ、国家間の憎しみがさらに大きくなることは確実で、何の解決にもなりません。

私たちが学校で教えられるのは「国立《こくりつ》の歴史」です。ごく大まかに言って、国立の日本史は、戦前は「日本は神の国である」という皇国史観によって、戦後は「われわれ民衆は悪い軍部に騙《だま》されていた」という東京裁判史観によって染められてきました。

皇国史観を信じた結果はどうなったか。日本は泥沼の太平洋戦争に突入し、三百十万人の死者を出し、首都をはじめ、主要な都市のほとんどを焼け野原にされ、広島・長崎には原爆を落とされて、連合国に無条件降伏をせざるを得ない羽目に陥りました。戦争して得たものは何もなく、失ったものは途方もなく大きく、植民地にされた韓国人の深い恨みを買い、中国を含むアジア各地を侵略したとして嫌われました。

東京裁判史観を信じた結果はどうなったか。日本は経済大国になったものの、敗戦から七十年を経た現在でも国内にはアメリカ軍基地が十ヶ所もあり、日本政府はアメリカの意向を離れては何ひとつ決められないという体《てい》たらくです。

岸田　日本は情けないことにアメリカの属国なのに、何を根拠にして言うのか、イコール・パートナーとか対等な同盟国などと詐称して世界の失笑を買っています。

——日本人には「私立《しりつ》の日本史」が必要だと思います。国の面子《メンツ》やタテマエや利害得失や学校の授業からいったん離れて、自分の頭で日本という国を考えてみる必要があるのではないでしょうか。日本が歩んできた道を俯瞰《ふかん》して、自分たちの弱点や病理を知れば、若い世代はより賢く判断することができるようになるはずです。

岸田　どの民族、どの国の歴史も自己正当化の物語であることには変わりありません。ただ、そのことを自覚しているかいないかが問題です。韓国にはその自覚が欠けているのでしょう。他国の歴史についてだけでなく、自国の歴史についても、それが正当化の物語であることをふまえた上で、距離を置いて接することが必要だと思います。自国の歴史を唯一絶対の真実として信じ込み、他国に押しつけることから問題が起こってくるのです。そのため、韓国人が語る意見は国内問題についても国際問題においても必然的に根拠薄弱な妄言にならざるを得ません。

天照大神《あまてらすおおみかみ》の孫が天から日向《ひむかい》の地に降りてきて、などという話は、言うまでもなく、現実にはありえないことです。ただ、ある面で天孫降臨の物語に日本民族が支えられてきたことは否定できない。事実とは違うと認識した上で、日本を支えてきた「物語」を大切にするという態度が必要でしょう。われわれの先祖がこの物語を作ったのにはそれなりの理由があったはずで、その理由は知っておくべきです。それはわれわれがどういう民族であるかを語ってくれるからです。馬鹿らしいと決めつけて捨て去るのは間違いですが、しかしまた、この物語に無批判に引きずられるのも危険です。自国の歴史を誇りに思うのはいいけれど、過去を無視したり隠蔽（いんぺい）したり歪曲したりして嘘を真実とするのはこの上なく愚かだし、非常に危険だということです。そのようなことをすれば、国を誤った道へと引き入れます。

たとえば、明治維新のときは「過去の日本は間違っていた。これから新しく正しい日本が始まる」ということで欧米諸国に侮られない軍国日本の建設に必死になりました。敗戦後の日本もまた同じように「これまでの日本は間違っていた。これから新しい正しい日本を作ろう」ということで戦争しない絶対平和主義の日本をめざしました。明治のはじめと敗戦後は、過去は全面的に間違っていたと否定し無視し、これからは正しい道を進むつもりだったという点で、方向は逆ですが、態度としてはまったく同じでした。過去を無視するこの隠蔽と捏造《ねつぞう》の態度は、唐・新羅《しらぎ》の連合軍に敗北してみじめな状態に陥った倭国《わこく》が現実を否定して天孫降臨神話に逃げ込んだ姑息《こそく》な政策の反復強迫であると思われます。

日本の軍部は戦争に負けたら大急ぎで軍事関係の文書を燃やしたし、昔もいまも外務省は外交文書を公開しない。外務省だけでなく、どの省庁も議事録などを公表しないか、公表しても重要なところは黒塗りしてあったりする。あるいは、そもそも初めから議事録を取らなかったりする。これでは過去の失敗や愚行の原因が隠蔽され、永遠に同じ失敗や愚行を繰り返すことになります。そのような態度こそが日本のプライドとアイデンティティの成立を妨げていたのではないかと思いますね。過去のすべての事実が収斂《しゅうれん》したところに現在があるのですから、過去を無視すれば、現在はよりどころと所信を失って、底なしの優柔不断のなかで迷走するか、ひとつの空虚な原理にしがみついて暴走するか、外国の指示に盲従するかのいずれかになります。過去を見ない者には現在も見えないのです。これが日米戦争の最大の敗因です。

いま日本は揺れているでしょう。日米関係でも日中関係でも日韓関係でも方針が定まらず、どうしたらいいかわからない。何をどのようにしても、確信がもてない。それは過去を現在に組み入れていないからです。過去を組み入れていない現在は宙ぶらりんになって当てどなく浮遊するしかありません。

すべては物語である

――歴史も物語であり、国家も、民族も、個人も物語であると、以前から主張されていますね。

岸田　人間は本能が壊れていて、その代わりに自我を形成した。自我というのは、要するに自分に関する物語です。自分がどこで生まれ、どのような両親のもとに育ち、何をしてきたか、どういうことを考えているか、どうしたがっているか。自分の物語が自分なのです。自分という実体がどこかに最初から存在していて、それにあとから自分の物語がくっつくのではありません。

中国残留孤児の例を見てもわかる通り、捨てられて親がわからない子は、自分がどこからきたかがわからないこと、自分の物語をもてないことに非常に苦しみます。人間には物語が必要不可欠です。自分の正当性というか、自分を価値づける物語、たとえば、「こういう立派な家に生まれた」とか「こういう才能がある」とか「これこそがわが使命であり、人生の目的である」とか。しかしまた、そのような自慢になるような物語でなくても、「被差別階級の出だ」とか「わが家は先祖代々貧乏だった」とか「先祖に処刑された凶悪犯がいた」とか、たとえそんな物語でも、なしでは済まないのです。何らかの物語がないと、世界における自分の立ち位置がわからず、どう生きてゆけばよいか決められないのです。もちろん、物語は嘘偽りであってはいけない。嘘偽りの物語を信じれば、その場ではいい気分になれるかもしれませんが、世界認識が現実から乖離《かいり》し、必然的に愚行や狂行を招き、自滅に至ることになる。それは個人の場合だけでなく、民族や国家の場合も同じです。耳に快い嘘偽りの物語を信じたために、どれほど多くの個人や民族、国家が破滅したことでしょう。大日本帝国はわれわれに最も身近なその典型的な例です。

起源神話のない民族はないそうですが、人が人であるためには、民族が民族であるためには、国が国であるためには、何らかの説明、つまり物語が必要です。まずはじめに日本国という実体があり、その実体について理由や説明があとから付け加えられるのではなく、日本という国がどのように生まれ、どのような歴史をもっているかという物語そのものが日本なのです。物語が混乱すれば日本が混乱し、物語が消滅すれば日本が消滅するのです。歴史という物語がなければ日本はありません。個人も民族も国家もすべては物語なのです。

本能が壊れているから、物語を作る

――物語を作るのは人間だけで、動物に歴史という物語はないということですね。

岸田　その通りで、本能に従って生きる動物は歴史という物語を必要としません。人間が物語を必要とするのは本能が壊れたからです。

ここでいささか横道に逸《そ》れますが、本能と進化の問題を考えてみましょう。本能とは動物が生きるために準拠する世界認識と行動指針です。動物は生きようとしています。ダーウィンは進化論を唱えましたが、進化というのは、要するに、どのように生きるかの「種の作戦」です。動物が生きるための世界認識と行動指針を変えたときに進化が起こるのです。したがって、進化とは動物の生きようとする意志なしには起こりません。

たとえば、キリンは首が長いほうが高いところにある餌を取るのに有利だから、少しでも首が長い個体が生存闘争に勝って生き残り、だんだん首が長く伸びたという説がありますが、そうではないと思います。首が伸びる前のキリンの先祖と現在のキリンとの中間の長さの首のキリンの化石は出ていないそうですからね。何かのことで絶滅の危機に瀕したとき、「首を長くしよう」と全員で決断して、意図的にいきなり長くしたのではないでしょうか（笑）。作戦なのだから、少しずつ徐々に変化するということは考えられない。進化は意図の結果です。

哺乳類で翼がなかったコウモリの先祖にたまたま偶然小さな羽の芽のようなものが生えて、それが世代を重ねるごとにだんだんと大きくなり、ついに翼になって飛べるようになったのではない。その「小さな羽の芽のようなもの」は適者生存のためには何の役にも立ちませんから、子に受け継がれるわけはありません。コウモリは、あるとき、飛びたくなって、飛ぶほうが生存に有利と判断して一挙に飛べるようになったはずです。飛べないのが残念で、飛びたいと思ったことなど全然ない動物が、偶然の諸要因が重なって、あるとき、飛べるようになったなんてことはありえないですよ。

ダーウィンの進化論は、物理学が森羅万象を説明できる全能の科学理論だと思われていた当時の幻想の一例ではないでしょうか。全知全能の神がすべての動植物を創造したとするそれまでのキリスト教神学の天地創造説への反動が逆の極端に走り、生命も含めてすべては物理現象であって物理的因果で動いているはずだということになり、したがって、全能の物理学法則によって機械的に説明できると信じられた。神の意志を否定した勢いそのままに逆の方向に突っ走ってしまい、生きようとする生命体の主体的意志なんてものを想定するのは非科学的だということになった。突然変異とか適者生存とかは、そういう誤った理論をデッチあげるために考えられた屁理屈です。

ダーウィンの進化論によれば、突然変異は偶然の現象であって、たまたま生存闘争に有利な変異が残って子孫に伝わるということですが、実際には、突然変異とは偶然でもなく突然でもなく生きようとする生命体の主体的意志に基づく判断の結果であって、不利な変異は判断を誤ったということではないでしょうか。キリスト教とダーウィンは対立しているようですが、生命体の主体的意志を無視している点において一致しています。わたしは、四十年ほど前、生物学における「擬人論の復権」を提唱しましたが（『ものぐさ精神分析』）、主体的意志に基づく判断は人間にしかできないというのは人間の愚かにして大いなるうぬぼれです。「一寸の虫にも五分の魂」という諺はヨーロッパの神学や近代科学より正しいのではないでしょうか。

キリンやコウモリは何らかの理由で行き詰まったとき、生存のためにそれぞれ独自の対策を立てた。それと同じように人類は「おとなにならない」という作戦を立てた。人類以外の高等哺乳類は、生まれてすぐに自分の足で立ち、自分で餌を見つけることができるようになります。ところが人類は幼形成熟というか、未熟児として生まれ、そのままおとなにならないことにしたために、本能に書き込まれている行動様式で生きることができなくなり、本能が壊れてしまった。人類の作戦は失敗で、そのために、こんな変な動物が地球上に出現したのではないでしょうか。おかげで他の動植物は大変迷惑しています。

いずれにせよ、本能が壊れたままでは生きていけないので、人類は、壊れてばらばらになった本能の破片を拾い集め、何とかあるひとつの人為的な型にはめ込み、その型に基づいて生きていこうとしました。この型が、個人のレベルでは自我であり人格であり、集団のレベルでは文化です。人間の集団はそれぞれ特定の文化を形成します。それが部族や民族と呼ばれるものです。本能が壊れて滅びるはずの人類は、文化を発明したことによって辛うじて生き延びることができたのだと思います。

さっきも言ったように、本能には世界認識の面と行動指針の面があります。犬には犬の、蛇には蛇の、ワニにはワニの世界像がある。人間の本能が壊れたということは、行動指針が壊れて何をどうすればいいかがわからなくなっただけでなく、世界像も壊れて世界がどうなっているのかわからなくなったということです。そのため、人間には言語が必要になりました。言語とは、壊れてしまった人間の世界像を再構築するために作られたのだと思います。人間は世界の森羅万象を細かく分けて、それぞれに名前をつけ、それに基づいて世界を人間向けに組み立て直したのです。

本能によって生きることのできない人間は、ほかに頼れる基準がないので、動物を模倣したのでしょう。道具の発明も狩猟の発明も、動物のまねから始まっています。動物の牙や角を見て槍や刀などの武器を作り、動物の巣を見て家を作り、馬の速さをわが物にするために家畜にして乗るようになりました。もし空を飛ぶ鳥を見てうらやましくなかったなら、人間は飛行機を発明しなかったと思います。

フロイト流にいえば、人間には太古からトーテムという形で動物を模倣する行為があり、それが祭りの原型になっている。トーテミズムを行うそれぞれの部族は、自分たちの先祖を鷹や態だと思っているそうですね。弱い人間にとって、強い動物は憧れの対象だったのでしょう。人間が動物に長らくコンプレックスをもち続けたのは当然です。動物は本能によって世界とつながっていますが、本能が壊れて本能と切り離されたところに自我と世界を作った人間は、もはや自我と世界とをつなげることは永遠にできません。人間は、広い宇宙のなかで孤立しているのです。

この孤独に耐えられない人間は、自分と世界をつなげるものを必要とします。多くの場合は個人の自我は家族によって支えられ、家族は村のような地域共同体に支えられ、地域共同体はさらに上位の共同体に、最終的には神にまで辿り着きます。神や宗教でなくとも、国家でも民族でも正義でも英雄でも永遠の真理でもサッカーチームでも、とにかく個人を超えた超越的価値に自分がつながっていると信じられればいいのです。

――歴史とは、自分を説明するための物語なのですね。

プライドと歴史

岸田　民族あるいは国民が、プライドやアイデンティティの根拠をどこに置いてきたのか。歴史を考える際には、このことが重要だと思います。

人間は生きてゆく上でいろいろ罪深い、不安な、恥ずかしい、屈辱的な経験をせざるを得ません。そういう経験は自我の物語にとって好ましいものではなく、可能なら「そんなことは起こらなかった」と思いたい。そこで人間は現実の経験を隠蔽し否認し、偽りの自我の物語をつくることになります。

この偽りの物語でうまくやっていければ好都合ですが、そうは問屋が卸しません。偽りの物語に基づいて行動すると、それが偽りであることを知っている周囲の人たちとの関係、それが偽りであることを誰よりも深く知っている自分自身との関係、確実に存在する現実の世界との関係が阻害され、その結果、本人は不適応になり、悪くすれば、神経症・人格障害・精神病になってしまう。さらに悪くすれば破滅してしまいます。

すべての個人、すべての集団は何らかの不都合な経験を隠蔽し否認しているでしょうから、多かれ少なかれ狂っています。狂い方はそれぞれ異なりますが、日本も中国も韓国もアメリカもフランスもロシアもみんな多かれ少なかれ狂っています。要するに、人間世界は医者も看護師もいない巨大な精神病院なのです。

人類が賢明であるという思い込みこそ最も愚かな幻想であって、人類の歴史・世界の歴史は合理的現象としてでなく、愚者がわけもわからず試行錯誤しながら何とかやってきた病的現象として理解する必要があります。

人類の歴史は馬鹿げたことの連続です。フランス革命もロシア革命もナチスのユダヤ人虐殺もベトナム戦争も文化大革命もカンボジアでポル・ポトがやったことも湾岸戦争もイラク戦争も、当事者はそれなりの理由があってやっているつもりだったでしょうが、端《はた》から見れば馬鹿げたことですね。このような馬鹿げたことをやっているのは人類だけです。誰かが言っていましたが、一万匹の黒猫の陣営と一万匹の白猫の陣営とが野原で対決して殺し合うなんて馬鹿げたことを動物はしないのです。

日米戦争も「馬鹿な軍部が馬鹿なことをした。国民は騙されていた」と片づけてしまっては何にもならない。「なぜそんな馬鹿げたことをしたのか」「なぜそんな馬鹿なことを信じたのか」という病的現象の理解と説明が必要なのです。人類は気が狂った愚かな存在であることを自覚することが、狂行と愚行を少しでも減らす唯一の道です。歴史とは自分を知るために、自分の愚かさを知るために必要なのです。自分の愚かさを知った人間のみが、そのぶんだけ、少しばかり利口になります。

第二章

日本史の特徴

鎖国と開国のあいだで

――日本の歴史の最大の特徴は何ですか？

岸田　鎖国と開国のあいだを揺れていることでしょうか……。日本は基本的にはあまり外国とは付き合いたくないらしく、鎖国を国是としているようですが、ときに外来文化を採り入れたくなると開国する。でも、開国するといろいろ面倒なことが起こって何となくうまく行かなくなり、居心地が悪くなってふたたび鎖国する。これを繰り返すのが日本の歴史の特徴でしょうね。

鎖国の時代はだいたい平和です。外国が攻めてくれば反撃しますが、少なくとも、こちらから外国へ出掛けていって戦争することはない。平安時代は国風文化が盛んで、みんな平和に暮らしていた。公式には死刑はなかったそうです。逆に開国の時代は動乱の時代です。応仁《おうにん》の乱がきっかけで戦国時代になって、鉄砲やキリスト教が入ってきて、あちこちで殺し合いをやっていた。そのあとの江戸時代は、初期の島原の乱を別にすれば、国内戦争も対外戦争もない平和な時代でした。明治になってまた開国したら、戦争ばかりするようになった。

――どうして鎖国と開国を繰り返すのでしょう。

岸田　日本列島が地理的に特殊な位置にあることが大きい。南太平洋にはいろんな島があり、いわゆる未開人が住んでいましたが、もし日本列島が大陸から遠く離れていれば、日本もそういう未開の状態が長く続いていたでしょうね。

日本列島は大陸から遠からず近からず、日本海によって隔てられているために軍事的に征服されることはないが、文化的な恩恵を受けることはできる。大陸とそのような絶妙な距離に位置していることが、日本という国の性格形成に大きく影響しています。推測でしかありませんが、日本に最初に渡ってきたのは、いわゆる縄文人と呼ばれる人たちでしょうね。南太平洋の島々や東南アジアのほうからやってきた人たちが、黒潮に乗って列島に流れ着き、そのあと、中国大陸・韓半島の連中が列島にやってきた。ひとつのグループが列島全土を武力で一挙に制圧したことはなく、複数のグループがばらばらにやってきて、それぞれの土地で住み分けていたのでしょうね。

紀元前の頃、中国文明が出現した大陸から半島を経て、もしくは経ないで列島にやってきた連中が、文化的・技術的に優れていたでしょうから、それまでいた連中を支配する中心的な勢力になった。もし、日本列島が大陸と地続きであれば、中国の一部になっていたか、決定的に属国になっていたでしょうね。しかし、日本海があって中国に容易には征服されない程度に離れていたため、一時的に属国になったとしても、その状態から脱出できる余地がないでもなかった。中国に影響されて、おのれのアイデンティティが危うくなると、それを守り、主張しようとして鎖国したのではないでしょうか。そして、長く鎖国していて息苦しくなると、また開国したというわけでしょうね。

外圧で誕生した日本

岸田　個人の成長過程と国の成立過程はまったく同じパターンです。人間の子供は、生まれたときには母親と自分の区別がありません。「自分と母親は別個の人間である」という自覚が生まれたときに、はじめて自我が成立します。日本人もわれわれは他の人たちとは違う日本人だと思ったときに日本人になったわけです。日本列島には一万年以上前から住民がいたらしいですが、長いあいだ「われわれは中国とは別の独立した国である」という自覚はなかったでしょう。その自覚が生まれたのは七世紀後半だったと思います。

――「日本」の誕生ですね。どうして七世紀後半に独立国家を作ったのでしょうか。

岸田　六六三年の白村江《はくすきのえ》の戦いに敗れたからだと思います。

――七世紀はじめに唐が誕生したことで、高句麗《こうくり》・新羅・百済《くだら》が三分していた韓半島の情勢は大きく動きます。半島統一をめざす新羅は、唐の力を借りて百済を滅ぼしました。倭国の軍勢は、百済の再興に協力するためにわざわざ列島から海を越えて新羅を攻めましたが、新羅が唐の援軍を得たことで、白村江で大敗しました。

岸田　倭国と百済は密接な関係をもっていたらしいですね。まったく別の国なら、わざわざ半島まで出掛けていって助ける気にはならなかったでしょう。どちらが本家でどちらが分家だったかはともかく、倭国と百済は本家と分家くらいの関係だったんじゃないでしょうか。あるいは、倭人と百済人はごちゃまぜで、はっきりとは区別されていなかったかもしれません。倭軍を指揮した中大兄皇子《なかのおおえのおうじ》（のちの天智天皇《てんじ》）は百済人だったという説があります。百済が滅亡し、大勢の百済人が列島に逃げてきたらしいですが、当時の記録には「百済から来た連中とは通訳は要らなかったけれど、新羅とは通訳が必要だった」とあるそうです。民族という言葉が使えるかどうかはわからないけれど、わたしの仮説ですが、倭国と百済には同系統の民族が住んでいて、新羅は別系統の民族だったのではないでしょうか。百済の滅亡により消滅した百済語といわゆる大和言葉と同系統の言語で、当時の新羅語がいまの朝鮮（韓国）語の原形である可能性もあると思います。

わたしの仮説の根拠は次の通りです。昔、ゲルマン民族の一派であるアングロ・サクソン族がヨーロッパ大陸からブリテン島に渡ってイギリス人になった時期と、百済が滅亡して百済人が列島に亡命してきた時期とは、だいたい同じ頃ですが、ドイツ語と英語（英語には十一世紀のノルマン人の侵入によってラテン語系の言葉が混入したが、それを除外すると）には同じ単語が無数にあって、同じ系統の言語であることは疑う余地がありません。ところが、朝鮮語と日本語とは、構文法は似ているものの、同じ単語はほとんどない（近代に日本語から借用した単語を除いて）。大日本帝国は日韓併合を正当化するために「日鮮同祖論」を唱えましたが、日本人と現代朝鮮人とは、日本語と現代朝鮮語とを比較するなら、ドイツ人とイギリス人のような同祖でないことは明らかです。しかし、倭人と百済人とが話が通じたということは、この二つは同系統の民族ではなかったかと考えられるというのです。もっともそうだとしても、完全に同じではなかったでしょうね。南洋や東南アジアからやってきた連中は百済人より倭人のほうに多くの血を残していたのではないでしょうか。

「昔、朝鮮は日本の一部だった」、「われわれの先祖は昔、朝鮮にいて、いまの朝鮮の連中に追っ払われた」、「先祖がいた土地だったんだから取り返す」と日本人が言えば朝鮮（韓国）人は怒るでしょうが、そういう信条をもつ人が日本にずっといたことは確かで、吉田《よしだ》松陰《しょういん》もそのようなことを言っていますね。しかし、いま述べてきたことをふまえれば、あながち根拠のないわけでもないと思うのです。白村江での敗北のあと、百済からの亡命者が大和朝廷で大きな割合を占めていたそうだから（大和以外の地には新羅人や高句麗人、あるいは中国人、北東アジア人、南洋人、東南アジア人もやってきて、あちこち分散して暮らしていたようですが）、彼らの子孫である一部の日本人に「われわれは韓半島を追っ払われて日本にやってきた」という思いがずっと残っていても、おかしくないのではないでしょうか。

白村江の戦いは二日間しか続かず、倭軍はすぐ退却した。この戦いでは、倭の水軍のほうが、敵の唐の水軍より多勢だったのに負けたのですが、太平洋戦争開戦直後で戦力的にも兵員の練度から言っても日本海軍のほうがアメリカ海軍より優位だったのに、作戦のまずさで負けたミッドウェイ海戦と似ていますね。倭軍の側に裏切りがあったとか、内紛があって軍の各部隊がばらばらで統一されていなかったとかの説があります。

ともかく、白村江での大敗によって倭人は韓半島から追い出され、そのため、大帝国の唐が列島にまで攻め込んでくる危機を感じたか、または、唐軍が列島の一部を占領したという事実があって、危機に対処するためにそれまでばらばらだった豪族たちは急遽まとまって中央集権体制を作り、日本という国を作ったのではないかと考えられます。このように国家の起源が外圧なので、日本は伝統的に、外圧がかかったときにしか変わらない（笑）。

「天皇」の誕生

――新生国家日本は、どのような国をめざしたのでしょう。

岸田　敗者は勝者のまねをするものです。要するに唐の制度をコピーしたんです。近代に明治政府が欧米の制度をコピーしたのと同じですね。唐に皇帝がいるように、日本には万系一世の天皇がいることにした。律令制や公地公民制など、法律も官僚制度も都市も唐を手本にして作っています。

中国の皇帝と異なる点は、天皇が豪族たちの代表に過ぎず、日本列島を武力で統一したわけではなかったということです。豪族たちのなかでは最有力だったか、人気があってみんなの合意に支持されたか、あるいは両方だったかもしれません。

——明治政府が欧化を図りつつ欧米と対抗したように、白村江以後、列島に生きる人々は唐のコピーをしつつ、「倭国」(=小人の国)という蔑称を捨て、自ら「日本」を名乗ったわけですね。

白村江の戦いの敗北によって、日本には百済の人々が大量に亡命してくる。五年後には高句麗も唐に滅ぼされ、高句麗の遺民もやってくる。唐のような都を作り、法律を整備し、国土防衛を至上目的とする中央集権体制を整えるためには、彼ら亡国の民の力が大きかったでしょうね。

岸田　判官《はんがん》びいきという言葉があるように、日本人は源《みなもとのよしつね》義経や西郷隆盛《さいごうたかもり》のような挫折した英雄、志半ばにして悲劇的最期を遂げた英雄をこよなく愛する傾向があります。これは日本が白村江の戦いで敗北した人々、すなわち敗者が建国した国だからではないかと思います。日本に特有だとされる怨霊信仰も、敗者は悪人だったから、間違ったことをしたから敗北したのではなく、不運にも勝者に逐《お》われただけだという、敗者に対する同情と共感に基づいています。日本では伝統的に独裁者は排除されますが、世界ではそういう国はむしろ例外で、他民族を撃破し征服し、最終的な勝者となった英雄が建国するのが通例であって、そうした帝国では、負けることを知らない強い英雄でなければ人気がありません。敗者が敗者になったのは当然で、同情の余地はありません。

そもそものはじめから日本はあちこちから流れ着いた連中が創った国ではなかったか。生まれた土地で幸せに暮らしていれば、わざわざ危険な航海をして渡ってくるはずがない。追っ払われたからこそ列島に流れてきた。日本民族の基層を成しているのは、あちこちから追っ払われた人たちではなかったかというのがわたしの仮説です。そうして長い時間をかけて列島に定着した人々を、先進地域である大陸からやってきた連中が支配したのではないかと思います。

そういう点では、アメリカと似ているところがあります。先住民のインディアン（ネイティブ・アメリカン）を、あとからやってきたいわゆるＷＡＳＰ（ホワイト・アングロサクソン・プロテスタント）が支配した。中国大陸系の連中はいわば日本のＷＡＳＰだったと捉えてみると、いろいろな可能性が考えられます。

――天孫降臨の物語は、メイフラワー号の物語に近い、と。

岸田　どちらの物語も、事実を隠蔽するための真っ赤な嘘である点では同じです。ただ、喰いつめてヨーロッパから新大陸にやってきた難民は先住民を虐殺して絶滅させようとしましたが、日本にやってきた渡来者は列島の先住民を武力で滅ぼしたりはしなかったというところは違いますけどね。中国大陸からやってきた渡来者は「われわれは外国からやってきたのではなく、天から降りてきた神の末裔なんだ」という物語を作って先住民を心服させ、共同体に取り込もうとしましたが、ヨーロッパ大陸からアメリカにきた難民は先住民を排除して自分たちだけで国を創ろうとしたのです。これは、キリスト教がそれまでヨーロッパの民衆が信仰していた多神教を滅ぼして、キリスト教だけが正しいとする一神教であろうとしたのに反し、日本の仏教が神道と同居して神仏混淆《しんぶつこんこう》となったのと同形ですね。

——天皇の誕生と日本の建国は同時であった、と。

岸田　日本という国家自体が唐に対抗するために作られたものですからね。唐に対する日本の従属と劣位を否定し、われわれは唐の属国ではない、唐とは関係ない神の子孫であり、神である天皇が支配する神の国なんだと主張したということです。『日本書紀』は、部分的には史実を反映しているのでしょうけれど、独立国としての日本を正当化し価値づけるためにいろいろ嘘をついたのではないでしょうか。

天皇の権威の根拠は天照大神の血を受け継いでいる万世一系にあるとしたのは、易姓革命によって前皇帝と血縁関係がない者が新皇帝になる中国との違いを強調するためでしょうね。そのためには必要だったのかもしれませんが、独裁的権力をもっていたわけではない天皇を神に祭り上げたことは、その後の日本の歴史に好ましくない影響を与えたのではないかと思います。

以前わたしは「近代天皇制はキリスト教のコピーであり、明治政府が京都でうらぶれていた天皇を引っ張り出してきたのは、キリスト教の神に対抗するためだ」と言ったことがあります。近代日本は欧米に怯えて、欧米に対抗するために神聖不可侵な天皇を押し立てたのですが、これは唐に怯えた古代日本と同じ反応をしたのです。

天皇制は、もともと、恐ろしい外国に対抗するために作られた制度であって、ナショナリズムの根拠という役割を担っているのです。そのため、外国の脅威がない時代は、天皇はないがしろにされています。十四世紀のはじめ、建武《けんむ》の新政で後醍醐《ごだいご》天皇が一時的にせよ権力を握ったのは、元寇《げんこう》のあとで、人々が蒙古軍がまたくるかもしれないと怯えていたからでしょう。承《じょう》久《きゅう》の乱を起こした後鳥羽上皇のように、外国の脅威がないときに天皇（上皇）が軍事政権（幕府）を倒して実質的な権力をもとうとすると、追放されるか島流しにされます。

和を以て貴しとなす

岸田 したがって、天皇は、軍事的に全国を支配して権力を握る中国の皇帝やヨーロッパの国王と違って、事実上の権力者に支持され推挙されるか、あちこちの有力者が談合し妥協した結果選ばれて天皇になるのですね。この伝統はまだ滅んでいなくて、たとえば、日本の会社の社長は、創業者が社長になっているケースは別として、だいたい、社内の有力な派閥のいずれにも敵対しない無難で円満な人物が選ばれることが多いでしょう。

聖徳太子《しょうとくたいし》の憲法十七条の第一条に「和を以て貴しとなす」とありますが、それは、あることが正しかろうが間違っていようがみんなの意見が一致すればそれでいいという、きわめて妥協的な思想です。要するに日本という国では、みんなの意見が一致することがいちばん大切なんです。江戸時代の「喧嘩両成敗」の思想も同じです。とにかく、喧嘩することがいけないのであって、どちらの言い分が正しいかは問題ではないのです。

――「巨大津波は来ない」「原発の全電源喪失という事態を考える必要はない」とみんなが会議で言えばそれで済む、と。病の根は深いんですね（笑）。

岸田　日米戦争中の作戦会議でも、多数派の希望的観測に引きずられて作戦が決まってしまい、現実の諸条件を無視したそのような作戦では必ず負けると少数の者が反対しても、その場の「空気」を乱すとして退けられるということがよくあったようです。趣味のクラブや同好会のような、外部とは無関係に仲間うちの安全と安心を保っていればいいだけの孤立した団体においては、「和を以て貴しとなす」でうまく行くのですが、外部の敵国とどう戦うかを決める作戦会議において、メンバーの「和」を重んじて、みんなが和気藹々《わきあいあい》といい気分になれるような決定をすれば、前線の兵士たちは無意味で過酷な状況に追い込まれ大勢が無駄死にするという悲惨な結果になります。

しかし、善悪・正邪を厳密に区別して悪と邪を厳しく排除し処罰する原理主義が日本の喧嘩両成敗主義よりつねに優れているかと言えば、そうでもないですよ。場合によるのです。善悪・正邪の基準は時と場合によって変わります。その基準が異なる原理主義者の両陣営が争えば、双方とも自分は正義の味方で、相手はともに天を戴くことはできない極悪人だと思っているから、どちらかの陣営が皆殺しになるまで争いは終わらない。喧嘩両成敗主義者どうしは争っても、争うこと自体が好ましくないと思っているから、やがて争うのがアホらしくなって、適当なところで妥協するので、おたがいにそれほど傷つかないで済む。ただ、原理主義者と喧嘩両成敗主義者とが戦争すれば、原理主義者が圧倒的に有利ではあるでしょうね。

――現存する史料に「日本」という国名がはじめて登場するのは七〇一年の大宝律令ですが、本来、律令とは唐が東夷西戎南蛮北狄《とういせいじゅうなんばんほくてき》の野蛮人を統治する法律であり、当然、律令を作ることができるのは唐だけです。韓半島の統一の基礎を固めた新羅の金春秋《きんしゅんじゅう》は、唐の力を借りるために新羅独自の年号を廃して、唐の年号を採用しました。唐の律令を採り入れたのはもちろんです。

岸田　新羅が韓半島を統一できたのは唐の助力あってのことでしたから、唐に迎合せざるを得なかったのですね。当時の新羅は「大唐国新羅郡」と称したそうですね。日米戦争敗北後の占領時代に日本を「アメリカ合衆国日本州」にしてほしいとマッカーサーに願い出た日本人がいたそうですが、同じようなことですね。

――当時の状況で新生国家日本が独自の律令を作り、天皇を立てるということは、それだけで唐への敵対表明になりかねません。それでも、日本は唐と対抗したい。対等な存在でいたい。だから独自の天皇を作り、独自の律令を作った。しかし、唐は巨大な世界帝国であり、日本は文化的に遅れた小さな島国です。本来、対抗できるはずがありません。

ようやく中央集権体制を整えた日本は、七〇二年、約三十年ぶりに大陸に遣いを送ります。当代随一のインテリ粟田真人朝臣《あわたのまひとあそん》を迎えたのは有名な女帝の則天武后《そくてんぶこう》（武則天）です。粟田真人は「国名を日本と改称したい」と則天武后に申し出て了承されましたが、日本に天皇がいるとは言えません。東野治之さんの『遣唐使』（岩波新書）によれば、遣唐使が皇帝に渡す国書の差出人名は「日本国天皇」ではなく「日本国王・主明楽美御徳《すめらみこと》」だったそうです。なるほど万葉仮名であれば、天の字も皇の字も使わなくて済む。

日本のタテマエは「日本は高天原《たかまがはら》にいる神の孫が降臨して以来、万世一系の天皇が支配する神の国であり、そこでは完璧な法体系による合理的な統治が行われている」ということですが、実情は、天皇は象徴的な存在に過ぎず、法律は厳格には運用されず、重要なことは談合によってのみ決まる。外交面では、近くの強国への臣従を余儀なくされているにもかかわらず、国内ではイコール・パートナーであると強弁する。何だか現代の日本政府とたいして変わりませんね（笑）。

引き裂かれる日本

岸田　戦前の歴史教科書には、白村江の戦いで敗北した話はいっさい出てきません。なかったことになっています。逆に、神国日本の皇軍は不敗であることを示す事件として、強大な蒙古の襲来を打ち破った元寇については小学唱歌まで作られ、大いに強調されていました。

白村江で負けたことを隠蔽し、日本を建国したのが主として中国大陸や韓半島からきた連中であったことも否認して「日本列島には純粋な日本民族が昔から住んでいて、天から降りてきた神の子孫である天皇が統治する神の国だ」というフィクションを作ったのです。「日本は神の国である」という荒唐無稽な話をまともに受け取らなかったとしても、現在も、日本人は単一民族であり、大陸とは関係なく日本人だけで独自の文化を育んできた、という幻想が心のどこかに潜んでいて、この幻想の上に日本人のプライドやアイデンティティは成り立っている。

しかし、実際の日本は中国という強大な隣国の周辺国家に過ぎなかった。向こうは大帝国ですから敵対したくない。下手に出て機嫌を取らなきゃいけない。でも、相手の機嫌ばかり取っているとプライドが傷つく。日本人にはその葛藤がつねに存在しています。個人にたとえれば精神分裂病者のようなものです。わたしが昔から繰り返し言っているように、外国を崇拝し模倣し外国に屈従する外的自己と、それに反発して外国を憎悪し外国との関係(国際関係)から逃亡し誇大妄想的自尊心のなかに閉じこもろうとする内的自己とに分裂しているのです。

そもそも日本は、大陸あるいは半島との国際関係から逃亡して神国日本の幻想を信じることによって創設された国です。しかし、幻想に基づく国家のアイデンティティは必然的に不安定です。そこで、安定のための基盤を手に入れようとして、一方では唐を崇拝し、唐をモデルとして国を形作ろうとしますが、外国を模倣し外国のようになろうとすることは、現実の自国の価値を下に置くことになり、当然、逆効果を招き、ますます日本は不安定になっていきました。

日本人は基本的には鎖国を志向しています。単一民族が住まう神の国というプライドにしがみついていれば一応の安心がある。でも、やはり根本のところに嘘と隠蔽があるから、鎖国していると何かが枯渇するんです。生きる意志とか、のびのびとした気分とか、自己信頼が……。嘘があるぶん、どこか脆《もろ》いところがあって息苦しくなる。だから、しばらく鎖国が続くと、開国して外国文化を採り入れよう、自由に貿易して外国と交流しようという動きが出てくる。でも、いざ開国してみると、日本のプライドやアイデンティティが傷つき、揺らぐんですね。幻想のプライドによって日本民族はまとまっているわけだから。拠《よ》って立つべき基本理念が揺らぐから、危機を感じてまた鎖国する。しかし鎖国するとまた息苦しくなる。建国以来、現在に至るまで、日本は鎖国と開国のあいだで揺れ続けています。

——建築史家の藤井恵介さんが面白いことを言っていました。日本にはじめて本格的な中国式建築が作られたのは六九四年の藤原京です。天皇が君臨する大極殿は当代随一の規模で、平城京遷都《せんと》の際にも移築されたそうです。一方、六九〇年には伊勢神宮が第一回の遷宮《せんぐう》を実施しています。天武《てんむ》天皇は、中国系の建築が次々と建てられたこの時代に、天照大神は「日本的」な施設に祀《まつ》られるべきだと考えた。そこで日本の建築の古そうな要素を集約し、社殿をデザインした。古そうな要素とは、掘立柱《ほったてばしら》、棟持柱、高床を張ること、破風《はふ》が上に伸びて千木《ちぎ》になること、曲線を使わないなどです。

「中国的な首都藤原京をつくり、中国的構図を求めるのと同時に、自らの正統性（血統）を証する施設を、伊勢の森の奥深くに設置したのである。見えるもの、見えないものを強烈に意識して、使い分けていた、と言わざるを得ない。表側を中国的要素で飾り、裏側に日本的要素を秘すという二重性は、以後の日本でもしばしば見られる現象と言えそうである」（藤井恵介「日本人は中国建築システムをどう受け止めたか」）

これは、まさに外的自己と内的自己の話ではないでしょうか。

岸田　そうですね。外的自己と内的自己との分裂はあらゆる面に表れるのです。たとえば、日本文化と外国文化は対立するという前提に立っています。その前提に立って、外国文化を崇拝したり嫌悪したりしています。日本文化と外国文化を対立的にとらえていなければ「これはいいな」と採り入れたところで、日本文化が傷ついたり、失われたりはしないでしょう。他国の文化と自国の文化を対立的にとらえるのは日本人の特徴ではないでしょうか。たとえば、アメリカ人には、外国文化を採り入れたぶん自国の文化が冒されるという考えはないと思うんですね。また、アメリカ文化そのままで外国人に受け容れられ、外国人と付き合えると思っている。ところが、日本人は外国人と付き合うためには、日本文化を国際化し、日本人は国際人にならなければならないと思っている。一方で「外国文化を採り入れたぶん、自国の文化を捨てなければいけないからしんどい」とも思っている。国際化すれば、それだけ日本人としてのアイデンティティが傷つき、失われると思っているのですね。それは実に奇妙な考え方ですが、しかし単なる思い込みではなく、実際にそうなる。だから、問題は難しくなるのです。日本人にとっては、国際的でない、国際的には通用しない日本文化がプライドやアイデンティティの根拠であり、日本文化と外国文化は二律背反ということになっているので、必然的にそうなるのですね。

日本人には外国文化を採り入れればプライドが傷つくという被害者意識がある。だから採り入れまいとするんだけど、他方では、外国文化を崇拝し憧れていて採り入れようとする。どっちに傾いても落ち着かず、いつも葛藤している。だから、無理やり落ち着こうとして、ときには極端な国粋主義に固執し、ときには極端な外国崇拝に陥るのです。

日本は独自の文化が欲しい。でも、独自の文化なんてものは、日本だけでなく、世界のどの民族にもないんですよ。すべての文化は多かれ少なかれ混合文化・混血文化ですから。でも、日本人には、日本独自の文化があるという幻想があって、それをアイデンティティの根拠にしているから、「ない」では困るので、無理に作る。ところが、そんなに立派なものは作れるはずはなく、脆くて崩れやすいから、それを守るためには外国文化を蔑視しないといけなくなる。もちろん、そういう葛藤を抱えているのは日本だけではないですがね。

——白村江の戦いに敗れたあと、唐から侵略されるのではないか、という恐れを抱いた豪族たちは、対外用のシンボルとして天皇を立て、唐の制度を換骨奪胎して日本の実情にあった律令国家を作り出しました。新生国家日本をプランニングした人物は凄いですね。『埋もれた巨像』（岩波書店）を書いた上山春平さんは、その人物こそ藤原不比等《ふじわらのふひと》であると断じています。

岸田　確かに、藤原不比等は、天武天皇・持統《じとう》天皇のあとを受けて、律令制をふまえながら、天孫降臨に始まる万世一系の天皇がしろしめす神国日本という巨大な妄想（?）体系を捏《こ》ねあげた天才です。ただ、こういうことは一人の天才が作り上げたものというより、当時の大和朝廷の事情に迫られて、何となくみんなで決めたのではないでしょうか。

たとえば、欧米の要請に応じて開国せざるを得なかった近代日本は、文明開化と富国強兵の道を選び、日清日露の両戦役に勝利しますが、そのあと、軍縮とデモクラシーの大正時代になる。ところが、昭和に入るとふたたび軍国主義に走ります。そのときも、狂信的な軍国主義者が強権を行使して日本を軍国主義へと強引に引っ張っていったのではなく、財政の行き詰まり、対米関係の悪化などがあって、軍部に何とかしなければという焦りが生じ、国民のあいだにも日清日露の戦勝の栄光に輝く軍部への期待が高まり、何となく戦争へと向かう雰囲気になっていった。少数の狂信的な軍人や政治家が日本を泥沼の戦争に引きずり込んだわけではなかったのです。七、八世紀の日本建国のときも、同じような雰囲気があったのではないでしょうか。

生物の進化だって、第一章で言ったように、一頭の強力なリーダーの意見にキリンたち全員が従って首を長くしたのではないでしょう。クジラの祖先はカバに近い陸生の動物だったそうですが、どれか一頭のカバが決めたわけではなく、何となくみんなで海に入っていってクジラになった（笑）。

――日本は唐のまねをして天皇制や律令を作ったのはいいのですが、宦官《かんがん》や道教を採り入れなかったりと、ちょっと変えていますね。

岸田　朝鮮と日本を比べてみるとわかりやすい。朝鮮も日本も中国の周辺文化、カウンターカルチャーであることに違いはない。でも、朝鮮は中国と地続きであるためにほとんどカウンター化する余裕がなく、中国文化を完全にそのまま採り入れる以外なかった。そのために、儒教を採り入れると、中国よりも純粋な儒教国家であることを誇りました。金や元など異民族に支配された中国は本来の中国ではなくなって、儒教を正しく守っていないと蔑視し、わが国は中国より儒教に忠実だというわけで「小中華」と自称しました。

一方、日本は朝鮮とは異なり、外国の文化を採り入れるときにはちょっと変えます。宦官も道教もおおっぴらには非難はしないが、採り入れない。仏教を採り入れても、オリジナルとは似ても似つかないものに変えてしまう。仏教は戒律の厳しい宗教ですが、日本に移植されると戒律なんか吹っ飛んでしまう。ミャンマーやネパールの僧侶が日本に来ると「これは仏教じゃない！」とびっくりするそうです。儒教についても同じです。徳川幕府は儒教国家と称していましたが。本来、儒教では忠より孝が優先する。つまり主君への忠誠よりも親孝行のほうが大切で、戦いの最中でも軍のリーダーが親の危篤を知らされると職務を放り出して帰ってしまう。ところが、日本では忠孝一致。父親への忠誠を、そのまま主君へとずらすわけです。藩が大きな家となる。そこから「国民は天皇の赤子《せきし》」まではほんの一歩です。

もともとの儒教は先祖崇拝だから葬式が中心です。ところが、日本の儒教は葬式とは関係なく、葬式のときにはなぜか仏教の僧侶がやってくる。ムチャクチャです。そこが日本の面白いところですが。

——都合のいいところだけを採り入れて、根本思想に手をつける気はまったくない。いかにも日本ですね（笑）。奈良・平安時代を通じて、日本は新羅を嫌います。仮想敵国にして、ことあるごとに新羅調伏《ちょうぶく》の祈禱《きとう》を神社で行いました。七五五年から八年間続いた安史《あんし》の乱（安禄山の乱）以後、唐が衰えると、さっそく新羅征討計画が立てられます。結局は中止になりましたが、四万人以上の兵士を動員する大規模なものでした。自分たちを半島から追い出した新羅への恨み、白村江で負けた恨みはそれほど深かったんですね。

唐の衰えと共に、禁止されていた大陸との私貿易が活発化し、大国である唐から侵略される危険がなくなり、正式な国交を結ばなくても中国の優れた文物が手に入るようになると、八九四年に遣唐使を廃止します。結局、唐は九〇七年に滅亡して、小国に分裂するわけですが、その二年前の九〇五年には古今和歌集の編纂《へんさん》がスタートしました。東アジアの旧秩序が崩壊しようとするこの時期に、仮名序、つまりひらがなで書いた歌論から始まる古今和歌集が編まれたことはとても興味深いです。これを天皇家が版元になって作ったことは、中国文化からの独立宣言のような意味合いをもっていたのではないでしょうか。

日本人とセックス

——それにしても日本の和歌は色恋沙汰ばかり。どうして国家がラブソング集を作ったのでしょうか。

岸田　確かに不思議ですね。漢詩や唐詩には色恋はほとんど見られませんが、天皇が木花咲耶《このはなさくや》姫《ひめ》なんてその辺の女の子に声をかけるわけですからね。日本人がセックスに関しておおらかだったことは間違いないですね。

その一方で、日本人はアメリカ人に比べてセックスの回数が非常に少ないと言われています（笑）。アメリカ人は精力絶倫でセックスの回数が多いことを誇るのです。また、アメリカでは日本に比べて離婚が非常に多いそうですが、それは、夫婦は性交することが義務というか、当然のこととなっていて、性交なしで結婚生活を続けることは不自然・不誠実とされ、どちらか一方または両方が相手に性欲を失えば即離婚となるのに対して、日本では夫婦が性交しなくなっても必ずしも仲が悪いわけではなく、関係が破綻しないという違いがあるからでしょう。

結局、日本人はセックスにそれほど重きを置いていなくて、セックスそのものより、色事が好きなんですよ。たとえば、風俗業界には、セックスそのものはしないで性的プレイをするだけの店があるそうです。外国人は、そんな店で男は何をするのだと不思議がるそうですが、日本人の客はそれでけっこう楽しんでいる。

ヨーロッパには性倒錯はありますが、色の道というものはありません。セックスに文化の飾りがなく、売春は性器の賃貸しをするだけです。『椿姫』は貴族が娼婦に惚れる話ですが、そういうことは非常にめずらしいのでロマンティックな物語として評判になったのです。江戸時代、花魁《おいらん》は客の性欲を満足させるための道具・性的対象というより色恋の相手でした。だから、客と花魁との心中事件がよく起こったのです。キリスト教の価値観においては、セックスというのは本質的に罪で、セックス自体がモラルに反することです。唯一の正しいセックスは結婚して、神（教会）の認可を得て子供を生むために正常位ですること。正常位はキリスト教圏外では「宣教師スタイル」と呼ばれていたそうですが、後背位は処罰されたそうです。セックスは陰でコソコソすることとしてしか許されなかったのですから、これでは好色文化は育ちようがない。その反動があの過激な性革命、フリーセックス運動、セックス重視です。

近代以降、西欧文明が本格的に入ってくると日本の売春も変質して、だんだんセックスとお金の交換みたいになっていくけれど、江戸時代の吉原では、花魁は一見《いちげん》の客とは寝なかった。裏を返して二回目でもダメ。三回目にやっと馴染みになる。客は花魁と三三九度の杯を交わしたあとにしか床入りをしない。ある花魁と馴染みになると、他の花魁の客になってはいけない。擬似的にせよ、一種の恋人関係、夫婦関係にならないとセックスしないんですね。
吉原に来る客も花魁も、そういうプロセスにこそ色気を感じたんでしょう。日本人は、お金を払ってセックスして終わりという味気ないことはいやだったのでしょうね。客はセックスしたいだけ、性的満足を求めているだけ、そして、花魁はお金を儲《もう》けるだけが目的なら、おたがいに最初からすぐセックスするほうが簡単で効率がいいでしょうが、そうしなかった。吉原のような色事の文化は、古代からある「色の道」の延長線上にあると思います。「色の道」は、茶道・華道・香道・剣道・柔道などと同じく「道」なのです。

漢字とひらがな、男と女

——歌垣《うたがき》とか、和歌を詠んで宮中の女を口説くとか、夜這いとか、中国の宮廷では決してありえないことが、奈良時代や平安時代にはたくさんあるのも不思議です。

岸田　男女関係を結ぶために思いを寄せる相手に歌を贈るというのは朝廷の発祥ではなく、もともと庶民のあいだにあった習慣らしいですね。わたしの友達に工藤隆という歴史家がいて、中国南部の未開の少数民族の苗族《ミャオ》を現地調査し、ビデオを送ってくれたのですが、その地方では、村のお祭りのとき、男と女が歌垣で結ばれるということがいまだに行われていて、日本古代の歌垣に非常によく似ているそうです。

——平安時代といえば、『源氏物語』と『枕草子』が思い浮かびます。西暦一〇〇〇年くらいに女流文学が存在したのは日本だけでしょう。男は漢文を使い、女はひらがなを使った。男が女に和歌を贈るときは当然ひらがなだった。日本に「言葉に関する公私の区別」があったのはなぜでしょうか。

岸田　大和朝廷は日本が中国に対して劣位に置かれていた状況で成立しました。もし中国との関係がなければ、日本人は、資源は豊かで遊んでいても喰うに困らない南太平洋の島々のいわゆる未開民族と同じようにのんびり暮らしていたでしょう。しかし、日本はつねに中国を意識せざるを得ない。それは面倒で気が進まないことで、できればやりたくないが、やらざるを得ない。そのため、日本は、無理して中国を意識し中国に対応する面と、気楽に国内のことだけにかかわっていればいい面とを使い分けることになったのだと思います。

日本語にはひらがなとカタカナがありますが、カタカナというのは漢字を略したものです。漢字の一部を取っている。一方、ひらがなは漢字を、もとの漢字が推定できないくらいに崩してある。ひらがなは、カタカナに比べて、漢字からの距離がずっと遠い、日本独自の文字です。明治のはじめにヨーロッパの言葉を日本語に移す際になぜカタカナ表記にしたのか。カタカナが日本的なものではなかったからです。外国語を表すためには、漢字の略字であるカタカナがぴったりだった。漢文を読むときの送りがなもカタカナでした。日本の近代化以降、法律などの公文書が漢字とカタカナで書かれたのも同じ理由だと思います。

中国と対立するにせよ、文化を輸入して友好的な関係を保つにせよ、矢面《やおもて》に立つのは男たちです。江戸時代までの公文書は、当然、漢文で、漢文は中国文化そのものです。外交を担当する男たちは漢文を使って優れた中国文化に親しみ、対外関係から排除されていた女たちは、漢字に囚われず、日本人の内的な心情や思いをひらがなで自由に表現した。女たちが日本独自の文化を代表したのです。

——同じ中国の周辺国家である韓国に、私的な女流文学が生まれなかったのはなぜですか。

岸田　中国文化に冒されてしまったからでしょうね。もう少し言うと、韓国にとって、文化とは中国文化のことだった。韓国は十五世紀半ば、李氏朝鮮の時代になって、ようやくハングルを作りました。ハングルは漢字が難し過ぎるために、庶民用に作ったものです。母音と子音がきれいに整えられていて合理的にできていますが、公文書はもちろん漢文です。韓国も自国の伝統を見捨てたわけではなく、保持したいという気持ちはあったと思うのですが、日本の漢字かなまじり文のような、漢字ハングルまじり文はできず、文化は両班《ヤンバン》が独占していました。下層階級用にハングルが作られたということは、自国の庶民を自分たちより下に見ていて、文化など知らなくてよいと思っていたということでしょう。李王朝の正統性の根拠は自国内にはなく、中国皇帝から韓半島支配の権利を委譲されていることにあったわけですから、中国が上で朝鮮が下というのは動かしがたい。女は、中国とは無関係で、したがって、文化から排除されていたのでしょう。そのため、女が文学作品を書くことなど期待されておらず、女だって期待されていないことをするはずはありません。漢字によらない韓国独自の文化を形成し、それを女に分担させるという思想がなかったのでしょう。

日本のひらがなは女官たちが使っていたもので、庶民用ではありません。日本の女は中国との上下関係から自由だったし、中国文化ではないところの、女としての文化があったんです。そこの違いではないでしょうか。

――『枕草子』に登場する香炉峰の雪のエピソードは有名です。中宮に仕える女房たちは教養として中国の詩に精通していなくてはならなかった。ところが、すでに土間に椅子という中国直輸入の習慣は廃《すた》れ、宮中の女たちは床張りの上に畳を敷き、その上に半分寝そべって、重い十二単《ひとえ》を着て暮らしていた。外では靴を履き、家のなかでは裸足になってリラックスするという日本独特の習慣がすでに始まっていたということです。

遣唐使の廃止以後、生活の和風化が進む一方で、教養としての中国文化への憧れはつのるばかり。貴族や僧たちの「唐物《からもの》」への執着にはすさまじいものがあったといいます。一方には中国への強烈な憧れやコンプレックスがあり、もう一方では恐怖心と反発心がある。やはり日本人は分裂しているんですね。

岸田　タテマエとしては、中国文化に強く憧れていても、実際には、忌避しているのです。日本は国際関係から逃亡し、列島内にひきこもることによって建国された国です。天孫降臨の神話を作って敗北の屈辱と外国の脅威を否認する一方、当時の世界的文明である唐を崇拝し、模倣することによって国の形を作りました。そのちぐはぐさがずっと受け継がれていきます。
そういうところはいまも変わらない。フランスにいたとき、われわれ留学生のあいだでよく言われていたことがあります。「フランスはすばらしい国だ。ただし、フランス人がいなければ……！」。フランスの文化や芸術に強く憧れているのに、具体的にフランス人と付き合うのは気が進まないのです。日本はいまでも外国を崇拝し模範とする卑屈な外的自己と、外国を忌避し憎悪する誇大妄想的な内的自己との分裂を抱えたままですよ。

なぜ世襲が尊ばれるのか

――『源氏物語』には、宮中の女に手を出す話が堂々と出てきます。宦官がいる中国では絶対にありえない話ではありませんか。

岸田　日本では、平安時代、殿上人は宮中の女に手を出してもよかったようですね。『源氏物語』がおおっぴらに読まれていたということは、タブーではなかったということです。ホンネのところでは天皇の血筋などどうでもよくて「官僚の子が天皇になってもどうってことはない」という思想があったんでしょう。タテマエとしては強い血縁幻想があるものの、万世一系も含めてタテマエとして成り立っていれば、必ずしも実質が伴っていなくてもいい。
中国の皇帝は武力によって全土を支配した。皇帝の血統は、タテマエとしてだけでなく実質的に皇帝の権力の基盤です。だから、官僚を去勢してまでも自分の血統を守ろうとする。ところが、日本はもともと母系社会で、天皇もそれほどの権力はない。本来、日本人は血のつながりをそれほどは重視しません。大名が養子をもらって平気でいる。商家も無能な息子を廃嫡して、優秀な番頭を養子に迎えるとか、どこかから優秀な人物を連れてきて娘の婿《むこ》にするとかいったこともよくあったことでした。実際に血がつながっているかどうかはどうでもいいんです。家の繁栄と安泰のほうが大事なのです。

「秀吉《ひでよし》は種なしで、秀頼《ひでより》は実は石田三成《いしだみつなり》の子だ」という説を橋本治さんが言っていましたが、秀吉にとって重要なことは、後継者が実際に自分と血がつながっていることではなかった。秀次《ひでつぐ》は秀吉の子でないことは明らかですが、秀頼を周りの人たち、大名たちみんなが秀吉の子と認めてくれていれば、それでよかったんです。豊臣《とよとみ》家が続けばいいのですから。

――源氏か平家の血筋じゃないと将軍にはなれない、なんて話もありますが、政治家や官僚から華道・茶道の家元に至るまで、権力の世襲はいまも続いています。多くの人が納得する形なのでしょうね。

岸田　万世一系というのは大嘘で、天皇家においても王朝の交替が実際にはあったと思いますが、『日本書紀』ではそれを隠蔽して、皇統は神武《じんむ》以来ずっと続いていることにした。血縁を重んじるのは中国系の文化です。「権威というものは血筋でつながっている」という思想は日本に輸入されて骨抜きになりましたが、形式、タテマエとしては続いていて、その後、日本における権威の根本思想になり、現在の家元制度にまで波及したのだと思います。

——日本が母系社会であることについて、もう少し教えてください。

岸田 二十世紀初頭にイギリスの文化人類学者マリノフスキーが南太平洋のトロブリアンド諸島で原住民の家族形態の調査研究をしました。そこは母権制というか母系制に基づいていて、子供はすべて母親の血筋であることが重要であって、父親の影は薄く、一家に男手が必要になると母親の兄弟が引き受ける。父親は自分の姉妹の家の手助けをする。財産は母親から娘へと受け継がれる。

日本の家族形態も、本来は、それに類するものだったのではないかと思います。そこに中国文化が入ってきた。中国は完全に父権制・家父長制です。中国コンプレックスがある日本人は「中国のほうが進んだ正しい制度だ」と考え、タテマエとしては父権制へと切り換える。でも、もともとが母権制だから、嫁さんや嫁さんの実家が力をもつ点は残る。

——それが藤原氏ですか！ 確かに平安貴族の財産は娘に行きますね。それで光源氏のような血統のいい男を婿に取ろうとする。

岸田 アメリカでは、亭主が月給を女房に丸ごと渡すなんてことは絶対にないそうです。もともとは妻は使用人と同じでした。そのように女がひどく差別され抑圧されていたからこそ、アメリカのフェミニズムは女権拡張運動として過激になったのです。ところが、日本の亭主は給料袋を丸ごと奥さんに渡し、小遣いをもらって文句も言わず平然としている男が多い。日本の女は実はけっこう強いんですよ。

――平安以後、日本のインテリ女性が優れた文学を書かなくなった理由は？

岸田　武士が力をもつようになったからでしょうね。男性文化が優位になると、女たちの文化が衰退するのです。すると、文学も書かなくなる。戦争が絶えなかったヨーロッパの歴史においても、比較的平和な時代と、もっぱら戦争ばかりやっている軍国主義の時代がある。比較的平和な時代にはセックスが抑圧されず、わりと自由ですが、戦争の時代になるとセックスが抑圧され、男女差が強調される。女は家庭をしっかりと守って、男が後顧の憂いなく安心して戦地で戦うことができるようにすることが求められる。日本でもさきの大戦中は、セックスは子供をつくるためだけのものであって、セックスを楽しんでいる暇があったら、もっと戦争に力を注げといった雰囲気でした。

わたしは、十六世紀が第一の戦国時代だったとすれば、明治時代は第二の戦国時代だったと言っています。十年ごとに戦争しているわけですから。そういう時代には情事に耽《ふけ》るのは不謹慎だとされます。セックスは楽しむものではなく、戦士を生むための仕事になります。それは昔もいまも同じでしょうね。いずれにせよ、歴史的には男女差別がひどくセックスが抑圧されていた国家や民族ほど、より好戦的で、男女差別が少なくセックスがわりと自由な国家や民族ほど、より平和的だったということは言えると思います。性解放以後は必ずしもそうとは言えなくなりましたが……。

祟りとは何か

——一方で、奈良時代から平安時代にかけては、井上《いかみ》内親王、早良《さわら》親王から始まって、菅原道真《すがわらのみちざね》、平将門《たいらのまさかど》、崇徳《すとく》上皇にいたるまで、怨霊のオンパレードです。出雲《いずも》大社や諏訪《すわ》大社も、大和朝廷との戦いに敗れて殺された人たちを祀ったという説が有力です。どうして日本では死者が怨霊となって祟るのでしょうか。

岸田　人間は本能が壊れているために、現実と自己のあいだに齟齬《そご》があり、何か居心地が悪くぴったりといかないんです。そのため、人間は現在の現実の世界だけでは落ち着かず、別世界、つまり神代、あの世、極楽、天国、エデンの園、尭舜《ぎょうしゅん》の時代、原始共産社会などの幻想が必要になるんです。

たとえば、儒教では先祖を非常に重視しますが、動物は先祖のことなんか気にしません。なぜ人間だけが先祖を必要とするかといえば、人間はいま現在生きている人だけの世界に一種の不安定さ、根拠のなさを感じているからです。だからこそいま現在生きている人たち以外に根拠を求める必要があり、先祖を持ち出してきた。一神教における神も同じです。神も架空のものですが、要するに世界を説明するために神というものを持ち出したということです。人間ならばみんな、何らかの満たされない思いを抱えています。「なぜ自分の思いが満たされないのか」と考える際に、神を持ち出せば、たとえば「わたしが罪を犯したからだ」と説明がつく。

「死後には天国に行く」という信仰があれば、満たされない思いを抱いたまま死んだ人のことも「いまは天国にいるのだから」と納得できる。すべては神様のおぼしめしだから、回りくどいことを考えなくてもいい。

他方、日本は神のいない社会です。夏目漱石《なつめそうせき》も言っていますが、人間だけの社会です。一神教の神が唯一絶対神であるのとは違って、日本の神々は人間に毛が生えた程度のありふれた存在です。世間という言葉がありますよね。日本人は、人からどう思われるかしらと、世間体を気にする。超越した存在を持ち出すのではなく、人間のレベルで世界をとらえている。不幸があったときにも、その不幸の原因を人間のレベルで考える。だから、恨みを呑んで死んだ者の怨霊が出てくる。怨霊のせいで不幸なことが起きたと考えるんです。敗者のことを思いやるのです。キリスト教だと、死んだ者が天国にせよ地獄にせよ、遠いところに去ってしまう。遠い未来に最後の審判が下される。ところが日本では、死者の霊は草葉の陰で見守っていて、お盆の折には家に帰ってくる。日本人の本来の信仰では、死者の魂は西方浄土や天国に行くんじゃなくて、その辺にいるんです。

日本人は、仇討ちのときに加害者に「思い知ったか」と言うでしょう。あれは「わたしの思いを知ったか」「わたしの気持ちをわかってくれたか」という意味ですね。ヨーロッパ人やイスラム教徒が復讐するときにはそんなことは言いません。家族を殺されたり、ひどい侮辱を受ければ復讐しますけど、相手を殺せばそれでおしまい。攻撃されて被害を受けたら、ハムラビ法典が言うように、目には目を、歯には歯を返せばいい。同害復讐と言いますけど、受けたのと同じ損害を相手に与え、それ以上のことはするなという考えはユダヤ教やイスラム教にもあります。

でも、日本人にとっては、復讐は行為だけでは完結しません。被害者がなぜ、どういう理由でどれほど傷つき苦しんだかを加害者に理解させたいのです。日本人は、自分が受けた苦しみを相手がわかってくれさえすれば許す、というところがあります。実際に相手を罰しなくてもいいのです。日本人は、人に迷惑をかけたとき、「すみません」と言うでしょう。それは、「あなたにかけた迷惑を償わなければならないのですが、わたしはそれをまだ済ませていません」という意味ですね。「すみません」と言われた者は、自分に迷惑をかけた者がそのことを認識していることがわかれば許すのです。

恨みを呑んで死んだ者の思いは、肉体は滅びてもその辺に漂っている。死者は「思い知ったか」と言えない。だからこそ、残された人は、怨霊を祀り、その「思い」を知っていると死者にわかってもらうことが必要になるんです。日本の裁判では、犯人が犯した罪を悔悟しているかどうかを問題にしますね。重い刑を科する理由に犯人が反省していないことを挙げたりします。このことも、犯人が被害者の思いを知ることを重視していることを示しています。

――日本人が人間関係に苦しむのは、怨霊に苦しむのと同じなんですね。

岸田　同じレベルじゃないでしょうか。ヨーロッパ人に怨霊の祟りと言っても信じないでしょうが、逆に、日本人からすれば、「悪魔なんてどこにいるんだ」ということになる。何が恐ろしいかは文化の違いに過ぎません。日本人は怨霊とも人間的なつながりをもっています。日本人の世界では、怨霊はヨーロッパ世界における神と同じ役割を果たしています。

官僚制の起源

——唐の滅亡後、五代十国時代を経て建国された宋《そう》は、大帝国の唐に比べてずっと小規模な国になりました。中央の締めつけがゆるんだことで、唐の最盛期には固く禁じられていた私貿易もいよいよ盛んになります。かつて国際都市として繁栄した長安《ちょうあん》は荒廃し、都は黄河と大運河の要衝である開封《かいほう》に移りました。韓半島では高麗《こうらい》が新羅を破って統一を果たしたものの、宋への朝貢を余儀なくされています。

当時の日本は平安中期。官職が世襲化されて律令は形骸化し、大寺院は世俗化して巨大な権門と化していました。とくに南都《なんと》北嶺《ほくれい》と並び称された興福寺《こうふくじ》と延暦寺《えんりゃくじ》の悪僧の横暴は甚だしく、呪詛が横行しました。佐藤進一さんは名著『日本の中世国家』のなかで「十世紀から十一世紀にかけて、特定の氏族が特定官職に世襲的に就任し、さらに特定の氏族が特定官庁を世襲的に運営する傾向が生まれる。職と家の結合であり、官職・官庁の世襲請負である。この官司請負制が律令的政治機構を掘り崩していった」と書いています。岸田さんが言う「官僚病」の起源は、この時代にあるのですね。

岸田　官僚病のような現象はどの国でも見られますが、とくに日本はその傾向が強いのではないかと思います。日本は小国であるにもかかわらず、歴史的に「われわれだけでやっていける」という幻想をもつことができましたが、それは、地理的条件のおかげで、幸運にもあまり外敵が攻めてこなかったからです。この幸運に安住してしまい、その種の条件を欠いた状況下でも、同じパターンの反応をする癖がついてしまった。世界との関係のなかにいるにもかかわらず、外の世界を無視して、自分たちだけしかいないような錯覚に陥ってしまった。

外の世界には、いろいろ警戒しなければならない不快で不利なことがいっぱいありますが、そういう外の世界との関係をも含めて広く現実を客観的にきちんと見ることができなくなったのです。そして、内輪の仲間たちが仲良く過ごせるようにすることしか考えなくなりました。そのため、よそ者から見れば実に愚かな判断をすることになったのですが、内輪の仲間たちは気がつかない。権力は必ず腐敗するというのはそういうことです。この風潮は拡散し、要するに、日本の国家機構だけでなく、国内のさまざまな下部組織、たとえば官庁・政党・軍隊・警察・企業・大学なども自閉的共同体となってしまいました。

たとえば、日米戦争において、日本軍の戦略・戦術・作戦は実に拙劣で負け続けでしたが、それは、軍人が頭が悪かったからとか、軍事力が劣っていたからとかだけではなく（軍部はアメリカ軍との物量の差のせいにしていましたが）、根本原因は日本軍（陸軍も海軍も個々の部隊もそれぞれ）が自閉的共同体になり、その結果、身近な人たちのことしか考えられず、日本国全体、日本軍全体、日本国民全体、世界全体ということが視野の外にあったからでしょう。私企業であれば消費者のことを考えず、消費者が欲しがらない製品ばかり作っていれば必然的に倒産します。ところが、親方日の丸で国が支えてくれる官庁や軍隊などには倒産という歯止めがない。日本兵が大量に戦死しても、代わりをいくらでも国民のなかから無料で徴兵できます。だからこそ、自閉的共同体と化した官庁や軍隊ほど有害で恐ろしいものはないんです。

――平安中期の九八三年に奝然《ちょうねん》という僧侶が弟子数名を連れて、建国まもない宋に向かいました。宋の太宗《たいそう》と対面した奝然は、日本国の官庁制度表と日本国王の年代記を献上していますから、私的な訪問というのはあくまで表向きで、実際には、新たに誕生した帝国の国情を知るための使節だったに違いありません。

　奝然が持参した日本国王の年代記には、天御中主神《あまのみなかぬしのかみ》から伊弉諾尊《いざなぎのみこと》・素戔嗚尊《すさのおのみこと》・天照大神に至る神々の系譜、そして神武・綏靖《すいぜい》から当時の今上天皇に至る歴代の天皇の系譜が書かれています。日本建国時には決して使うことのできなかった「天皇」の名が書かれた年代記を、宋の皇帝に堂々と渡したのです。しかし、宋の太宗が奝然の無礼を咎《とが》めることはなく、逆に日本国王が世襲であり、臣下すべて世襲の官と聞いて羨ましがったそうです。

「彼らはたかが島国の夷《えびす》だ。にもかかわらず、国王の位は久しきにわたって世襲し、その臣もまた親のあとを継いで絶えることがない。これこそ古《いにしえ》の理想の道と称すべきであろう。ひるがえって中国は、唐の末の乱よりこのかた、天下の諸地方は分裂し、後梁《こうりょう》・後周《こうしゅう》など五代の王朝は天命を享《う》けて世を治めること特に短期間で、大臣や名家であとを継ぎ得たものは少ない」（『宋史』より）

ようやく戦乱の世を収めた宋の皇帝が、日本を羨んでいるところが面白いです。

岸田　中国では皇帝が実権を握っているのが当然なので、まさか日本の天皇が実権をもっていないとは思いも寄らず、日本をうらやましがったのでしょうね。日本の天皇制が（少なくともタテマエとしては）永続しているのは、天皇が実権をもっていないからだというところが見えていなかったのでしょう。

支配者が世襲制を好むのは当たり前ですが、世襲の支配者が実権を握るとやがて国の運営がうまくいかなくなるのは、支配者の一族郎党が自閉的共同体になるからです。支配者が身内から後継者を選ぶとなると、どうしても自分に忠実な者を選ぶことになります。たとえ視野が狭く政治的能力がなく民衆への配慮を欠いた人物であっても、裏切る心配がない者が優先されるのです。そのようにして選ばれた後継者がまた同じように後継者を選ぶので、後継者は世代を経るごとにますます無能になります。民衆はたまったものではありません。中国の王朝は何代か続くと、そのうち必ず農民に支持されたリーダーが反乱を起こして滅びるのですが、懲りずにまた同じことが繰り返されています。中国の王朝のような大きな組織でなくても、日本の省庁や会社や大学などの小さな組織でも同じ現象が見られます。

――藤原氏は娘を天皇のもとに送り込み、その娘が子を生むと天皇の祖父となり、長く日本の最高権力者であり続けました。やがて、天皇の父親である上皇が天皇に代わって権力を握るという院政が登場します。鎌倉幕府ができたあとも院政は終わったわけではなく、京都ではずっと続いていた。藤原氏に取って代わったのが天皇を退いた上皇というのも不思議な話です。

岸田　上皇というのは過去に天皇だった人です。日本の歴史上、看板に過ぎない天皇自身が実権をもって政治を動かしたことはほとんどなかったのではないでしょうか。天皇が天皇である限り、権力をもつことができないので、権力をもとうとすれば、子は親に服従しなければならないという儒教の道徳を盾に取って、天皇をやめ、天皇の親になる必要があったのでしょう。非常に面白い現象ですよね。実質的には摂関家や武家が権力を握っていたので、それをいくらかでも取り戻そうとする天皇家の苦肉の策だったのではないでしょうか。

アメリカでは元大統領が大統領に命令するなんて変な習慣はありえないですね。看板として天皇という架空のリーダーが設定された日本だからこそ、そういう不思議なことが起こるのでしょう。日本の会社では、社長より元社長の会長のほうが権力をもっていることがよくありますね。

――十二世紀半ば、後白河《ごしらかわ》上皇の絶大な支持のもとで、平清盛《きよもり》のような武士が台頭してきました。平家や源氏のような武士は、どのようにして生まれてきたのでしょうか。

岸田　律令制は公地公民が原則です。当然、土地も民衆もすべて皇帝が所有している。征服王朝である中国はそれで問題ないのですが、日本ではそうはいきません。天皇は看板に過ぎないからです。中国をまねして中央集権の律令制を採り入れると、どうしても地方の豪族たちが不利益を強いられる部分が出てきて、彼らは武装して自分たちの土地や財産を守ろうとしたのです。最初の頃は朝廷に雇われていたのが、力を蓄えて、独立を望むようになった。武士はだいたいこのようにして生まれたのだと思います。

平家はたまたま朝廷と結びついて巨大になったけれど、本来、武士というのは土俗的なものです。天皇を中心とする大和朝廷は中国に対抗するために作られたものであって、権力は地方には及んでいない。土着の権力は最初から地方の豪族にあり、それが武士と呼ばれるようになった。だから、貴族から武士へと権力が移っていくのは、国内のことだけを考えれば当然なんです。

第三章

日本的権力機構の伝統

源平合戦は内的自己と外的自己の戦い

——保元《ほうげん》の乱・平治《へいじ》の乱を経て、平清盛はついに太政大臣となりました。一一六七年のことです。当時の大陸は複雑な状況になっていました。宋は、モンゴル系契丹《きったん》族の遼《りょう》、チベット系タングート族の西夏《せいか》に次々に侵入されて弱体化し、ついに一一二七年には満州女真《じょしん》族の金《きん》に首都開封を奪われ、南の臨安《りんあん》（杭州）に都を移すことを余儀なくされました。いわゆる南宋です。

宋に服属していた高麗も、遼・金には軍事力で対抗できず、朝貢を強いられます。紀元前二世紀の衛《えい》氏朝鮮の建国以来ずっと中国の王朝と冊封関係を結び、王が交替するたびに中国の許可を必要とした韓半島の人々にとって、異民族への服属は耐えがたい屈辱だったはずです。その苦しみのなかから、高麗に小中華思想、すなわち「自分たちの文化は中国王朝に匹敵する高い水準のものである」と考える思想が生まれてくるのは、精神分析的にも非常に興味深いところです。高麗が小中華であるならば、日本は当然、格下の蛮夷《ばんい》になります。韓半島の人たちの日本蔑視は、このあたりから始まるのではないでしょうか。

岸田　中国の中華思想も日本の天孫降臨の神話と同じような誇大妄想です。歴史家の岡田英弘さんが言っていましたが、漢民族というのは、主観的にしか存在しないそうですね。中国人は周りの諸民族を野蛮人と見なし、東夷西戎南蛮北狄と呼んで賤《いや》しみますが、漢民族とは、中国文明に入り込んだそれらの野蛮人のことだそうです。東夷人・西戎人・南蛮人・北狄人が自分の出自を忘れたときに漢人となった。

韓半島で暮らす人たちも、日本人と同じように、中国に対して劣等感をもっています。劣等感をもっているのは誰でも苦痛なので、チャンスがあれば、ひっくり返そうとします。中国が異民族に支配されたのは、半島人にとってはチャンスだったのです。異民族に支配され儒教の精神を失った中国は、儒教の精神を忠実に守っているわれわれより下だと見なしたのでしょうね。もともと半島人は日本人を蔑視していましたが、いまや、半島人が中国より上なのだから、中国より下にいる日本人はさらに下になるわけです。

――例によって海に守られている日本は、高麗のような苦しみを味わわずに済みました。私貿易の拠点は博多でしたが、清盛は現在の神戸のあたりに港を整備して、おおっぴらに日宋貿易を始めます。南宋の都である臨安は港町。日本にもずっと近くなりました。長いあいだ公的に外国と付き合わなかった日本にとっては、開国といってもいい出来事だと思います。

岸田　日本は、外国と付き合わずにずっと閉じこもっていると、安定感はあるけれど、一方で閉塞感が生まれてくる。息苦しくなって、「外の空気を採り入れたい」という気分が生まれてきて、清盛のような開国派が出てくるのでしょうね。

——しかし、清盛の死後、平家はあっさりと源氏に滅ぼされてしまいました。娘を入内させて藤原氏のように外戚となり、「平家にあらずんば人にあらず」というほどの勢力を誇っていたのに、本当に不思議です。

岸田　平家は、日本の西のほうの勢力で、瀬戸内海とかかわりがあり、壇ノ浦では源氏に負けたけれど、主力は水軍でした。神戸に港を開き、宋と貿易した。宮島に厳島《いつくしま》神社を作ったり、絢爛《けんらん》豪華な平家納経を実行したりして、文化の香り高い国際派だったのです。

一方の源氏は日本の東のほうの武骨な田舎者です。外国の影響などまったくなく、文化とは無縁です。内的自己に基づく鎖国派の田舎者と、外国とかかわりのある連中、外的自己に基づく開国派との争いだと見れば、源平の合戦も興味深いものがあります。このような外的自己と内的自己、開国派と鎖国派の争いは、飛鳥時代の崇仏派の蘇我《そが》氏と排仏派の物部《もののべ》氏の争いから、幕末の佐幕開国派と尊王攘夷派の対立まで、日本の歴史を通じてずっと見られます。

鎖国と源氏びいきの理由

岸田　日本人の大多数は、外国との関係は仕方なく付き合うものだと考えているのではないでしょうか。できれば付き合いたくないけれどやむを得ない、と。中国という強大な隣国には日本よりも進んだ文化があり、外交の必要もある。貿易すれば利益も大きく、めずらしいものも買える。でも、日本人のメンタリティは基本的には鎖国です。「ああ、そんなに閉じこもっちゃいけないな」と、ときどき国を開いてみるけれど、閉じこもってもやれるな、と思えばふたたび閉じこもる。

――宋銭が日本に大量に入り込み、日本の貨幣経済が始まりました。「南宋を中心とする東アジアの秩序に組み込まれたくない。鎖国したい」という思いが、地方の武士たちのあいだにあったのでしょうね。

岸田　その思いが源氏を支えたのです。日本人には源氏のほうが圧倒的に人気があります。「驕《おご》れる平家は久しからず」と言われるように、平家は威張っていて、都の自堕落な生活に溺れ、清盛は袈裟《けさ》の下に鎧を隠した欺瞞《ぎまん》的な悪い奴で、政治をほしいままにしていたと思われている。でも、文化の面で考えれば、平家が世界遺産の宮島や国宝の平家納経を残したのに対して、源氏は文化的にはほとんど何も残していません。日本文化に貢献したのは平家のほうです。それなのに、平家は外国に迎合していた、源氏は日本の独自性を守っていたと見られているわけです。
国を開いた平家に人気がなく、国を閉ざした源氏に人気があるということは、日本人が基本的には鎖国したがっていることを示しています。ほかに理由はありません。当時の日本でもそういう共同幻想が支配的だったからこそ、中央で権力を握っていて軍事的にも経済的にもはるかに優位にあったはずの平家が、貧しい東国の田舎武士の源氏にいとも簡単に負けたのだと思います。民衆の支持が源氏に傾いたのですね。

――せっかく南宋が「正式な国交なんかどうでもいいから貿易しようよ」と言ってくれているのだから貿易すればいいのに、と思うのですが、そうすると清盛のように嫌われるんですね。壇ノ浦に至る一連の戦いで、平家を打ち破るという大功のあった義経はしかし、頼朝《よりとも》の許可なく朝廷の任官を受けたりして、朝廷とは距離を置こうとする頼朝の不興を買いました。鎌倉入りを拒否された義経は反逆したものの挫折し、奥州の藤原秀衡《ひでひら》にも裏切られて切腹に追い込まれました。

岸田　鞍馬の山のなかで育った義経が海戦で軍事的天才を発揮するなんておかしな話です。やはり、国を開いた平家への反感から民衆が源氏を支持したのでしょう。日本人は義経のように志半ばで挫折した英雄が大好きです。それはやはり、日本人の民族的無意識のなかに「必死に頑張ったにもかかわらず、才能や力の点で不足だったわけでもないのに、本来なら遂げられてしかるべき永年の思いを遂げられなかった」者への思い入れがあるからでしょう。それは、さっきも言いましたが、日本が白村江の戦いの敗北者たちが建国した国だからだと思います。

――壇ノ浦の海戦で義経が使った兵員は海賊で、海賊たちは平然と敵船のこぎ手に向かって矢を射たそうですね。

岸田 それは、武士の作法に反する卑怯な戦法だったので、平知盛《とももり》が激怒したそうです。義経が勝った一因でしょうね。だいたいにおいて、軍事的天才と言われる英雄は、神秘的才能をもっているわけではなく、要するに、従来の伝統的戦法を無視できる人です。世界の戦史を見ても、戦争は伝統的戦法に固執したほうが負けていますからね。日露戦争での日本海海戦の大勝利が忘れられず、大艦巨砲主義に固執し、海戦とは軍艦と軍艦の対決だとしていた日本海軍が、日米戦争で敗北したのもそのせいです。世界最大であった戦艦大和も戦艦武蔵も巨砲を撃つ機会はなく、ほとんど何の活躍もしませんでした。戦艦大和はレイテ沖の海戦ではアメリカ軍に大損害を与えるチャンスがあったにもかかわらず、敵前逃亡をしてチャンスを逸し、沖縄戦でははじめから無駄とわかっている特攻出撃をしただけです。

日本の権力機構

――もし義経が奥州ではなく、瀬戸内海に逃げて海賊の親分になっていたら面白かったのに（笑）。源平合戦の頃、京都生まれの源頼朝は、平家追討の宣旨を下した以仁王《もちひと》を皇位につけ、平家に成り代わろうとしていたそうです。しかし、東国の武士たちの多くは、東国に新しい独立国家を作ろうとした。衆寡敵せず、頼朝は鎌倉に幕府を開くことになります。鎌倉は鶴岡八幡宮を中心に碁盤の目のようになっていて、いわば小京都です。鎌倉には天皇の代わりに八幡大菩薩がいるということでしょう。日本の朝廷は中国に対抗して作られたものですが、鶴岡八幡宮は京都の朝廷に対抗して作られたもの。中国から見れば、東国の武士たちは、二重に自閉していることになります。

岸田　幕府という制度は中央集権制の逆で、地方の豪族の支配権を認めます。鎌倉幕府も徳川幕府も同じですが、豪族あるいは大名の地方における支配権を認め、そのトップたちが将軍に臣従するという地方分権制です。将軍がいちばん上に立つけれども、将軍の権力が全国津々浦々に直接及ぶわけではない。幕藩体制は、天皇中心の中央集権制よりも日本に向いています。いわば、天皇と朝廷が誕生する以前の国の形ですからね。ただし、幕府には「内向きの自閉的な政権」という欠陥があります。日本が外国と向き合わなくてはならなくなると天皇の存在が重要になってくる。もうひとつ、政権には正統性が絶対に必要です。だからこそ頼朝は、天皇家に認められ、任命された征夷大将軍になることがどうしても必要だった。

鎌倉幕府ができる百年ちょっと前に、ヨーロッパでカノッサの屈辱という有名な事件が起こりました。神聖ローマ帝国皇帝ハインリヒ四世がローマ教皇グレゴリウス七世に反逆して破門された。破門されると民衆がついてこなくなるので、ハインリヒ四世は教皇のいる北イタリアのカノッサ城の前で雪のなかを何日も立ちつくして恭順《きょうじゅん》の意を表し、やっと許してもらったという話です。要するに国王は統治するためにカトリック教会の権威を必要としたということです。軍事的にはヨーロッパを征服するほどの権力があったナポレオンだって、皇帝に即位するためにはローマ教皇の認可が必要でした。

ローマ教皇も天皇も政治的権力や軍事的権力がない点では同じです。ヨーロッパ各地の国王がローマ教皇に承認を求めるのは、日本の権力者が天皇に認可を求めるのに似ています。天皇家と武家、ローマ教皇と国王は、民衆の精神的支配を求めるか、政治的支配を求めるかの違いはありますが、とにかく民衆の支配をめぐって基本的に対立しているんですね。国王が教皇に腹の底から従っているわけではない。でも、教皇を滅ぼすことはできず、権威づけのためには承認を得なければならないという構造になっています。

――でも、免罪符だの、死ぬときに祈ってもらわないと地獄に落ちるだのといった宗教性は天皇には乏しいですね。

岸田　それは、一神教の神と多神教の神々との違いでしょう。

――日本の民衆はなぜ天皇を必要としたんでしょうか。

岸田　教皇は厳しくて恐ろしい唯一絶対神のこの世における代弁者ですが、天皇は弟が乱暴すると叱りもせず、拗《す》ねて天の岩戸に隠れてしまうような気のやさしい天照大神の子孫というだけで、それほど恐ろしくはなく、しばしば武家によって島流しにされたり廃位されたりしています。しかし、武家も天皇制を廃止することはできなかった。権力としては弱い天皇でも、日本人としてのアイデンティティの究極の根拠になっているのです。
ヨーロッパの一神教と違って、多神教の日本人は天皇を唯一の信仰の対象とはせず、阿弥陀仏とか八幡大菩薩とかいろいろな神や仏を信仰しますが、どこかで天皇とつながっていないとつまらないのでしょうね。国が危機に瀕したこの前の戦争中は「国民は天皇の赤子である」みたいな言い方をしましたが、天皇というものが一種の先祖崇拝になっていて、日本国民は全員天皇から出てるんだ、という幻想があるのではないでしょうか。

――桓武平氏とか清和源氏とか、武士の偉い人はみんな天皇由来です。「天皇家につながりたい」という欲望が庶民のなかにあったんでしょうね。

岸田 信長が平氏の出だとか、家康が源氏の出だとかいうのは、もちろんデタラメだと思いますけどね。でも、大名として民衆の支持を得るためにそういうフィクションが必要になる。これは「日本人は天皇家を大本の先祖としている」という幻想が人々にあるからでしょう。

――鎌倉幕府の中心は源氏からいつの間にか北条《ほうじょう》家に移ります。奥さんの実家に権力が移るなんて、娘を天皇に嫁がせて実権を握った藤原氏みたいですね。もともとの天皇制がそうだから、ミニ天皇制が縮小再生産される、ということですね。

岸田 それが大昔からの日本の権力機構の伝統です。

――京都に出自を持つ源氏のお坊ちゃんがいなくなっても、鎌倉はビクともしません。公家をお飾りの将軍として迎えれば問題なし。北条氏を中心とした自閉的な関東武士団は、京都から完全に独立した政権を順調に運営していきます。京都の貴族たちや、朝廷と深く結びついて威容を誇っていた大寺社勢力はもちろん鎌倉が大嫌いで、天皇の権威の回復を望んでいました。かくして一二二一年に承久《じょうきゅう》の乱が起こります。後鳥羽上皇は北条義時《よしとき》追討の宣旨を下し、各地の寺社仏閣では大規模な幕府調伏の祈禱が行われました。ところが、後鳥羽上皇の期待に反して、全国の武士は鎌倉幕府に味方します。幕府軍は大挙して西上し、上皇以下貴族たちの祈禱は何の効果もなく戦いは幕府軍の勝利に終わり、以後、関東の武家政権と関西の公家政権の勢力は完全に逆転しました。

岸田　天皇は自分の軍隊を持っていないんですね。だから軍事的に争うと負けるわけです。武士にとって忠誠の対象は天皇ではなく、その時の頭領、北条家なら北条に忠誠を誓う。ただしここが不思議なところで、鎌倉幕府が天皇および上皇を殺すことはやっぱりできなくて（笑）、後鳥羽上皇は隠岐島に流されるだけです。

——武士たちを統治する御成敗式目を作り、天皇の親族を将軍に迎え入れて京都を懐柔し、貿易を拒んで農本主義を採用する。北条主導の鎌倉幕府は自閉一直線です。

なぜ元寇は起きたか

——そんな時、元からの国書を携えた高麗の使者が大宰府にやってきました。元への朝貢を要求する国書は、まもなく時の執権北条時宗《ときむね》に届けられます。

当時のモンゴルは史上最大の大帝国。鎌倉幕府が誕生した頃、テムジンこと後のチンギス・ハンは小さな部族のリーダーにすぎませんでしたが、世界最強の騎馬軍団は無敵を誇り、宋を南に追いやった金を倒し、朝鮮半島の高麗を服属させ、南宋を滅亡寸前に追い込みました。東アジアばかりではありません。西はモスクワ、キエフ、コンスタンチノープル、バグダードに至る広大な領土を支配していました。

大帝国モンゴルの心臓部にあたる元の皇帝フビライ・ハン、つまり世界最大の権力者からの国書を、時宗は黙殺し、九州北部の防衛を命じます。

『高麗史』によれば、大都（後の北京）のフビライの許を訪れて日本への侵攻を提言したのは、当時高麗の世子（皇太子）であった、のちの忠烈《ちゅうれつ》王でした。

モンゴル侵攻以前の高麗では、軍事クーデターが起こり、政治の実権は武臣たちに握られていました。小中華を自負する高麗の武臣たちはモンゴルへの服属を拒み、江華島《こうかとう》に立てこもったものの、しょせんは戦力が違いすぎました。

高麗の武臣政権は終わりを告げ、忠烈王の父である元宗が、モンゴルの力を借りて百年ぶりに王政復古を果たすことになります。忠烈王以後の高麗王の母は、みなモンゴル人であり、高麗王の名に入っている「忠」の文字はモンゴルへの忠誠を表すのだそうです。

日本に向けて七年間に六度も国書を送ったにもかかわらず、返書さえ送ってこないことに腹を立てたフビライは、高麗の忠烈王の進言を容《い》れ、日本への侵攻を決意します。元軍の前線基地となった高麗は、戦艦九百隻を建造し、八千人の兵士を揃え、南宋の軍人たちの妻まで用意しなければなりませんでした。事大主義を貫くのもまったく容易ではありません。

一二七四年十月、いわゆる文永《ぶんえい》の役が起こります。モンゴル、帰順した元南宋の軍人たち、高麗の混成チームで構成された元軍の軍勢約三万は、対馬、壱岐を襲い、住民を捕虜にし、略奪を働いた後、ついに九州北部に上陸しました。しかし、日本の武士たちは勇敢に戦い、これを撃退します。元軍は夜間撤退中に暴風雨に遭い、多くの溺死者、負傷者を出しました。文永の役で元軍は約半数の兵を失い、元の日本征討に積極的に協力した高麗は、国力を極度に低化させてしまいますが、元にとってはたいした痛手ではありません。

しかし、モンゴルには世界帝国の覇者たるプライドがあります。フビライは再び日本に使者を送りますが、北条時宗は全員を斬首。激怒したフビライは二度目の日本侵攻を決意します。

文永の役から七年後の一二八一年五月、元軍は再び九州を襲いました。いわゆる弘安の役です。モンゴルはすでに南宋を戦わずして降伏させていたために、今回の遠征では南宋軍がそのまま投入され、軍勢は総勢十五万、軍船四千四百隻に膨れあがっています。この日本侵攻軍の威容は「随唐以来出師の盛なること、未だこれを見ざるなり」と形容されたほどです。元は今度こそ本気でした。

しかし、万全の準備を整えて待ち構えていた日本軍も必死に防戦、元軍の上陸を許しません。

そして七月三十日夜半に台風が襲来、海上は五日間も荒れ、元の軍船の多くは沈没または大破しました。四千四百隻のうち、残ったのは二百隻という説もあります。元軍はほうほうの体で引き揚げました。

この大敗で元は海軍のほとんどを失い、その後、東シナ海はいわゆる倭寇が横行、高麗は甚大な被害を受けることになります。高麗や中国の人たちは東の野蛮人と見下げていた日本の強さに驚愕しました。

同年、フビライは三度目の日本侵攻を計画しますが、国内情勢の悪化によって中止されます。日本建国以来最大の危機は、こうして回避されたものの、およそ十年間にわたって、日本は史上最大の帝国の侵攻に備えることを余儀なくされました。武士たちの負担は大きく、結局、鎌倉幕府は一三三三年に滅亡してしまいます。日本にとって、白村江以来六百年ぶりの対外戦争はそれだけ大変なことだったのですね。

岸田　当時のモンゴルはヨーロッパの中央くらいまで征服した世界帝国ですから、元からの使者を斬り捨てるというのは、外交政策としてまったく賢明ではない。

——異常だと思います。

岸田　心情としては真珠湾奇襲と同じ。当時の勢力から言ったら、日本がアメリカに宣戦布告したのとまるで同じ状況だった。無謀な戦争をあえてやったのは、内的自己、鎖国的なメンタリティがあったということです。

――外交使節を斬り捨てるなどという乱暴なことはせず、形式的に朝貢しておけばいいのに、とも思いますが。

岸田　政府が対外的、国際的に受け容れられるようにしようとすると国民の反発を買い、国民の人気を得ようとすると外国と敵対する。この矛盾を、日本はずっと抱えてきたんです。日本の歴史上、国民の支持が一番高まったのは、対米戦争に踏み切った時の政府ですよ。「お国のために」と、自ら進んで死地に赴くような愛国者がいっぱい出たわけですから。いまは国のために死ぬ人間なんてひとりもいないと思いますが、あの時の国民は「アメリカと戦争している日本」が大好きで、軍部を強く支持していました。

――なるほど。元からの使者の首が斬られたのは、時宗が激情のままに斬首を命じたのではなく、幕府および日本全体に鎖国的なメンタリティが存在していたからなんですね。

岸田　徳川幕府は黒船のために崩壊しましたが、元寇がなければ、鎌倉幕府も保《も》っていたかもしれませんね。幸い二度とも撃退したけれど、その後もモンゴルの脅威は続いていた。

幕府はモンゴルの脅威に対抗するために、中央集権的な体制を取った。でも、日本人は中央集権的な独裁者を嫌うんですよ。スターリンやヒトラーは日本には出ない。出そうになると排除される。鎌倉幕府が滅びたのは、中央集権的になり、権力を日本全国隅々にまで及ぼそうとした結果、反感を買ったことが大きい。

――宋の朱子学を学んだ後醍醐天皇は、武力による倒幕計画を企てましたが、最初のうち、天皇の味方になったのはどこの馬の骨ともわからない楠木正成《くすのきまさしげ》だけでした。しかし、やがて多くの武士が天皇のもとに馳せ参じるようになり、最終的には源氏の名門である足利高《あしかがたか》（尊）氏《うじ》が離反したことによって、鎌倉幕府はあっけなく滅亡しました。

権力を手中にした後醍醐天皇は、鎌倉の武家政権も、京の腐敗した官僚が世襲する政権も同時に廃し、中国の皇帝のような天皇を目指しました。いわゆる建武の新政です。時代を逆戻りさせようとする後醍醐天皇の姿勢は多くの人々の反発を招き、足利尊氏が天皇に叛旗《はんき》を翻し、京都を制圧して後醍醐天皇を廃位し光明《こうみょう》天皇を即位させます。建武の新政はわずか三年で崩壊、後醍醐天皇は吉野に逃れました。

岸田　わたしは、建武の新政は元寇のリアクションだと思っています。鎌倉幕府の滅亡は二度目の元寇から約六十年後。敗戦から現在までより短い。外国の脅威に備えて中央集権体制を取るのであれば、幕府ではなく天皇が中心でなければならない、という思想が、多くの人々の無意識のなかにあったのでしょう。しかし、後醍醐天皇は古代の天皇の幻想を追って全権力をもとうとした。そうすると「これはついていけない」とたちまち排除されて、足利幕府ができるわけです。

第四章

足利義持、織田信長、豊臣秀吉

天皇を殺すことはできない

――後醍醐天皇がどれほどメチャクチャでも、殺してしまうわけにはいかなかったのですね。足利尊氏には自分の政権を永続的なものにするために、天皇を処刑し、天皇制を廃止して、後顧の憂いを絶つという発想はなかったのでしょうか。

岸田　日本人は独裁者を嫌いますから、尊氏が天皇を殺して独裁者になることはできないのです。民衆がついてこないからです。たとえ形式的なものであっても、後醍醐天皇に代えて光明天皇を立て、新たな天皇の認可によって室町幕府を開く権利を認められたという形を取らざるを得なかった。後醍醐天皇を処刑できなかったから、結局、南北朝が成立してしまったんですね。

中国の皇帝には天という上があり、天命によって民を支配する権利を与えられているわけだから、天命が変わって皇帝が皇帝でなくなれば、殺して革命を起こしてもいい。「天命が変わった」と革命軍が勝手に言えばいいわけです。しかし、日本では、天皇の上に天があるわけではない。天と天皇がくっついちゃってるんです。だから、日本では革命は起こらない。どれほど軍事力をもっていても、天皇を殺せないんですね。清盛も頼朝も信長も秀吉も家康もマッカーサーも天皇を殺せませんでした。殺せば、自分の政権の正統性が失われるからです。どれほどの独裁政権であっても、軍事力だけで政権は取れません。民衆の承認が必要なんです。民衆の承認を得るためには政権の正統性が必要です。それを担保するのはヨーロッパでは神であり、中国では天であり、日本では天皇であるということです。

――天皇を殺すことはできなくても追放することはできるわけで、後醍醐天皇は吉野に追放されて南北朝時代になる。日本は本当に変な国なんですね。

岸田　どの国もそれぞれに変ですが、このように変な国は日本のほかにはないでしょう。後醍醐天皇を廃して新たに北朝の天皇を立てた室町幕府は、外国に開かれた外的自己の政府ですね。他方、南朝は純粋な内的自己の日本を主張している政権であって、外国のことなんかに構ってはいないから、当時の世界情勢のなかでは時代に合わなかった。南朝が衰えたのは、武力の問題ではなく、時代に合わなかったからでしょうね。

南朝正統説は、それから五百数十年後の大日本帝国でも強く主張されていました。いずれも同じく世界情勢を無視して、日本の独立自尊をめざす内的自己の政権だからです。尊氏は当時の武士階級の利益を代表する優れた武将でしたが、内的自己には反していたので、大日本帝国では逆賊にされていました。

――六十年近くに及ぶ南北朝時代のあいだに、寺社が日本各地に所有していた荘園は武士に奪われ、朝廷が唯一もっていた京都の経済的基盤も幕府が所有することになりました。貴族の時代の終わりです。

他方、国外では世界的な大変動が起こっていました。十四世紀の中頃には自然災害や疫病がユーラシア大陸各地で発生し、さらに民族運動も多発した結果、モンゴル帝国は急速に縮小していきます。一三六八年には元も滅亡し、モンゴル民族は草原地帯に帰っていきました。元に替わって建国された明《みん》は、約百年続いた異民族支配を脱したこともあって、中華思想を強く奉じていました。韓半島ではモンゴルという後ろ盾を失った高麗王朝が転覆し、李氏朝鮮が建国されました。社長が失脚すると側近も飛ばされる、という感じでしょうか(笑)。

岸田　高麗王朝の正統性の根拠は、元から朝鮮支配の権利を委譲されているところにありましたからね。中国の王朝の交替は、日本にとっては他人事でも、韓半島の政権にとっては大変なことです。この違いは、大陸と地続きの半島の国と、日本海によって隔てられた列島の国との違いでしょう。半島の国は大陸の強国に臣従せざるを得ないが、列島の国は、ある程度臣従しなければならないにしても、いくらか反抗したり、付き合わなかったりする余地があるということですね。

――モンゴルが日本に送り込んだ大艦隊が台風によって壊滅し、中国の海軍力のほとんどが失われてしまうと、東シナ海には倭寇と呼ばれる海賊が横行し、韓半島や中国の沿岸に出没して荒らしまわりました。初期の倭寇は対馬や壱岐の人々が中心でした。元寇の際、高麗の兵士は対馬と壱岐でさんざん略奪を行い、多くの住民を捕虜として高麗に連行していますから、それに対する復讐と、激減した人口の確保の両面の意味をもっていたのでしょう。元に替わって建国された明は、朝貢以外の私交易をいっさい認めなかったけれど、それでいて東シナ海を統制する海軍力をもっていませんでした。当初日本人が中心だった倭寇は、やがて朝鮮人や明人を取り込んで巨大化し、貿易と略奪と奴隷売買の三面をもつ複雑怪奇な「海上の独立国家」ともいえる存在になっていきます。

『朝鮮王朝実録世宗』には一四四六年の記事として「日本人の割合は十パーセントから二十パーセントに過ぎず、残りはわが国の民である」と記されています。ずっとあとの話ですが『明史』は一五五五年の記事として「賊軍のあらましは、真の倭人は十人のうち三人で、残りの七人は倭人に寝返った中国人だった」とあります。倭寇イコール日本の海賊ではなかったことは確かです。

足利義満が明との国交開始に踏み切った理由は、おそらく九州統一にあったのだろう、と佐藤進一さんは『日本の中世国家』のなかで推測しています。九州および中国地方の西部はもともと中央権力から独立する傾向が強く、倭寇を仲介役として明や朝鮮と非合法の私交易を行い、国力をつけて幕府から独立しようと考えていて、足利義満はそれを阻止しようとしていたそうです。

考えてみれば、大友宗麟や大村純忠、有馬晴信、黒田如水など、のちのキリシタン大名の多くはこの地域の人だし、さらにのちに倒幕に成功した薩摩長州もそうです。外国と結んで中央に対抗しようという発想が、すでにこの時期から九州および中国地方西部に存在していたことはとても興味深いです。

実際に、後醍醐天皇の息子の懐良《かねなが》親王は「日本国王良懐」と名乗って、明の皇帝と冊封関係を結んでいます。単なる地方政権に過ぎない南朝が六十年近くも続いたのは、博多や堺の商人たちが明との交易を求めて南朝を支援したからだと言われています。

足利義満の功罪

――李氏朝鮮の建国と同じ一三九二年に南北合一を果たした室町幕府三代将軍、足利義満は実利主義者でした。明と正式な国交を開けば九州独立を阻止でき、東シナ海の倭寇にダメージを与えられ、博多と堺の商人たちをも従わせることができ、幕府は貿易を独占して大きな利益を得られる。そんな一石四鳥を考えたのですね。ところが、日本が明と正式な国交を結ぶということは、少なくとも形式上は日本が明の属国という形になり、明の皇帝によって義満が日本の国王に封じられれば、天皇は不要になってしまいます。

岸田 天皇の権威に頼らず、国を開いて明の皇帝の権威を重んじる義満は、内的自己の立場に立つ日本人にとっては裏切り者なんですよ。本来、政治家は外国と付き合う以上、外的自己の面を受け持たざるを得ないが、内的自己の面もなおざりにはできない。とくに日本では、政治は実に高度な知性が要求される綱渡りのような難しい仕事なのですが……。

――日本の政治家は、どこかで賤民のように思われているような気がします。

岸田　日本ならではの特徴じゃないでしょうか。ヨーロッパやアメリカでは政治家は賤しい仕事ではありません。フランスやイギリスやアメリカの政治家は哲学者や思想家や芸術家としても高い地位にあったりします。ところが、日本の政治家というのは、やくざの親分か、その辺のおっちゃんかお兄さんみたいな感じで、あまりインテリの匂いがしない。文化人や芸術家や学者として有名な人はほとんどいませんね。他方、日本の文化人はかっこいい非現実的な空理空論を語るだけの人が多いから、政治家としては無能で役立たず、賤しい現実的な仕事は政治家が引き受けざるを得ないという構造になっているのです。

――日本の大切な内的自己を守ってくれない政治家には、思想家たる資格はないと思われているわけですね。

岸田　政治家は、当然、国際関係を重視し、外交を引き受けなければならない。外国と付き合うためには、外国の言い分を聞いて妥協したり頭を下げたりしなければならないときもある。どの国の国民もそういうことは嫌がりますが、日本国民は嫌がり方がとくにひどいように思います。このことも日本国家の起源に関係があります。日本人は、伝統的に、国際関係に無関心で、もっぱら国内的に日本と日本人の尊厳を守ろうとする人物を尊敬する傾向がある。日本では、政治家が外国の要求を受け容れると、それが正当な理由のあるやむを得ないことであっても、国民の支持が得られない。悪くすれば罵倒される。テロで殺される。そのため、評判を気にして誇り高い高潔な人格者であろうとする者は政治家になりたがらない。残念なことに、政治家には、罵倒されても平気で権力を追求する気が強い人や、無責任にうまい話をするポピュリストが向いているということになる。日本では外交的手腕に優れ、政治的才覚に富み、かつ、国民に尊敬される政治家というのはなかなか出現しがたいのです。国民の外的自己と内的自己とを同時に満足させなければならないからです。政治家に対する国民の要求が根本的に矛盾しているのです。

——日明貿易は日本に大きな利益をもたらしました。岡田英弘さんは「足利義満が明の皇帝から日本国王に封ぜられて、勘合貿易の一手取扱人になったために、それまでは武家の頭領でしかなかった征夷大将軍が、日本の正統の統治者として、天皇をしのぐ権威を獲得した。このことなしには江戸幕府の日本統一もありえなかった」とおっしゃいます。佐藤進一さんも「日明通交が義満にもたらしたものは、政治的にも経済的にも、予測を超えて巨大であった。明が近隣諸国に強制した冊封体制は、従属国の王権を政治経済の両面から支える強力な国際機構だったからである。（中略）国王には明との公貿易権が独占的に与えられ、他の私貿易は一切認められない。しかも貿易は商品による実物交易が原則だが、国王から明帝に贈る朝貢品に対する見返り（頒賜《はんし》）としてのみ明銭が与えられる。これによって国王は、朝貢の名で銭貨を独占的に輸入することができる。これは、国内における貨幣流通の源泉は国王にあるという王権の名分を国王に与えることになる」（『日本の中世国家』）と書いています。

南北合一を果たして天皇の一本化に成功し、大国の明と貿易して東アジア情勢を安定させる。経済は発展し将軍の権威は上がる。足利義満はまったくすばらしい政治家です。よく考えてみれば、室町時代にいわゆる「日本的な文化」（茶の湯、能、水墨画など）が確立したのも、義満が明と国交を開いたおかげだと言えるでしょう。ところが、義満は息子の義嗣《よしつぐ》を天皇に立てようと企てたことで、周囲から大反発を買ってしまいます。まもなく亡くなった義満のあと、守旧派の後押しで将軍になった四代将軍義持《よしもち》は明への臣従を止め、当然、国交も断絶します。六代義教《よしのり》は義満のような専制君主をめざして明との冊封関係を再開したものの、暗殺されてしまいます。

義教の息子が八代将軍義政《よしまさ》です。文化のパトロンとしての評価が高い一方、政治家としてはまったくの無能で、政治を妻の日野富子《ひのとみこ》に任せる体たらくでした。そんな状況下で応仁《おうにん》の乱が起こるわけですが、将軍の跡目相続争いがあれほどの戦争を惹き起こすとは、実に不思議です。

岸田　山名宗全と細川勝元《かつもと》に代表される守護大名の相続争いが喧嘩を拡大させたと言われていますが、根本的には当時の幕府が、日本全体の共同幻想に反していた、ということではないでしょうか。

日本は、本来、地方の豪族や大名がそれぞれの領地を治めるのが基本です。それらの大名たちの調整機関として幕府なり将軍なりがいて、その上に将軍を任命する天皇がいるという形になっている。しかし、実際に国を統治するのは将軍であって、天皇や朝廷は、武士の代表者によってコントロールされている。日本はこの形で安定したわけですが、足利義満はこの安定を完全に崩してしまった。

足利家が幕府を開く正統性の根拠は、天皇から征夷大将軍に任じられたことにあります。だからこそ、さっきも言ったように、将軍は天皇を殺すことはできない。同時に、将軍は武士の代表者として、朝廷からは距離を置かなくてはならないんです。東国ではなく、京都に幕府を開いた足利幕府＝室町幕府は、京都との距離が近過ぎて、もともと不安定な要素を抱えている上に、義満は明の皇帝に日本国王として封じられてしまった。外国の制度に従い、外国文明を採り入れたということは、つまり、天皇の権威を否定したということです。

ところが、天皇の権威がなくなれば、論理的には天皇に任命された将軍の権威も幕府の権威も否定される。その結果、大名たちがばらばらになり、自分の勢力を拡張しようとして勢力の再編成が行われることになった。それが戦国時代であり、その始まりが応仁の乱だったのだと思います。

――応仁の乱の主戦場となった京都は荒廃し、天皇の権威も幕府の権威も失われ、京都に集まっていた守護大名の多くは没落し、地方には戦国大名が現れました。

岸田　幕府の権威に各地の守護大名が支えられているあいだは、幕府に忠実であるということで中央から派遣された彼らはそれぞれの地方を支配できたのですが、その支配が崩れると新しい代表が必要になり、守護大名の代わりに地元の豪族がのしあがり、地方の住民と直接結びついて強く支持され、戦国大名になったのですね。

――応仁の乱によって京都の権威が失われると、十六世紀の日本は無秩序状態に陥ります。対馬の宗氏は釜山《プサン》で三浦《さんぽ》の乱を起こし、大内氏と細川氏は明で寧波《ニンポー》の乱を起こした。いずれも交易権をめぐるトラブルです。明は朝貢以外の貿易を認めなかったために密貿易が横行し、下関・博多・平戸などの港町には東シナ海地域に関するさまざまな情報が行き交い、その中心にいたのは長崎県平戸に居を構え、二千人を超える部下を従えた中国人王直《おうちょく》だったそうです。貿易と海賊行為の境界はあいまいでした。

現在の島根県石見《いわみ》で大量の銀が発見されたために、ヨーロッパが日本に注目し、ポルトガル人やオランダ人がやってきます。ポルトガル人が種子島に持ち込んだ鉄砲を日本人はあっという間にコピー、改良して朝鮮に輸出までするようになり、戦国末期には五十万挺と世界一の銃保有国になってしまった。日本は昔からそういうことは本当に上手ですね（笑）。

十五世紀ヨーロッパはなぜ侵略したのか

――当時、ヨーロッパの最強国であったスペインとポルトガルは、一四九四年のトルデシリャス条約と一五二九年のサラゴサ条約によって、世界を真っ二つに分け、ヨーロッパから見て西半分をスペインのもの、東半分をポルトガルのものとする大胆な考えをもっていました。これらの条約はローマ教皇が認めたものです。要するに一五四九年に来日したスペイン人フランシスコ・ザビエルに代表されるカトリックの伝道師たちは、アジア侵略の尖兵だったんですね。

岸田　コルテスがメキシコのアステカ帝国を滅ぼしたのが一五二一年、ピサロがペルーのインカ帝国を滅ぼしたのが一五三三年です。当時のスペイン人はその類い稀な残忍さと卑劣さで歴史に名を残していますね。

――どうして当時のヨーロッパ最強国は、わざわざ世界の果てまで侵略しなければならなかったんでしょうか。

岸田　強姦犯や殺人犯についてよく「獣《けだもの》のような奴だ」とか「本能のままに行動してしまった」なんて言われますよね。でも、それは本能についてのとんでもない誤解です。動物を観察すればわかるように、本能に基づく動物の性行動や攻撃行動には、ちゃんとブレーキがかかっています。ブレーキも本能なのです。動物は身を守るために、雌を獲得するために、または子を守るために必要な以上の攻撃行動はしない。怒り狂って他の動物を殺す動物はいない。餌にするためでなければ、無抵抗なほかの動物をいたずらに攻撃する動物はいない。動物は種族保存のために必要である以外の性行動はしない。強姦する動物、売買春する動物はいない。チンパンジーは売春するという説がありますが、基本的に動物は必要以上の性行動はしないのです。

本能というと何か盲目的な衝動のように思っている人がいますが、それは、壊れてばらばらになってしまい、ブレーキも壊れてしまった人間の本能のことです。本能が壊れたために、人間は限りなく残忍になり、用もないのに殺し合い、種族保存には何の役にも立たない変な性行動をめったやたらにとるようになったのです。

このままでは人類は自滅するほかはないから、いわゆる未開社会ではいろいろと細かいタブーを作って滅亡を防ごうとしていました。タブーは壊れた本能の代用品だと言えます。いわゆる未開民族の社会秩序を維持していたこのタブーを「不合理」だとして捨ててしまって「進歩」したのが十六世紀のヨーロッパだった、とわたしは考えています。

ヨーロッパはローマ帝国に植民地にされていました。イタリア半島およびその近辺と北アフリカを勢力圏とするローマ帝国は、あくまでも地中海国家であり、ヨーロッパ国家とは言えません。ギリシアの植民地だったローマが大きくなってギリシアを凌《しの》ぎ、北の方にいたゲルマン民族を征服して植民地にした。これがヨーロッパの始まりです。

征服は軍事力だけでは無理です。征服する側には征服を正当化する何らかの理論武装が必要だし、征服が成功するためには、征服される側が最終的に納得して協力することが必要で、征服される側にはその協力を正当化する思想が必要です。それこそが、最初はローマの神々、そのあとはキリスト教でした。ヨーロッパにはあちこちにローマ時代の遺跡があります。パリにもありますね。有名な大聖堂があるドイツのケルン市は「コロン」の訛りだから、コロニー、つまりローマの植民地だったということです。ちゃんと地名に残っているわけです。

西ローマ帝国が滅びたあとも、ローマ教会は宗教的権威を保持していて、宗教的にのみならず、いくらかは政治的にもヨーロッパを支配し続けていました。ローマ教会の支配に対して、国王、つまり土地の豪族は反抗しました。はじめから頭を下げていたわけではない。しかし、結局キリスト教が強くなってヨーロッパの多神教は滅ぼされ、一応、表面的にはキリスト教一色になりました。かつてヨーロッパの諸民族が信じていた多神教は、いまはその残滓をゲルマン神話や北欧神話、ケルト神話などに残すのみで、宗教としては存在しません。

一見、ヨーロッパの人々はすべて敬虔なキリスト教徒に改宗したかのように見えますが、心のどこかに潜在的には「祖先の神々をキリスト教に潰された」という深い恨みが残っているようです。そのためかどうか知りませんが、ヨーロッパの人々を支える共同幻想は、きわめて不安定なので、ヨーロッパには争いが絶えません。

ヨーロッパ人は被害妄想的なところがあります。個人にたとえれば、自我が不安定で妄想的で、周りの人間がみんな敵に見えるということです。攻撃されて反撃しなかったら、限りなく攻撃される恐れがあると思っているので、ヨーロッパ人ほど不寛容な民族、おたがいに殺し合ってきた民族はいません。日本にも、壬申《じんしん》の乱、源平合戦、戦国時代、戊辰《ぼしん》戦争など、戦争の時代はありましたが、ほとんどは地域が限定され、短期間で終わっています。戦国時代といっても、ときおり散発的にどこかで合戦があったくらいです。平安時代や江戸時代には平和が何百年も続きました。しかし、ヨーロッパでは、戦争のない時期はほとんどなく、大抵いつもどこかで戦争をしていました。

キリスト教に関しても、異端の弾圧は数知れず、大規模な魔女狩りもあり、罪のない人々が大量に虐殺され、十字軍は遠征してイスラム教徒をしつこく攻撃し続け、カトリックとプロテスタントは争って殺し合いをするのをなかなか止めませんでした。ユダヤ人の大虐殺も繰り返されました。

だからこそその一方で、ヨーロッパ人はかつてのローマの平和《パックス・ロマーナ》への郷愁が忘れられないようで、大ローマ帝国の再現を夢見て、ヨーロッパを統一しようと神聖ローマ帝国、ナポレオン帝国、オーストリア＝ハンガリー帝国、ヒトラーの第三帝国などを作りましたが、うまくいった例はありません。現在のＥＵもそうした企てのひとつでしょう。

さて、古代ローマに植民地化され、中世にはキリスト教によって支配され、自分たちの神々を奪われた結果、ヨーロッパ人は被害妄想的になってしまって、殺し合いが日常となりましたが、そのヨーロッパ人が十五世紀末以降、今度はキリスト教の伝道を口実にして世界制覇に乗り出すのです。それをヨーロッパ人は未知の世界へと勇ましく挑む輝かしい「大航海時代」と詐称しました。「大航海時代」と言えば聞こえがいいけれど、実際には、武装した残忍な難民集団の強奪の旅でした。ヨーロッパ人が世界制覇に乗り出したのは、ヨーロッパ大陸の不毛の寒冷地で喰いつめたからです。アジア・アメリカの肥沃な地で豊かに暮らしていた無警戒な人々から食糧や資源を強奪し搾取する必要があったのです。生まれた土地で何とか暮らせていれば、危険を冒して遠い見知らぬ地へ行って強盗なんかしません。ヨーロッパ人は、歴史的におたがいに休みなく争い続けてきたために、武器と戦術はずば抜けて発達しており、他の民族は赤子の手を捩《ねじ》るように簡単に虐殺されました。

――いじめられて根性の曲がった奴が、さらに弱い者を見つけて徹底的にいじめ、うさ晴らしをするようなものですか。いやな話ですね。

諸悪の根源、一神教

岸田　わたしは、一神教は諸悪の根源だと思っています。自分たちが信じる神以外の神は認めないということは、要するに、キリスト教徒の場合なら、キリスト教徒でない人間は人間ではないと思っているということです。スペインが南米を侵略し、アステカ帝国やインカ帝国を滅ぼしたとき、ピサロはインカ帝国皇帝のアタワルパを「キリスト教徒にならないと火あぶりにするぞ」と脅かした。アタワルパが囚われていた部屋がいっぱいになるだけの金《きん》を差し出せば、解放してやると嘘を言い、アタワルパが臣下に命じてその通りにすると、ピサロは約束を破ってアタワルパを絞首刑にしました。スペイン人は、キリスト教徒でない者は人間じゃないと信じていたからこそ、原住民のインディオを良心の呵責なく簡単に欺《あざむ》き、虐殺することができたのです。スペイン人の征服が成功したのは、単に大砲や鉄砲や馬をもっていたという軍事力の違いだけではなく、スペイン人の行為を正当化したキリスト教の力が大きいのです。

インカ人とスペイン人との戦いは、文明人と野蛮人との戦い、殺人を忌避する人と平気で人殺しができる人との戦い、相手が自分を殺そうとしているなんて思いもしない人と油断すれば殺されると怯えて警戒し、殺される前に殺そうとする人との戦いでした。どちらが文明人でどちらが野蛮人かは言うまでもないでしょう。インカ帝国は金銀の細工から脳外科手術に至るまで精妙な技術をもっていましたが、武器に使っていたのは石と材木だけで、金属の武器はありませんでした。スペイン人がインカ人より進んでいたのは、人を効率的に殺す武器と技術だけでした。スペイン人は大掛かりな文明破壊者でした。ペルーの博物館に行くと、観光客が見るに値する展示物はインカ帝国やそれ以前のインディオの国々の遺物だけで、スペイン人がペルーに持ち込んだのはガラクタだけだったとすぐにわかりますよ。スペイン人はインカ人が建築した石造りの神殿を増改築してキリスト教の教会にしていましたが、ペルーのクスコで大地震があったとき、崩壊したのは増改築した部分だけで、もとの神殿の部分はビクともしなかったそうです。

ところが、野蛮人が文明人を虐殺したスペインの南米侵略は、事実とは逆に、文明人が野蛮人を征伐したかのように思われているふしがありますね。わたしが『嘘だらけのヨーロッパ製世界史』(新書館)のなかで述べたように、日本の世界史の教科書はヨーロッパ人が作った世界史を丸写しにしているので、学校で世界史を教わった人がそう思っているのは無理もないのですが……。

ペルーのキリスト教の教会の壁に先住民が白人の修道女を虐殺している大きな絵が掲げてあったのにはびっくり仰天しましたが、スペイン人はそういう絵を平気で掲げることができるのです。実際には、白人は、一人か二人殺されているあいだに、数百人、数千人の先住民を殺しました。いや、スペイン人だけではありません。昔のアメリカの西部劇映画では、婦女子が乗っている馬車の列を襲う大勢の野蛮なインディアンを正義の味方の騎兵隊がやっつけていましたね。さすがにアメリカ人も恥ずかしくなったのか、今やその種の映画は作られなくなりました。

——スペインのアジアにおける拠点はフィリピンですが、フィリピンという国名自体がフェリペ二世から採られています。ポルトガルもアフリカやマレー半島を次々に侵略し、マカオに要塞を築いて極東の拠点にしました。

岸田　スペインとポルトガルには、もちろん日本征服の意図がありましたね。そのことを示す文献もいくつかあるし、九州にキリシタン大名がいたこと自体が、日本をキリスト教国にして支配しようとする彼らの意図が、ある程度まで成功していたことを示しているでしょうね。イギリスのインド支配も「おれたちと組めば、こんなにすばらしいものが手に入るよ」とめずらしい物を見せて、それぞれの土地を支配するマハラジャを抱き込んだそうですが、日本でも同じようにやろうとしたのでしょうね。結局、当時の日本は、幸か不幸か戦国時代で、武力がしっかりしていたので、侵略はできないとあきらめたみたいですが。

ヨーロッパ型リーダーをめざした信長

――信長は各地にセミナリオ（初等神学校）やコレジオ（高等神学校）を作らせました。

岸田　信長がキリスト教を保護したのは、本願寺・浄土真宗をやっつけるためにキリスト教を利用できないかと考えたからでしょう。わたしは、先ほども述べたように一神教は人類にとって最大の害毒のひとつだと思っていますが、日本に一神教的な伝統がなかったわけではありません。たとえば、他宗はすべて邪教だと言うのですから日蓮宗は一神教的で、そのために北条家に弾圧されたのでしょう。浄土真宗の別名は一向宗ですが、阿弥陀仏を奉じる一神教のようなところがあります。しかも、僧兵がいて、単なるお寺ではなく、ひとつの武装勢力だった。信長は一神教的な一向宗を嫌い、対抗上、毒を以て毒を制しようとして、外国の宗教を使ったのではないでしょうか。一向宗が信長にあれだけ抵抗できたのは、僧兵が信仰心が強くて死を厭《いと》わなかったからでしょう。一向宗のような狂信的な宗教が政治的勢力となるのは危険だと考えたからこそ、信長は徹底的にやっつけた。でも、そのために使ったキリスト教も一神教で、その害毒が目についてきたために、結局、秀吉はキリスト教を禁止し、徳川幕府も島原の乱に懲りてキリスト教を禁じた、ということだったと思います。

——実際、一五三六年に京都で勢力を得た日蓮宗が比叡山と衝突するという事件が起こりました。武家の援助を得た比叡山の僧兵六万が京都市中に押し寄せ、洛中洛外の日蓮宗寺院二十一本山を次々と焼き払った天文法華《てんぶんほっけ》の乱です。その火が大火を招き、京都は延焼面積では応仁の乱を超える被害を受けたとも言われます。排他的な宗教同士の戦いは恐ろしいものがあります。信長は比叡山を叩こうとしたんですね。

岸田　楽市楽座とか、関所の廃止とか、信長の政策は非常に近代的でしょう。信長は西洋かぶれのモダンボーイであって、思想的・文化的にはヨーロッパの影響が強かったんじゃないでしょうか。

——確かに信長は何から何まで日本的リーダーではありませんね。ヨーロッパ的な君主をめざしたのでしょうか。

岸田　そうだと思います。ヨーロッパの国王は基本的に独裁的ですからね。中世から近代にかけてのヨーロッパの歴史は、ローマ教会と各地の国王の争いと見れば非常によくわかります。国王は独裁に傾き、ローマ教会も独裁的ですから。独裁と独裁のせめぎ合いが中世ヨーロッパの歴史です。ヨーロッパの君主という思想は日本にも入ってきたと思います。その君主の思想を信長はよく知っていたのでしょう。でも、明智光秀《あけちみつひで》に暗殺されたということは、信長の改革を支持する人は多かったけれど、他方では反感もあったということでしょうね。清盛も義満も同じですけど、日本人は独裁者を嫌うんですよ。信長は独裁者になろうとしていると見られたから殺されたのではなかったでしょうか。

明智光秀の頭のなかには旧体制の復活しかなかったようです。朝廷を尊び、いま足利幕府の力が衰えているから守り立てて、という視野狭窄《きょうさく》的な考えだけで、新しい時代にふさわしい体制を作るビジョンがなかった。光秀からすれば、たぶん信長はやたらに人を殺すし、日本をメチャメチャにする不徳漢としか思えなかったのではないでしょうか。個人的に信義を結んでいた四国の長宗我部元親《ちょうそかべもとちか》を討つよう信長に命ぜられて承服できなかったことも動機にあるでしょう。光秀は天下を取る野望のためというより、信長を討つことが世のため人のためだと思っていた。光秀は、悪逆な独裁者をやっつければ自動的にみんなが支持してくれるという期待をもっていたのではないでしょうか。その期待は間違っていたけれど、それなりの根拠はあったに違いありません。たぶん、幕府か朝廷が、光秀に色よい話でもしたんでしょう。彼らにとっての信長は、秩序の破壊者でしかなかったから。

将軍に「なれなかった」秀吉

——信長を殺した明智光秀はあっという間に倒され、豊臣秀吉の時代になりました。

岸田　日本の戦国時代の大名の覇権争いは、武力闘争というより、人気投票みたいなところがあるんですよ。人気がある武将が支持される。純粋に軍事的な実力だけで勝つのではなくて、みんなの支持を必要とする。秀吉は軍事力だけで各地の大名を打破し天下を統一したわけではないと思います。全国支配に成功したのは、各地の大名が「秀吉に任せておけば天下がまとまる」と思ったからでしょう。「人たらし」の秀吉が大名たちにそう思わせたのです。

日本ではヨーロッパとは違って徹底的な殺し合いはやらない。当時の大名は、負けそうだと思ったら無理はしないで引き上げました。また、他のどの大名と組もうと誰の味方をしようと自由だった。兵士は農民でもあったから、田植えや稲刈りの季節になると、戦さを止めて故郷へ帰ったし、主君が気に入らなかったらすぐに逃げて他の主君に鞍替えしたわけで、要するに近代軍隊とは違って、ある程度、選択の自由があった。

日本の内戦は、ヨーロッパの内戦と比べて、圧倒的に戦死者が少ない。たとえば、同じように根本的な社会変革があったのに、戊辰戦争の死者は東軍と西軍を併せて一万三千人あまり（西南戦争の死者を除く）で、フランス革命の死者はギロチンで処刑された者だけで四万人、そのほかフランス人によって殺されたフランス人が三十万人から四十万人（ナポレオン戦争の死者を除く）でした。

――日本人は武力による全国統一を嫌う。さすがは「和を以て貴しとなす」の国ですね（笑）。結局、秀吉は将軍の地位につくことはなく、太政大臣になりました。貴族の最高位ですね。

岸田　将軍には源氏か平家の子孫しかなれないということになっていた。信長が平家、徳川が源氏の系統だと称したのはそのためでしょう。でも、秀吉は身分が低過ぎて、源氏の子孫も平家の子孫も名乗れず、公家としての最高位をもつ以外に選択肢がなかった。秀吉は関白を養子の秀次に譲ったあとは太閤になりました。幕府を作っていないのは征夷大将軍になれなかったからですね。

　絶対的な権力を握っていた秀吉が死ぬと、豊臣家の支配は実に脆《もろ》く崩れ去ることになりました。幕府をつくれなかったからです。平家と同じパターンです。天皇に委任された征夷大将軍ならば、武家の頭領としての権威があるわけだけど、秀吉は将軍ではなく、そのぶん、組織のトップとして全国の武士をとりまとめる力が弱かった。そこを家康に突かれた。

――秀吉の政策と言えば、太閤検地と刀狩りとキリスト教の禁止が有名ですが、もうひとつ海賊禁止令も出しています。十五世紀に海の王国を築き上げた日本の海賊は、大名になるか、大名の家臣になるか、武装を放棄して百姓になるかを迫られた結果、自立性を失い、歴史の表舞台から消えていくことになります。

岸田　信長のあとを継いだ秀吉がスペインやポルトガルの侵略に備えて中央集権的な国家を作ろうとしたと考えれば、検地も刀狩りも海賊禁止令も理解できます。当時の宣教師は侵略の尖兵でしたから、それを防ぐ必要がありました。宣教師は日本の農民を捕まえたり、戦《いく》さの捕虜を買ったりして奴隷として東南アジアや南米に売っています。売られた農民は数十万に達すると言われています。当時のヨーロッパ人にとって、アジア人やアフリカ人を奴隷に売り飛ばすのは当たり前だったようです。いま、欧米人はキリスト教信者がほとんどですから、キリスト教を弾圧したといえば、即座に悪いことだとされるわけですが、秀吉は日本の農民を奴隷に売り飛ばした宣教師に腹を立てたのです。

――江戸末期に黒船がくると、日本は欧米に対抗するために明治政府を作り、ほぼ同時に征韓論が出ました。秀吉がスペインやポルトガルに対抗するために中央集権体制を作って、まもなく朝鮮に攻めていったのと似ていますね。

岸田　そうですね。スペインやポルトガルが日本征服を意図していたので、危機を感じたことがきっかけとなって、それに対抗するために日本国内に統一志向が生まれ、織田信長という人物が出て旧体制の室町幕府を滅ぼし、それを引き継いだ豊臣秀吉が全国の統一と支配を徹底したという流れだと思います。スペインとポルトガルが意図した日本征服に反発したのか、それをコピーしたのかはわかりませんが、天下布武をめざした信長を引き継いで秀吉が全国を統一し、その余勢を駆ってさらに明を征服しようとして朝鮮を侵略して失敗した。それから三百年のちに、これを大々的に反復したのが、欧米による侵略の脅威に直面して富国強兵に努め、朝鮮を支配してさらに中国を侵略し、ついにはアメリカと事を構えて惨敗した近代日本かもしれませんね。秀吉の朝鮮侵略の失敗のあと、徳川時代は二百数十年も平和が続き、日米戦争の敗北のあと、数十年の平和が続いているのも似ています。

そのほかにも似ているところはあります。秀吉が全国を統一したあと、朝鮮に攻め入ったのは、ベトナムがベトナム戦争に勝ってアメリカを追い出して南北を統一すると、さっそくカンボジアに攻め入ったのに似ていますね。そのあと、中国とも戦って勝っています。中越戦争です。いまのいままで戦っていた兵隊は戦意に満ち満ちていますから、「今日からやめろ」というわけにはなかなかいかないのですね。そういう事情を考えれば、「兵隊をどこかで使いたい」という思いがあったんじゃないでしょうか。秀吉にしてみれば、戦争はそれまでつねに大きなメリットがあったから、続けたかったのでしょうね。

日本は韓半島から追い出された連中が中心となって作った国なので、失地回復したいという思いがどこかにある。秀吉が朝鮮出兵をしたせいで、日本はいまだに韓国に恨まれています。ちっぽけな日本を統一したからといって、そのあと、あの大きな明を征服しようと思うなんて、現代のわれわれからすれば誇大妄想にしか見えませんが、秀吉は別に誇大妄想というわけでもなかったと思います。

インカ帝国なんていまのペルー・ボリビア・チリを含む大帝国だったのに、スペインのピサロはわずか数百人で滅ぼしてしまった。スペイン人はインカ征服を自慢話または脅しとしてしゃべったでしょうから、それを聞いた秀吉が「われわれだってそれぐらいのことはできるだろう」と思ったのは無理もないでしょう。実際には、明の征服に失敗したから「誇大妄想」と言われたわけです。

――二度目の朝鮮出兵、すなわち慶長《けいちょう》の役は秀吉の死去によって中止され、二年後の一六〇〇年には天下分け目の戦いと呼ばれた関ヶ原の戦いが起こります。しかし、大規模な戦闘はついに行われないまま、徳川家康を総大将とする東軍が石田三成の西軍に勝利します。

岸田　明治のはじめに日本が招いた陸軍大学校教官のドイツ陸軍少佐メッケルに関ヶ原の戦いの両軍の布陣図を見せたところ、断然、西軍が有利だと判定したという話がありますが、現実に勝ったのは東軍でした。秀吉が亡くなったとはいえ、それまで天下人であった秀吉側の西軍が、たかが一大名の家康の東軍に敗北した。

その理由はとくに西軍に戦意がなかったからではないでしょうか。秀吉の命令を拒否したのか、もともと要請されなかったのかはわかりませんが、家康は朝鮮出兵には加わっていません。他方、秀吉は二度も大名たちに朝鮮出兵を命じて多大な犠牲を強いた。そこで、大名たちのあいだに全体として「徳川に任せたほうが世は治まるのではないか」「豊臣家が権力を握ると、またああいうことをやるんじゃないか」という雰囲気があったのではないでしょうか。秀次の一族を女子供に至るまで処刑したことも秀吉のイメージダウンの一因になったかもしれません。西軍では秀吉の養子であった小早川秀秋《こばやかわひであき》が裏切ったし、薩摩の島津義弘《しまづよしひろ》は戦場に出たことは出たものの、戦わなかった。もし、西軍の全員が裏切らず怠けず、まともに戦っていたなら、西軍が勝っていたでしょうね。

家康は狸親父と言われるように狡猾な人物であって、加藤清正《かとうきよまさ》や福島正則《ふくしままさのり》など秀吉直属の武将が石田三成と不和なのに付け込んでうまく東軍に引き込んだなどと悪口を言われますが、そのようなことより、当時の大名たちのあいだに広まっていた共同幻想を正しく読み取っていたから勝利したのではないでしょうか。

――人々は秀吉の中央集権体制に飽き飽きしていた。そのことを感じ取った家康は、京都から遠く離れた江戸に幕府を開き、自閉的な地方分権を志向したんですね。

岸田　頼朝と同じ発想ですね。戦国時代が終わり、戦争がなくなった状態を維持しようとした。それまで百年以上にわたって殺し合ってきたわけですから、もう殺し合いはたくさんだという厭戦気分が日本中にみなぎっていて、「もうここらでやめておこう」という暗黙の合意があったのではないかと思います。

第五章

進歩を捨てて繁栄した江戸時代

便利さをあえて捨てた江戸文化

――家康は「やっぱり幕府を開かないとダメだ。でも、京都にいたら足利のようになってしまう」と考えて、江戸に引っ込んだのでしょうか。

岸田　そうだと思います。徳川幕府のやり方は足利幕府と秀吉政権の反省の上に成り立っています。外様《とざま》大名を地方に追いやって譜代大名に監視させ、参勤交替や河川工事を押しつけてお金を使わせ、何だかんだと因縁をつけて廃藩にする。ただ、基本は地方自治で、秀吉のように全国を統一する体制を敷かなかった。地方の連中にはそれぞれの方針で自分の藩を治めさせる。だから、全体としてはまとまらず、すっきりした統一国家にはならない。けれど、政権は何とか存続する。家康はこれまでの歴史をよく知っていて、信長や秀吉の轍《てつ》を踏まないよう、政権を強力な中央集権体制にしなかったのだと思います。

日本は江戸時代になって鉄砲を放棄しました。当時、鉄砲は輸入品でありながら、その性能や普及率に関して、鉄砲を発明したヨーロッパを超えて日本は世界一だったそうです。いったん使用して非常に役立った発達した武器を捨てるなんて、世界の歴史において空前絶後です。ヨーロッパでも最初に鉄砲が出てきたときには、騎士道に反する、一人の人間が向かい合い、槍や剣で戦ってこそ騎士であり、遠くから鉄砲で撃つなんて卑怯だと言われたそうです。しかし、ヨーロッパでは、そういった騎士道精神は鉄砲の効率の前に簡単に捨て去られました。

徳川幕府は遠洋航海が可能な五百石以上の大きな船を作らせなかったし、主要な河川に橋をかけることも禁止しました。技術がなかったわけではない。反乱が怖かったからというよりも、基本的には、文明の進歩を好まなかったからではないかという気がします。平安時代から牛車があったのだから、車輪の便利さは知っていたし、馬を乗りこなしていたのだから、馬車なんて簡単に作れたであろうに、人を運ぶのにわざわざ人力しか使わない不便な駕籠《かご》を使い続けたのも同じ理由からでしょう。失業対策の意味もあったかもしれません。いずれにせよ、江戸文化は、便利さや能率ということに価値を置かなかった文化でした。

要するに文明の進歩を止めることによって、徳川幕府は二百数十年もの平和を享受したのです。ただ、外国の侵略を防ぐことは念頭になかった。モンゴルを撃退した成功体験があって安心していたのかもしれません。わたしは、江戸時代というのはよくできた時代だと思っています。近代に入って欧米諸国に侵略される危機に直面しなかったら、ずっと続いたのではないでしょうか。

巧みな権力分散

武家政治の時代になっても天皇家が続いたのは、統治される民衆の側にも、心のどこかに「天皇ならいいけど、武家には統治されたくない」という根強い意識があったからではないでしょうか。だからこそ幕府は実質的な権力をもたない天皇を権威として残してきた。天皇家と徳川家の二権分立だけではありません。たとえば、武士は政治的な権力はあってもお金はない。商人はお金はあっても政治的な権力をもたない。つまり、政治力と経済力を二つの階級に分散していた。それは意図的なものだったと思います。両権力を独占していた同時代のフランスの王家と貴族階級の豪奢《ごうしゃ》な生活と比べると、日本の武士階級のつましい生活が際立ちます。民衆の蜂起による革命がフランスに起こり、日本に起こらなかったのは、そのあたりに原因があるのではないでしょうか。

ヨーロッパはかつての独裁的な王制の失敗から学んで三権分立の制度を作りましたが、徳川幕府では権力はさらに細かく分けられています。司法では、庶民の犯罪の取り締まりに関して江戸では北町奉行所と南町奉行所がひと月ごとに交替していたことは面白いですね。奉行所がひとつだと、先輩や同僚の間違いをつい見逃すことになりがちですから。

日本人は自閉的共同体を形成して、仲間うちを守る傾向があります。組織の中心部が一定の方向へ走り出すと、それが端から見ればとんでもない間違いであることが明らかであっても、軌道修正されない。大東亜戦争のときの軍部も、薬害エイズのときの厚生省も、原発事故のときの東京電力もみんなそうでした。自浄作用がない点は朝日新聞も同じでしょう。大学にもそういうところがあります。権威あるボス教授の説が明らかに誤っていても、それを指摘して追放されることを恐れて、ボスに盲従する忠実な弟子ばかりが残り、当の研究室では永遠に信奉されたりする。検察・警察がときどき起こす冤罪事件も同じことに一因があるでしょう。

徳川幕府があえてまったく同じ機能の司法組織を二つ作ったのは、明確に自覚していなかったかもしれませんが、自閉的共同体になりやすい日本の組織の通弊を防ごうとしていたのではないでしょうか。明治以降、欧米の司法組織をまねたものの、日本の風土では、各省庁が国益を忘れて省益に走りがちな近代の官僚組織よりも、江戸時代の組織のほうが、本当は日本向きなのかもしれません。

武士の犯罪に関しては大目付とか目付の担当、寺社に関しては寺社奉行の担当と、細かく分けられています。行政や立法については、実際の政治を行うのは将軍ではなく老中や若年寄で、しかも彼らは大藩ではなく、譜代の小藩から出すことになっていました。大藩は権力の中枢には置かないということです。さらには各藩が偏った財力をもたないように、交替で大きな治水工事などを負担させています。そのような仕組みを見ると、徳川幕府が権力の分散をよく考えていたことがわかります。強いリーダーシップのある独裁者をもちたくない、という日本人の体質に合った政治権力だったからこそ、徳川幕府は二百七十年も続いたのでしょう。

江戸時代の日本が国を閉ざしていたことは確かで、「鎖国」という表現は間違いではないかもしれませんが、当たっていないかもしれません。明らかに日本侵略の意図をもっていたカトリックのスペインとポルトガルとは付き合わなかっただけで、「商売だけでいい、布教はしません」というオランダとは貿易をしましたからね。明治時代になって教科書用の国史を作った連中が、江戸時代を「鎖国」と呼んだのではないでしょうか。明治政府としては「徳川幕府は全面的に間違っていた。日本の進歩を遅らせて、日本人の進取の気風を弾圧した。そのため日本は外国に侮られることになった。だからこそ、われわれは幕府を倒したのだ」と言いたいわけです。「徳川時代の武士は威張っていて、百姓は斬り捨て御免だった」とか、「百姓は生かさず殺さずの最低生活を強いられ、つねに餓死寸前だった」ということになっていますが、それは明治政府が作ったお話でしょうね。武士が百姓を斬り捨て御免にして社会秩序が保てるわけがありません。明治から昭和にかけての百姓と、江戸時代の百姓と、どちらが幸せだったか。前者は兵隊に取られて戦地にやられ、餓死させられたり殺されたりと、筆舌に尽くし難いみじめな目に遭ったわけですが、江戸時代の百姓はそんな目には遭っていません。もちろん、時には飢饉や地震に見舞われましたが、わりとのんびり暮らせたのではないでしょうか。

激動の中韓情勢

――徳川幕府が安定的な政権を作っていくなか、大陸と半島にはふたたび大変動が起こっていました。満州の女真族が勢力を伸ばし、文禄・慶長の役で日本と戦って消耗した明を滅亡させたのです。女真族は、満州直下にあたる韓半島への侵入を早くから繰り返しつつ、十七世紀前半までには清を名乗って、内蒙古を含む中国全土を支配していました。

中国の民衆は、支配者が変わることをたびたび経験しています。異民族支配も歴史上何度もありました。それでも、一六四五年の薙髪《ちはつ》（弁髪）令は大問題になりました。清朝は支配層ばかりでなく、一般大衆にも弁髪を強制したからです。頭頂だけを残して剃り上げ、残した部分は三つ編みにする弁髪は騎馬遊牧民特有の髪型です。兜をかぶるにはクッションが必要で、蒸《む》れを防止するために残りを剃る。日本のちょんまげと同じようなものです。異民族の髪型にするのはいやだと、当初、中国の人たちは大いに抵抗しましたが、弁髪を拒否すると死刑になりますから、みんな渋々従いました。

李氏朝鮮は、一三九二年に高麗を倒して建国された国で、モンゴルを追い払ってくれた明をこよなく崇拝していました。日本から秀吉の軍勢が攻めてきたときも、明は援軍を送ってくれました。そのおかげで、憎き日本を撃退することができたのです。「明は兄であり、朝鮮は弟であり、そのほかの国はすべて野蛮人である」と考えていた李氏朝鮮にとって、満州の野蛮な女真族に屈することは我慢のならないことでした。しかし、女真族は強く、朝鮮は弱かった。朝鮮王仁祖は清皇帝ホンタイジに三跪九叩頭《さんききゅうこうとう》し、明と断交し、王子を人質に出し、多額の賠償金を支払い、清に永遠の臣従を誓う大清皇帝功徳碑を建立させられました。朝鮮は弁髪を強制されなかったものの、兄と慕う明は、清にあえなく敗れ、大陸の人々の髪型はすべて弁髪に変わりました。半島の人々の絶望感は、島国で暮らす私たちの想像を絶するものだったはずです。

岸田　中国が満州族（女真族）に支配されたとき、朝鮮王朝は「われわれのほうが異民族に支配される中国よりもはるかに中国の伝統に忠実である。儒教を守っているわれわれは中国よりも上だ」という考えをもつようになった。しかし、その根拠は中国産の儒教です。プライドの根拠が「朝鮮文化は中国文化の模倣ではない独自の文化である」ということではなく、「朝鮮は中国よりも忠実に中国文化を守っている」ということにあるわけですから、どこか屈折しています。

日本には神道がありますが、朝鮮にはそれにあたるものがない。熊と人間の合いの子が国の始祖だという檀君神話はあっても、神道みたいに国教にはならず、中国の儒教を受け容れる。仏教も入ってきたけれど、朝鮮独自の宗派はありません。

儒教は徳を説く宗教で、徳のある者がない者を追放して新しい国を作るという易姓革命も儒教の思想です。日本には天皇がいますから、易姓革命を認められるはずがないし、科挙や宦官も拒否する。日本の儒教は不徹底なんです。換骨奪胎して都合のいいところだけ採り入れる。

しかし、韓国では中国のやり方をそのまま採り入れる。そこはずいぶん違うんじゃないかな。日本人より韓国人のほうが外国の文化に対して従順で、反発が弱いようです。朝鮮にはもともと外来の思想や宗教をそのまま受け容れる土壌があるようです。いま、韓国ではキリスト教が非常に流行していて、人口の三十パーセントくらいはキリスト教徒になっているそうです。

一方、日本にキリスト教が入り込むことはほとんどありませんでした。戦国時代に宣教師たちが必死に伝道したけれど、さほど広がることはなく、そのうち禁止されてしまった。明治以降は禁止が解かれて、アメリカから牧師がいっぱいやってきたし、敗戦後は、マッカーサーには日本をキリスト教化しようという意図があったらしく、資金的にも豊富だったから、キリスト教の関係者が大勢、日本にやってきて布教活動したけれど、ダメなんですね。現在、信者の数は人口の〇・五パーセントというところです。

――日本海の向こうの大混乱は、日本にはほとんど影響しません。家康の外交方針は今でいう善隣外交でした。清に朝貢することはありませんでしたが、長崎を拠点に民間貿易が行われました。朝鮮には朝鮮出兵のときの捕虜を返還し、朝鮮通信使を招き、対馬の宗氏を通じて貿易しました。島原の乱に懲《こ》りてカトリック諸国の来航は禁止したものの、「商売だけやります、布教はしません」というプロテスタントのオランダ人には最初は平戸に、あとに出島にオランダ東インド会社の商館を置くことを許しました。

江戸期の繁栄

――面白いのは、五代将軍綱吉《つなよし》の時代になって、京都に朝廷文化を復活させようという動きがあったことです。二百二十年ぶりに大嘗祭《だいじょうさい》が、百九十二年ぶりに葵祭《あおいまつり》が復活しています。やはり、天下を安定するためには、朝廷にある程度の権威をもたせておいたほうがいい、という考えが幕府にあったのですね。

岸田　「天皇によって征夷大将軍に任命されている」ということが、徳川幕府の権力の正統性を保証しているからでしょう。権力の正統性というのは、幻想には違いないけど、権力そのものがそもそも幻想だから、幻想には幻想的根拠でいい。いや、幻想的根拠こそが必要なのです。民衆を従わせるためには、民衆一人一人を「従わないと殺すぞ」と脅しつけてもダメです。脅かされて服従した民衆はそのうち必ず反乱を起こします。権力を長く維持するためには、みんなが納得して自発的に従うことが必要なのです。そのためには「この権力は正統である」という幻想が民衆に普及していることが不可欠なんです。

徳川幕府の権力の正統性は天皇の権威によって保証されているのだから、「天皇家と敵対していない」「天皇を守り立てている」ということを民衆だけでなく諸大名にも示す必要がありました。だから、天皇家の扱いには、迷って葛藤していたと思います。天皇家には実際の権力はもたれたくないけど、権威はもっていてほしいという、ある意味で矛盾した願望をもっていたからです。

――徳川幕府の安定のもと、日本は大いに繁栄します。江戸の人口は百万人を突破し、高度な町民文化が発達しました。識字率も高かった。江戸は世界一の大都会でした。

岸田　幕末から明治の頃やってきたヨーロッパ人は「日本では車夫が新聞を読んでいる」とびっくりしたそうですけれど、もともとあまり差別がなかったからだと思います。『万葉集』だって、ピンからキリまでいろんな階層の人が歌を詠んでいます。それは結局、日本を支配したのが征服王朝ではなかったからでしょう。ベトナムを支配したフランス、インドネシアを支配したオランダは現地人を無知蒙昧にとどめておこうとしました。征服民族は、支配するために、被征服民族には文字や文化を教えません。しかし、日本は朝鮮を植民地にしましたが、朝鮮人の教育には熱心でした。京城（今のソウル）には帝国大学を設立しました。日本は少なくとも近代までは他の民族を支配したことも、他の民族に支配されたこともなかったから、支配者と被支配者を明確に区別する施策を思いつかなかったのでしょう。だから、日本自身も厳密な階級社会にならなかったのでしょうね。

――ただ、鎌倉や室町の頃に比べて、江戸の女性の地位は低くなったように見えます。

岸田　徳川幕府が儒教を普及させたからでしょうね。儒教は男性中心主義ですから、儒教を奉じる社会はタテマエとしては男性優位の社会になります。でも、日本はもともとは女が強い文化だと思います。天照大神が女だったというのが象徴的です。中国文化にせよ、ヨーロッパ文化にせよ、日本が模範と仰いで輸入した外国の文化は男性中心主義文化なので、タテマエ的には男が上ということになっていますが、しかしホンネのところでは、日本の女の強さは残っていると思います。織田信長の知遇を得ていたフロイスは「日本の女は亭主に断ることなく勝手に何日も遊びに行って帰ってくる。ヨーロッパでは考えられない」と書いています。上層の武士階級は別として、結婚前は処女を守るなんてことは求められなかったし、そもそも処女という観念がなかったらしい。結婚後も厳しく貞操を守っていたわけでもなかったようです。庶民は「こんど女房が産んだ男の子はどうも近所のあの男に似ているなあ」と言いながら、あまり気にしなかったという話もあります（笑）。

――日本における儒教は、宗教というより、むしろ道徳に近いものです。結婚式にも葬式にも出てきませんし（笑）。父子や君臣・夫婦・長幼の関係を維持せよという儒教は、統治者にとってはまことに都合がいい。その批判として本居宣長《もとおりのりなが》や平田篤胤《ひらたあつたね》のような国学が出てくるのは、ある意味、必然だったかもしれませんね。

岸田　大和心《やまとごころ》と漢心《からごころ》を対比させた宣長は、中国文化に対する日本文化の独自性を主張するためのよりどころとして天皇を考えたのではないでしょうか。思想の問題というよりも、宣長は、日本には漢心には毒されない、純粋独自のものがあると信じたかったのだと思います。梅原猛さんは縄文時代には日本独自のものがあると信じ、古層と呼んだわけですけど、本当にそんな特別のものがあったのかなあ。

――江戸期の日本が相当うまく行っていたことは間違いないと思います。国内も、アジアとの関係も悪くなかった。満州族が支配する清は二百年以上続いて安泰だったし、自分たちより下に見ていた満州族への臣従を余儀なくされた朝鮮は、小中華というプライドだけは高いものの、文化的には日本からはるかに遅れてしまった。そんな東アジアに、ヨーロッパとアメリカという厄介な連中がやってくるわけですね。

第六章

ヨーロッパ帝国主義の精神分析

ヨーロッパの分裂と葛藤

――日本が江戸時代二百七十年の平和を享受しているあいだに、世界はとんでもないことになっていました。長年にわたってアラブやトルコの下に置かれていたヨーロッパ諸国や、建国まもないアメリカが、強大な軍事力を背景に世界中を支配しようとしていたのです。一体、どうしてそんなことになったのでしょうか。

岸田　ローマ帝国からキリスト教を押しつけられ、自分たちの神々を捨てさせられたヨーロッパ人は屈辱に呻《うめ》き、あまりにも不幸でした。自分たちだけが屈辱に呻き、不幸であることに我慢ならなくて、世界の諸民族を自分たちが味わわされているのと同じ屈辱と不幸に巻き込みたかった。これが、十六世紀のスペインやポルトガルを世界侵略へと駆り立てた真の動機です。何が真の動機かということは、彼らが公然と唱えていたことによってではなく、彼らが現実にどういうことをしたかによって判断すべきですから。

――当時のスペインやポルトガルが侵略に成功したのは、南北アメリカ大陸や東南アジアの小国だけで、地中海から中国に至る広大な地域には手を出せません。江戸初期の日本は、戦国時代直後でまだ軍事力があり、スペインもポルトガルも日本を侵略することは不可能でした。

岸田　一神教であるキリスト教は普遍性を主張する不寛容な宗教です。そのために、キリスト教を国教とするローマ帝国は、かつてヨーロッパに存在した土着的な多神教を徹底的に根絶しました。神道と適当に妥協した仏教とは大違いです。

長いあいだ、キリスト教はヨーロッパ人を抑圧し続けてきました。その結果、ヨーロッパ人の精神世界は分裂し、表面上は敬虔なキリスト教徒でありつつも、無意識下では自分たちの神々を殺されたことを深く恨むという二重構造になってしまった。フロイトが何度も強調したように、抑圧されたものは決して消滅せず、いつかは必ず回帰します。ヨーロッパ近代の混乱と対外侵略は、これまで二重構造ながら辛うじて保たれていたヨーロッパ文明のかりそめの安定が、ついに崩れた結果です。

いちばん残酷で攻撃的になるのは、被害者です。被害者はいっそう過激に加害者のまねをする。加害者が被害者を傷つけ苦しめるために使った武器と戦術を、今度は被害者が使います。しかも、自分に害を加えた者のみに反撃するのならまだしも、自分より弱いというだけで無関係な者に対しても加害者になるのです。ヨーロッパ人は、ローマ帝国、ついでキリスト教に長いあいだ抑圧され弾圧され続けてきた被害者でしたが、転じて加害者となり、はじめはヨーロッパ内部で異教弾圧や異端審問や魔女狩りなどの血みどろの加害行為に走り、ついには世界へと乗り出し、ヨーロッパ人以外の人々にも害を及ぼしはじめました。

十八世紀末のフランス革命は、王権への反抗であったとともに、キリスト教を強要するローマ教皇と教会の支配への反抗でもありました。そのとき、フランス人は神を放逐したのです。王権は神から授かっていたわけですから、王権を否定するということは神を否定することと同じです。しかし、キリスト教の支配はあまりにも長く続いていたために、多神教に回帰することはできなかった。ヨーロッパの歴史は神への崇拝と反抗との葛藤の歴史なのです。たとえば、フランス人がフランス革命に際して、理性を崇拝する「理性教」のようなものを立ち上げたのは神への反抗の表れですね。神を追放するために、神の代理人であるローマ教皇と教会の支配を拒否したのです。

神を追放したフランス人は神に取って代わり、理性のある人間となりました。そして、理性のない人間を支配することにしたのです。理性とは、神がもっていた全知全能性を人間が奪ったものです。動物やいわゆる未開人にはない理性を備えたフランス人は、神と同じように全知全能であると自負する誇大妄想的人間となり、理性を備えていないと見なされるヨーロッパ人以外の人々を必然的に蔑視するようになります。

フランス革命は、自由と平等と博愛と、そして人権という「普遍的な」理想をはじめて打ち出した輝かしい歴史的事件と言われています。しかし、実際には想像を絶するムチャクチャなことをやっています。ジャコバン党とジロンド党の殺し合いは、日本赤軍のテロや革マルと中核派の内ゲバを大規模にしたようなものでした。フランス好きの日本人が空想した『ベルサイユのばら』みたいに美しい話では決してなく、とてつもなく見苦しいものだった。この醜い殺し合いを正当化し美化したことから、フランス近代の欺瞞が始まったのです。

実はフランス人は独裁者が大好きですが、そのことを決して認めません。おかしなことに、自分たちは個人の基本的人権を重んじる個人主義者だと思っているようです。フランスの歴史や政治を見ると、その矛盾がよくわかります。

フランス革命でルイ十六世とその妻マリー・アントワネットはギロチンにかけられて殺されるわけですが、その十年後にはナポレオンが出てきて、やがて皇帝になります。独裁者が嫌いなはずの自由民主主義者の国民のなかから、どうして皇帝が出てくるのか。フランス人はナポレオンの登場に熱狂して、喜んで戦争に行って必死に戦い、ヨーロッパのほぼ全土を制圧しました。しかし、ナポレオンがモスクワ遠征に失敗し、百日天下のあと、さらにワーテルローの戦いに敗れると、ルイ十八世が即位して王政に戻ります。そのあと、シャルル十世、ルイ・フィリップと王政が続き、そして、王政が潰れると、ナポレオンの甥というだけで凡庸なナポレオン三世がまた皇帝になるけれども、普仏戦争で負けると、そのうちにまた共和制になる（第三共和制）。第二次世界大戦で一九四〇年にドイツに負けると、親独のヴィシー政権が誕生し、ドイツが連合軍に降伏すると、四七年にはまた共和制に戻ったものの、小党分立で混乱し、そのあと共和制とは言いながら、独裁的なドゴール大統領が登場します。

共和制、帝政、王政、独裁制がこんがらがって交替で出てくるのは、フランス国民に分裂と葛藤があって、どれにも落ち着けなかったということでしょう。日本人から見ればまことに奇妙な迷走でしかないけれども、彼らはそう思っていないようです。世界最高の文明国だと思っているらしい。フランスは誇り高い、うぬぼれの強い自己欺瞞の国なんです。

たとえば、ドゴール大統領が高度経済成長をめざす池田勇人《いけだはやと》首相を「トランジスタのセールスマン」とからかったり、日本の自動車生産が世界のトップに躍り出た頃、ジスカール・デスタン大統領がフランスで行われた自動車ショウで展示された日本製の自動車を見て「日本人は車を作れるのか」と驚いたり、どうもフランス人は現実を見ないところがあるようです。

神が死んで理性が支配する

岸田　ニーチェは「神は死んだ」と言いました。それまで信じられていた絶対神が死んだことにされるという変な現象が見られたのはヨーロッパだけですが、要するに、キリスト教を強要するローマ教会の支配に対する反抗として近代国家ができたのです。近代国家では神に代わる英雄、絶対者、独裁者が必要となるわけですが、その典型的な代表の一人がナポレオンでした。

ちなみに言えば、ナポレオン戦争と日米戦とは似ているところがあります。ナポレオンは、自国民と周りの他国民に多大の犠牲を強いながらも、自由・平等・人権の近代思想をヨーロッパ中に普及させ、一時はヨーロッパのほとんど全域を征服するという輝かしい戦果をあげたものの、最後にはモスクワ遠征という無謀な作戦に失敗して破滅しました。昭和の日本軍部は、自国民と周りの他国民に多大の犠牲を強いながらも、欧米の植民地主義からの解放の理想をアジアに広め、一時はアジア・太平洋の広大な地域を占領するという輝かしい戦果をあげたものの、最後には、戦線を広げ過ぎ、無理な作戦に走って失敗し破滅しました。ナポレオンと昭和の日本軍部との違いは、ナポレオンは敗北のあともフランス国民の大多数に依然として崇拝されているが、昭和の日本軍部は、敗北すると、多くの日本国民に馬鹿なことをしでかしたと嫌われているところです。

ところで、近代国家は徴兵制による国民皆兵が基本です。職業として戦う騎士と違って、国民軍の兵士は理念で動くから勇敢です。大日本帝国の軍人が天皇に殉じて勇敢に戦ったように、フランスの軍人もナポレオンに殉じて勇敢に戦いました。しかし、ナポレオンの頃のイギリスやドイツはまだ封建国家でした。庶民が徴兵されることはなく、戦争するのは領主や国王に雇われている騎士たちです。傭われ騎士は命を捨ててまでは戦いません。適当なところで戦うのを止めます。

フランス軍と他国の軍隊は質的に違っていたのだから、フランス軍が強かったのは当然でした。兵士を使う国家の観点から言えば、徴兵した兵士に戦死されても代わりを無料でいくらでも集めることができますが、雇った兵士に戦死されると、それだけで財政的に損失だし、代わりの兵士を雇うのにはまたお金が要ります。その違いが、いちばん大きいですね。

近代ヨーロッパが強大な力をもったのは、神を殺し、宗教と世俗を切り離すことに成功したからです。宗教と世俗を分離すれば、宗教的なタブーや規制に縛られずに社会制度や経済行動や戦争などの世俗的なことを合理的・能率的に実行できる。それまで世俗の上に立っていた神、宗教、正義、聖なるものが引きずり下ろされ、逆転して邪悪な世俗的目的の下僕となり、それを正当化するための口実に貶《おとし》められたのです。たとえば、単なる侵略や支配や搾取や報復のための戦争を、聖戦や平和のための戦いや正義の戦いや自由と民主主義を守るための戦いとか称するわけです。

たとえば、正義と残忍な戦争の問題を考えてみましょう。正義が優位にあれば、残忍な戦争は正義に反するから許されませんが、逆に残忍な戦争が優先されれば、残忍ではあるが、正義のためにはやむを得ないとして、正義は残忍な戦争を正当化するための口実に使われることになります。

――たとえばイスラム世界にはそうした現象は見られなかったのですか?

岸田　近代以前はキリスト教世界よりもイスラム教世界のほうが学術や文化など多くの面で進

んでいました。それがひっくり返った理由は、後者は神を崇拝し続けて神の戒律を守ったが、前者は神を貶めて世俗的な目的の下僕として利用した、ということ以外に考えられません。神を殺したか殺さなかったかがキリスト教世界とイスラム教世界との分岐点でした。

それまでキリスト教世界より優位に立っていたイスラム教世界は優劣が逆転してキリスト教世界の下位に追いやられ、それ以後は、イスラム教の諸民族・諸国家はキリスト教の諸国家によって植民地にされ、搾取され、侮辱され、今日に至っています。現代の中近東世界の混乱は、長年のイスラム教徒の屈辱感がついに爆発したことに起因するのではないでしょうか。かつては自分が教師としていろいろ教えてやったのに、いまやその生徒に威張られ馬鹿にされている。イスラム教徒自身、その屈辱感をどうしたらいいかわからず、四分五裂しています。いわゆる「イスラム国」は屈辱から脱出しようとするひとつの運動でしょう。だから、世界のあちこちから同志が馳せ参じてくるのです。その狂気じみた過激さは屈辱感がいかに根深いかを物語っています。

これまでヨーロッパには長くキリスト教＝一神教の伝統がありました。唯一絶対の神がいて、体系的な戒律があり、それに従って生きてきた二千年近い歴史をもっていました。十六世紀にスペインやポルトガルの対外侵略を正当化するための口実に使われたキリスト教の神は、神が死んだとされたあと、姿を変えて世界を一元的に合理的に見る見方として存続しました。さっきも言ったように、死んで姿を変えて現れた神がいわゆる「理性人」でした。キリスト教の信仰に取って代わったのが、「理性人」が考え出した近代の哲学であり思想であり科学であり、そして科学技術です。

一神教の伝統をもつヨーロッパ人は、自分たちの価値が唯一正しいものであり、それに反する者は滅ぼすべきだという思想をもっていますね。それは、宗教においても政治思想においても科学においても一貫しています。

さきほども言いましたが、キリスト教は初期の頃から絶え間なく異端者・異教徒を弾圧してきました。なかでも、宗教改革以来、カトリックとプロテスタントは、おたがいに自分を正統とし、相手を異端として凄絶な殺し合いをやりました。その伝統は他の分野でも変わらず続いていて、たとえば、アメリカが民主主義的でない他国の政府を打倒してそのリーダーを殺し、その国民に民主主義を押しつけるのは正義のためなのです。

自然科学も姿を現しはじめた頃は同じく異端でした。キリスト教のなかに自然科学という異端が出てきたのです。科学は最初のうちはキリスト教に遠慮して「宇宙を創造し支配する神の意志を科学的研究によって発見し法則として確認する」と言っていたけれど、神の世界と科学の世界の対立がはっきりしてきて、そのうち異端のほうが世界を説明する論理として勝ってしまった。

哲学も同じです。神によって築かれた世界秩序が崩れたあと、何をもって世界の秩序、世界の構造を成り立たせるかを真剣に考えなくてはならなくなって近代の哲学が生まれた。哲学は神学に取って代わった後継者です。哲学は、われわれ日本人には、どうでもいいようなことを論じる暇潰しの知的遊戯のように見えるけれども、神の秩序を失ったヨーロッパ人には、世界を把握するための、どう生きるかを考えていくための根本的な柱なんです。

欧米における思想、イデオロギー、哲学、科学技術は、すべて神学の後釜なので、彼らはそれらをどうしても必要とするのです。でも、日本人はそこまで真剣に考える必要がない。日本にはそれぞれ勝手なことをする、気紛れでいいかげんな神々しかいなかったから、統一的に世界を説明するイデオロギーや哲学なんて要らない。日本人にとっては、ヨーロッパから伝わってきたいろいろな哲学理論は、流行してはそのうち廃《すた》れるファッションのようなものです。しばらく熱狂的に持て囃《はや》されますが、そのうち飽きられて捨てられます。捨てられたあと、日本人の生き方に何の影響も残していません。だから、日本にはヨーロッパの哲学を解説する哲学学者はたくさんいても、哲学者はほとんどいないのです。必要がないからです。

――メチャクチャ面白い話ですね！　一七七六年はアメリカ独立の年で、フランス革命の十三年前にあたるわけですが、この年に書かれたのがイギリスの経済学者アダム・スミスの『国富論』です。「神の見えざる手」という言葉は「自由経済こそが世界を発展させる」という主張としてあまりにも有名で、スミスは「資本主義の父」と呼ばれています。要するに、プロテスタントの国であるアメリカの独立も、フランス革命も、自然科学の発達も、資本主義も、すべては神への反発からきている。神を殺したことでいっさいの歯止めを失い、それでいて一神教的な発想をもち続けたヨーロッパ人は、その後も理性だの哲学だの資本主義だの科学技術だのを使って、世界中を植民地にして荒らしまわったということですね。

岸田　世界全体をヨーロッパと同じように唯一正しい統一的原理の支配する場とすることがヨーロッパ人の崇高な使命だと考えたのでしょうね。それは普遍的な正義なのだから、ヨーロッパ化を拒否するいわゆる未開人を虐殺することに何の痛痒《つうよう》も覚えなかった。大航海時代の侵略と略奪と虐殺が、その後もさらに大きな規模で反復されたということです。

文明という伝染病

――岸田さんは、文明はいわば伝染病であって、伝染病というのは病人から健康な人にうつる、病人と健康な人が接すれば、必ず病人が勝つとおっしゃっていますが、なぜ、ヨーロッパ文明は伝染病のように強力なのでしょうか。

岸田　ヨーロッパ文明においては、神が死んで姿を変えて理性となったとさっき言いました。神には宗教的タブーの歯止めがかかっていたのですが、理性には歯止めがなく、理性に基づく科学技術は無制限に発達し、かつ、人殺しのタブーも消えてしまいました。タブーのないヨーロッパ文明が、いろいろなタブーに制約されているいわゆる未開社会と争えば勝つのは当然です。

近代文明人は能力が優れているから発達したのだとうぬぼれていますが、未開社会は、能力が劣っているから発達できないのではなく、文明という伝染病の恐ろしさをどこかで知っていて、一定以上は発達しないように自制している文明なのです。ある程度発達した文明社会でも、どこかで自制が働いて、たとえば、中国は火薬は発明しても鉄砲は作らなかったし、日本は日本刀のような高度な鍛冶の技術をもっていたにもかかわらず、精巧なからくり人形を作って楽しんだにもかかわらず、工作機械は作らなかった。江戸時代には、「飛び道具は卑怯」と言って鉄砲を使うことを止め、無用になった火薬で人々が楽しむ花火を作りました。

未開人に文明人が能率的で便利な道具を教えてやっても採用されないことが多いのです。いったん便利な道具を採用してしまえば、未開人はずるずると文明に引きずり込まれ、その社会が崩壊する恐れがあります。未開人は暗黙のうちにそのことを知っていて、忌避するのだと思います。

知り合いの文化人類学者から聞いたことですが、彼が現地調査した南太平洋のマレクラ島の村民は、遠い山に登って一日ぶんのタロイモしか採取してこない。一度に二日ぶんか三日ぶんを採取してくれれば、毎日遠い山まで行かなくて済むのに、そうはしないそうです。彼は不思議がって村民に理由を聞いたのですが、村民は彼が不思議がるのが不思議だったようです。彼の推測によると、村民は遠い山に登って一日ぶんのタロイモを採取してくることが生きることであり、楽しみであり、一度に何日分も採取すれば、その楽しみを味わえないと思っているらしいとのことです。

一度に何日分も採取するのが能率的だと考える文明人は、山に登ることをタロイモを採取するために必要な手段と見なしています。単なる手段であれば、そのために使う時間は短ければ短いほどいいし、やらないで済ませることができるならやりたくない苦痛な行為になる。こうやって人生の時間を目的手段関係の図式で把握する見方に囚われると、どういうことになるか。われわれは現実にはいまという時間にしか生きることができないのだから、人生のすべての時間はそれ自体は無価値なむなしい時間で、未来の「価値ある」目的のために使って役立てることによってはじめて二次的に「価値ある」時間になるわけです。しかし、そのような未来は永遠にやってこないのだから、結局、人生のすべての時間は生きることができない無意味な時間でしかなくなる。マルクス・レーニンの革命思想はこの考え方の延長線上にあります。

技術が限りなく発達し、ますます便利に能率的になる現代文明はそのようなむなしい人生に突き進んでいるのではないでしょうか。さらに、目的手段関係の図式で人間関係を把握するなら、他者は自分の目的のために利用する手段・道具となり、他者は彼自身としての存在を奪われます。自分が他者を手段・道具として利用しようとすれば、他者も自分を手段・道具として利用しようとするから、自分と他者との個人的関係は失われ、単なる目的手段関係になります。結局、いまというこの時間、そして、かかわっているこの人間をそれ自体として尊重せず、別の目的のための手段として利用することしかできない者は、自分をも他者をも貶めて空虚の地獄に落ちるほかはありません。この考え方を極端に推し進めれば、ヒトラーの優生思想になります。遠い山に登って一日ぶんのタロイモしか採取してこない村民は、暗黙の知恵によって、そのようなむなしい人生に陥るのを避けているのではないでしょうか。

価値ある現在に生きるいわゆる未開文化を忘れ、まったく歯止めが利かない進歩主義の文明が人類の歴史における近代という時代に登場したのです。いっさいのワクチンが効かない最悪の伝染病です。他人を単なる手段あるいは物質のように見るエゴイズムと利益の追求、不安、劣等感、罪悪感に駆り立てられた絶対的安全と権力の追求、最小限の労力と時間で最大限の成果をあげようとする能率主義は、いったんその方向に踏み出せば、限りない悪循環が続くだけです。

裏切りと暴力の口実としてのアメリカ民主主義

――ナポレオンに対抗しようと、ヨーロッパ諸国は次々と近代国家・国民国家になり、キリスト教よりさらに悪質で強力になったヨーロッパ文明が蔓延し、世界中を蝕んでいきました。アメリカも同じようなものなのでしょうか。

岸田　十七世紀はじめのピルグリム・ファーザーズは、アメリカの自由と民主主義の始祖であり、聖徒と呼ばれています。ところが、実際には、いわゆる聖徒たちは、喰いつめてヨーロッパから逃げ出した、または追い出された難民であって、親切に迎えてくれた先住民を大量虐殺し、墓を荒らし、穀物を盗んだ強盗でした。この事件が事実そのままに、助けてくれた善意の先住民への貧窮した難民の裏切りと残忍な虐殺の事件として記憶されていれば、二度と繰り返してはならない罪と汚辱の事件として悲劇はここで終わったはずですが、残念ながら、殺人者たちはアメリカの自由と民主主義の礎石を築いた聖徒として崇められたのです。

その後も、平和を望む無抵抗な先住民を一方的に虐殺した騎兵隊やその指揮官は、処罰されるどころか、勲章を授けられたり、英雄に祭り上げられたりしました。その結果、自由と民主主義を、無辜《むこ》の人々への裏切りと暴力を正当化する口実として使うことがアメリカ文化の伝統となります。この伝統を弾劾し否定することはできません。それは、尊敬すべき先祖に対する侮辱になるからです。そこで、この正当化は無限に繰り返されるようになりました。要するに、アメリカ人は、先住民だけでなく、そのほかの人々に対しても、ピルグリム・ファーザーズのやり口を強迫的に反復せざるを得ないのです。

アメリカの対外侵略の歴史は、この反復強迫の歴史です。それはつねに、外国の反民主主義な独裁政権に反対して、アメリカの自由と民主主義を教え、守るという形を取ります。つねに第一発を相手に撃たせ、アメリカは反撃のためにやむを得ず立ち上がった、という形にする。テキサスもハワイも、アメリカは同じようなやり方で手に入れました。対日戦争もベトナム戦争も湾岸戦争もアフガニスタン戦争もイラク戦争も、すべて「アメリカは普遍的正義の立場に立って、悪人を懲らしめる」という前提に立っています。最近、いくらか反省しはじめたようですが、「世界の警察官」を自称するこの国は、国内ではおびただしい数のリンチ事件を生み、世界中から嫌われています。近頃は、陰りが見えてきているとはいえ、軍事力はまだ圧倒的に世界一だから、アメリカに反対できない国が少なくないのです。かつては日本がアメリカに挑戦して敗れました。現在は、辛うじてロシアがアメリカと敵対していますが、ロシア自身が権力主義国家なので、どうしようもありません。今や中国とアラブ民族がアメリカの新たな対抗馬として現れようとしていますが、どうなるでしょうか。

十九世紀ヨーロッパとアメリカの横暴――アヘン戦争、黒船

――十九世紀に入ると、ヨーロッパおよびアメリカの世界侵略は誰にも止められなくなりました。アフリカでもアジアでも南米でもやりたい放題です。

松岡正剛さんが言っていたことですが、アメリカはアフリカから奴隷を買って西部を開拓し、カリフォルニアで金鉱を発見し、中国人奴隷を酷使して大陸横断鉄道を完成させてフロンティアが終了すると、次は「海の帝国」をめざしました。キューバの砂糖の四分の三をアメリカに輸出させ、スペインと戦争してプエルトリコとグアムを割譲させ、フィリピンを二千万ドルで買い、ハワイも併合し、パナマ運河の建設権および九十九年にわたる租借権も獲得した。要するに、ハ

ワイ、グアム、マニラを結び、大西洋と太平洋をパナマ運河で結んで、赤道以北の世界システムをアメリカ一国で確保したのです。

十九世紀から二十世紀初頭にかけてアメリカ国務長官ジョン・ヘイは「太平洋のつきあたりにある中国と日本を新たなアメリカのフロンティアにしたい」と言いました。ヨーロッパとアメリカの帝国主義が猛威を振るうこの時期にカール・マルクスは『共産党宣言』を、チャールズ・ダーウィンが『種の起源』を書いています。

共産主義を歴史の最終段階に置くマルクスと、人間を進化の最終段階に置くダーウィン。いずれも宗教を否定する進化論であることは同じです。まさにこの時期のヨーロッパとアメリカにふさわしい思想ですね。

岸田　マルクスもダーウィンも進歩の信奉者でうぬぼれ屋であった点では共通していますね。マルクスによれば、中国はアジア的停滞の状態にあって、ヨーロッパが経済発展の最高段階にあり、マルクスの師であるヘーゲルによれば、当時のドイツの立憲君主制は人類最高の政治形態であることになっています。そしてダーウィンによれば、人類が生物進化の最先端にあって、人類のなかでも白人が最も進化しているわけですから。適者生存のダーウィニズムは欧米の侵略を正当化する理論的根拠となりました。

マルクスやダーウィンだけでなく、近代はヨーロッパ人がうぬぼれて舞い上がった時代でした。現代人は彼らの思想からまだ抜けきっていないようですね。現代人は、古代の建築物や生活用品を見て、その精巧さに驚いたり、いろいろなことができる動物の知的能力に感心したりしますが、驚くのは、現代人が最高に優れていると思い込んでいて、古代人や動物を馬鹿にしているからです。彼らに驚き感心するおのれのうぬぼれのみっともなさに気づくべきです。

——日本に大きなショックを与えたのはアヘン戦争でした。東アジアの秩序を一変させる大事件です。中国の茶が欲しいけれど、中国に売れる自国の製品がなく、貿易赤字で困ったイギリスは、インド製のアヘンを清に輸出していました。当然のようにアヘン中毒者が大量に発生し、さらに中国の銀が大量に流出した結果、清政府はアヘンの禁輸を決定し、一八三九年にはイギリス商人からアヘン没収の強硬手段に出ました。国を守るためには当然の措置です。

ところが、盗っ人猛々しいイギリスは、清政府がイギリス国民の財産であるアヘンを奪ったとして清に艦隊を送り込み、中国各地を砲撃しました。その結果、清はあっけなく降伏してしまいます。イギリスが清に押しつけた南京条約はまったくひどいもので、巨額の賠償金のほかに領事裁判権を認めさせ、関税自主権を奪い、中国を半植民地化してしまうという内容でした。これを見た日本は震え上がりましたが、同時に、建国以来、長く抱き続けた中国へのコンプレックスも消えてしまいました。

岸田　近代以前、ヨーロッパは武力だけは強い野蛮で貧しい国でした。ヨーロッパ人は大航海時代にインドや中国へ赴きましたが、ヨーロッパ人が欲しいものはたくさんあっても、インド人や中国人がヨーロッパから買いたいものはひとつもなかった。アジア人のほうが文化レベルが上で、かつ満ち足りていたからです。

そのために起きたのがアヘン戦争です。イギリスはアヘンしか売るものがなかったので、中国人をアヘン中毒にしようとした。信じられないほど残酷でひどい話ですが、イギリスはインドを植民地化するために、インド人の織物職人の腕を切り落とし、繊維産業を壊滅させてインド人がイギリスの繊維製品を買わざるを得ないようにしました。ガンジーがインド古来の機織り機で生地を織る運動を起こしたのは、インド人が着る衣類をインド人自身がつくることが、対英独立の第一歩だったからです。

――南京条約から十一年後にあたる一八五三年七月、アメリカ東インド艦隊司令官マシュー・ペリーが率いるアメリカ艦隊が黒船に乗って浦賀にやってきます。松本健一さんの『白旗伝説』(新潮社)によれば、ペリーは幕府の代表にフィルモア大統領からの手紙と、二本の白旗を送りつけたそうです。

手紙にはこう書かれていました。「日本が鎖国の国法を盾に通商を認めないのは天の道理に背き、その罪は大きい。通商を開くことをあくまで承知しないならば、われわれは武力によってその罪をただす。日本も国法を盾に防戦するがよい。戦争になればこちらが勝つのは決まっている。降伏するときは贈っておいた白旗を押し立てよ。そうしたら、アメリカは砲撃をやめ和睦することにしよう」と。

岸田 自分の身勝手な要求を正義の名のもとに正当化するのはアメリカ建国以来の伝統です。

――ペリーの恫喝に震え上がった幕府は、何とか一年返事を待ってもらいましたが、武器の進歩を意図的に止めていた徳川幕府が、恐るべき軍事力をもつアメリカに対抗することは到底不可能でした。日本は横浜で日米和親条約を結んで下田・箱館を開港し、日米修好通商条約を結ばざるを得ませんでした。アメリカに領事裁判権を認める一方、日本には関税自主権がないという不平等条約です。同様の不平等条約を日本はイギリス、オランダ、ロシア、フランスとも結ばされました。海に守られてきた日本は、建国以来はじめて外国の命令に従わなくてはならなくなり、日本中が大変な騒ぎになりました。

日本の再分裂病化

岸田　江戸時代の幕藩体制は日本人の体質に合っていたと思います。ところが、ペリーの来航によって太平の眠りを覚まされるわけです。幕藩体制はいわば地方分権制で、諸藩のそれぞれの共同体の上に徳川幕府が乗っかっているという体制でした。日本人だけでやっていくぶんにはそれでよかったけれども、欧米には対抗できなかった。

すでにロシアが根室に来て通商を求め、イギリス艦隊もたびたび日本にやってきていました。だから、仮にペリーがこなくても、いずれはヨーロッパ列強が日本に押し寄せてきたでしょう。遅かれ早かれ、外からの圧力で幕藩体制は変わらざるを得なかったでしょうね。

日本という国が、外国を忌避し憎悪する誇大妄想的な内的自己と、外国を崇拝し模範とし屈従する卑屈な外的自己に分裂していること、つまり精神分裂病的な人格をもつことはこれまで幾度となく繰り返しました。このような内的自己と外的自己の分裂はもともと古代中国との関係で形成されたものですが、ペリーの軍事的脅迫によって無理やりに開国させられるという屈辱的な事件をきっかけとしてさらにひどい過激な形でふたたび表面化し、尊王攘夷派と佐幕開国派の対立になったのです。ペリー来航は欧米によるアジア侵略の矛先がついに日本に及んだ事件でした。日本は当座は屈服せざるを得ませんでした。その屈辱をすすぎたいという思いが近代日本に底流し、八十八年後の真珠湾奇襲の折りに爆発するのです。

――日本はアメリカやヨーロッパと付き合うつもりなんかさらさらない。しかし、元寇を追い払ったときのような強行策は取れない。戦えばアヘン戦争で負けた清のように、ひどい目に遭うに決まっているからです。そのことがわかっている井伊直弼《いいなおすけ》は、京都にいる孝明《こうめい》天皇に条約調印の勅許を得ようとしますが、天皇は許しません。結局、井伊は天皇の許しのないまま、日米修好通商条約に調印せざるを得ませんでした。

岸田　天皇は本来、起源から言って日本のプライドを守る内的自己の象徴ですからね。攘夷を支持し、日米修好通商条約に反対するのは当然です。

――「独断で外国と条約を結ぶとはけしからん」と尊王攘夷運動が活発化します。井伊は気の毒でしたね。

岸田　本当に気の毒でした。井伊家は関ヶ原以来、徳川家に忠誠を尽くす家柄ですから、井伊は身を捨てても徳川家を守ることとしか念頭になかったのでしょう。他方、尊王思想は、要するに、アメリカの軍事力に屈服して危うくなった日本のアイデンティティを、日本民族の原点に返ることで立て直そうとしたのですね。天皇に縋《すが》りつくことによって植民地にされる恐怖から目を背け、軍事力の差をいっさい考慮することなく、不可能な攘夷を叫び続けたのです。井伊直弼と尊王攘夷派の対立はまさに外的自己と内的自己との対立で、両者が一致するわけがありません。

――いまとたいして変わりませんね（笑）。井伊直弼は「無勅許の調印は不敬だ」と幕府を批判する一橋派を罰しました。さらに、幕府の命に背いて東北を遊歴し、ペリーの船に乗って密航しようとし、老中・間部《まなべ》詮勝《あきかつ》暗殺を企てたとして吉田松陰を死刑にします。いわゆる安政《あんせい》の大獄です。しかし、井伊は桜田門外の変で暗殺されてしまいます。

岸田　当時の事情を考えれば、井伊直弼が勅許を得ずに条約に調印したことはやむを得なかったと理解できますが、松陰を死刑にしたのは無用な行き過ぎだったと思います。何も殺すことはなかった。それで松陰を殉教者にしてしまった。井伊は気が小さい人だったのでしょうね。

明治から昭和の初期にかけて、日本の首相はしょっちゅう暗殺されましたね。大老だった井伊直弼は、幕府において首相みたいな地位にあったから、近代日本の殺され初《ぞ》めの首相だと言えます。とにかく、現実派の政治家は日本民族の誇りを傷つけることになりがちなので、暗殺される危険が大きいのです。
天武天皇以来、もともと日本には尊王攘夷の伝統があります。水戸の徳川家は尊王攘夷の一大拠点だったという説もあります。幕府のなかで天皇家を立てておく役割を担っていた。だから、桜田門外の変も水戸藩士が起こしたわけです。

――やがて、馬に乗ったイギリス人が薩摩藩主の行列の前を横切って、怒った薩摩藩士に斬殺されるという生麦事件が起こり、犯人の出頭と謝罪と賠償の要求を拒否する薩摩藩に対してイギリス艦隊七隻が鹿児島城下を砲撃する薩英戦争が勃発します。戦後の賠償について交渉するなかで、イギリスと薩摩は急速に接近し、薩摩は攘夷から、開国と倒幕に向けて急旋回することになります。

岸田　誇り高い薩摩藩士としては島津久光《しまづひさみつ》の行列に無礼を働いた外国人を斬り捨てて当然でしたが、幕府がイギリスに領事裁判権を認めてしまっていたので、大問題になったわけです。イギリス人も、それまで中国で中国人を侮辱しても何の差し障りもなかったので、驕《おご》り高ぶっていたのでしょう。薩英戦争ではイギリス艦隊の艦長が薩摩軍の砲撃で戦死していますから、薩摩人は勝ったつもりらしいですが、鹿児島の町が焼き払われたわけで、どちらが大きな損害を出したかと言えば、もちろん薩摩です。薩摩の大砲の射程距離は短くてイギリスの半分以下だったそうで、イギリス艦隊は、その偉容を見せつければ薩摩藩が抵抗せずただちに降伏するものとなめてかかって、不用心に日本の砲台の短い射程圏内に入ってしまい、艦長が爆死してしまった。しかし、薩摩藩はその後、結局、賠償金を支払っているんですから、やはり負けたことは負けたのです。

――十五代将軍・徳川慶喜《よしのぶ》はついに朝廷に大政奉還しますが、これは一枚の紙切れに過ぎませんでした。まだまだ幕府支持の諸藩が多くあって、慶喜も引退したわけではありません。あくまで武力で幕府を倒そうとしていた薩摩・長州の討幕派の西郷隆盛、大久保利通、木戸孝允《きどたかよし》らは、公卿の岩倉具視《いわくらともみ》らとともに天皇親政をめざし、京都でうらぶれていた天皇をトップに担ぎ出します。

十五歳で践祚《せんそ》（天皇の位を受け継ぐこと）した明治天皇は、約七百年続いた摂関制と徳川幕府の廃止を宣言し、神武創業への復古を宣言します。いわゆる王政復古の大号令です。天皇のお墨付きを得て権力の奪回をめざす薩長と幕藩体制維持を図る幕府は、鳥羽伏見の戦いに端を発するいわゆる戊辰戦争を戦います。この一連の戦いに勝利した薩摩・長州の代表である西郷隆盛は、幕府代表の勝海舟《かつかいしゅう》と会談し、江戸城を無血開城させました。

岸田　鳥羽伏見の戦いでは、兵力からすれば幕府軍のほうがはるかに多かったそうですが、薩長のバックには天皇がついていた。敵が錦の御旗を掲げているのを見て慶喜は朝敵にされたとびっくりし、幕府軍は意気消沈して戦意を失ったとのことです。

――普段は「天皇なんてお飾りだろう」と無視しているのに（笑）。

岸田　そこが日本の不思議なところです。でも、幕府の正統性は将軍にあり、将軍の正統性を保証しているのは天皇ですからね。当時は日本史上最大の危機の時代で、日本人は全員危機感をもっていたようです。「何をよりどころにするか」となったときには天皇に頼る以外はなかった。人間というのは、自分の考えからたいして遠くへは出られないんですよ。やっぱり「錦の御旗」は強い。日本国内だけで通じる幻想ですけれど。

脱亜入欧とは何だったのか

――かくして幕藩体制は崩れ、薩長の旧士族が天皇を押し立てる明治政府が誕生しました。黒船来襲によって日本は国家の体制を再編成せざるを得なかったのですね。

岸田　日本は事実上、欧米の植民地になりました。一八五四年に日米和親条約に調印してアメリカに治外法権そのほかを認め、さらにヨーロッパ諸国と次々に同じような条約を結んで関税自主権を失い、法的にも経済的にも諸外国に従属していったのですから、正直、もう独立国ではなかった。当然、明治政府がめざしたのは植民地状態からの脱出です。しかし、日本には独力で欧米の列強を追い出す軍事力はありません。

アジアを欧米の植民地主義から解放するための最善の策は、日本と中国が手を組むことだったでしょうね。中国もアヘン戦争とアロー戦争で屈辱を強いられているわけですから、中国に反欧米思想がないわけではない。しかし、中国には中華思想があります。イギリスとフランスに負けたからといっても、アジアの主人は自分だ、東夷の山猿なんかと組めるかと思っていました。中国としては、自分が親分、日本が子分の関係で日本と手を組むのなら抵抗はなかったでしょうが、日本は日本で頭を下げて中国の子分になるつもりなんかまったくない。いままでもっていた畏敬の念は、アヘン戦争で吹き飛んでいる。

——徳川幕府が外国と戦わなかったのに対して、朝鮮はフランスやアメリカと戦って撃退しています（一八六六年の丙寅洋擾《へいいんようじょう》と一八七一年の辛未洋擾《しんみようじょう》）。国土防衛に成功した朝鮮は鎖国政策を堅持しましたから、日本と同盟できるはずもありませんね。

岸田　朝鮮は朝鮮で日本を馬鹿にしていましたからね。日本が独力で外国を追い払うこと、つまり攘夷は事実上不可能でした。そして、清や朝鮮と協力して欧米に対抗し独立を取り戻す道を絶たれた明治政府としては、やむを得ず選んだのが脱亜入欧の道、わたしに言わせれば面《めん》従腹背《じゅうふくはい》の道でした。表向きは欧米を崇拝し模倣して子分のように振る舞いながら、欧米の技術を取り込み、だんだんと力を蓄え、機を見て欧米を排除しようとする計画です。姑息な作戦と言えなくもありませんが、それ以外の方法があったかどうか。少なくとも日本人には、それ以外の道は見えなかったのです。

日本が欧米のような近代国家をめざすにあたって掲げたスローガンが「和魂洋才」でした。オリジナルは菅原道真が言ったとされる「和魂漢才」ですね。唐のような文明国になろう、でも、大和魂、日本人のアイデンティティや自尊心や価値観は失わずにいようということです。

外国文明のどこを採り入れ、どこを採り入れないか、という決定権は自分で握っておきたい。しかし、外国の文化・文明を採り入れて、その背後の思想や世界観の影響は遮断しておこうという曲芸は可能でしょうか。いずれにせよ、日本人はそれが可能だと考えて、そのために、たとえば外国文明を書物のなかに閉じ込めておこうとしました。

日本人は漢文に返り点をつけて順序をひっくり返し、日本語のような語順で読んだわけですが、それは、生身の中国人と交流する気はなく、ただ知識として中国文化を採り入れればいいと考えていたからでしょうね。かつて唐をめざした日本は、今度は欧米をめざして文明開化と富国強兵に邁進《まいしん》することになります。基本的態度は同じです。いずれの場合も、外国文化を崇拝し、熱心に模倣しようとするけれども、心の底では納得していない。あくまで一時の仮装のつもりなのです。このあたりが、日本人が韓国（朝鮮）人といささか違う点ですね。韓国（朝鮮）人は中国人を崇拝すると中国人になりきろうとする。日本人はひねくれていて、韓国（朝鮮）人のほうが素直で純情なのかもしれません。

かつて遣唐使は大量の漢書を持ち帰りましたが、今度も日本は大量の洋書を輸入します。欧米の近代文明に適応するために膨大な数の翻訳語を作り、翻訳書を出版しました。逆に、日本の書物が欧米語に翻訳されたのは、その百分の一もないでしょうね。大学においても、最初のうちは「お雇い外国人」をべらぼうな高給で雇いましたが、外国に留学させた日本人が帰国すると、すぐに教師を日本人に切り換え、最終的には日本人だけに大学の教職を占めさせようとしました。

日本人は、外国文化を書物のなかだけにとどめておきたい。外国文化は採り入れたいが、外国人とは付き合いたくないという気持ちがどこかにある。だから、近現代の日本人は、学校であれほど長時間、英語の授業を受けるにもかかわらず、英語を読むことはできても、しゃべれる人がきわめて少ないのではないでしょうか。

――日本人は外国の文化を採り入れたい。けれども、外国人とコミュニケーションを取り、同じ価値観を共有するつもりは毛頭ないということですね。

岸田　明治以前には「自分は日本人だ」と思っていた人は、きわめて少なかったでしょう。列島の住人たちは、世間とか村とか藩とか、何らかの共同体のなかで自分の物語をつくり、その物語に沿って生きていたはずです。諸外国との関係のなかに引きずり込まれた結果、自分が日本という国にいることがわかって、日本国家の物語が必要になりました。

大日本帝国という物語

――明治政府が国民に普及させようとした日本国家の物語とは、だいたい次のようなものだったでしょうか。

「日本は高天原から降臨してきた瓊瓊杵命《ににぎのみこと》の曾孫にあたる神武天皇の万世一系の子孫が支配する

神の国であり、いまだかつて戦争に敗れたことは一度もない。日本は大陸や半島とは関係のない独立した文化をもち、聖徳太子のように英邁《えいまい》な皇太子は唐の皇帝と対等の毅然とした外交を行った。恐るべき蒙古軍が神風によって滅んだのは、日本が神の国たる証しである。徳川幕府末期には野蛮な欧米勢力が現れた。吉田松陰のような忠義者は『国を護り、維持する根本は君父のためには命を捨てて顧みないという忠君愛国の至誠にある』と滅私奉公の精神を説いたものの、井伊直弼の如き悪者は松陰を含む多くの人々を保身のために殺した。もはやこの国難を幕府に任せておくわけにはいかない。天皇陛下は摂政、関白、幕府のすべてを廃し、神武天皇創業の昔に返って万機の政《まつりごと》を行うという大方針を示された。神の子孫たる天皇陛下には姓がない。日本国民はすべて天皇陛下の赤子であり、神の血筋につらなる選ばれし民である」、と。この物語は日米戦争に敗北するまでずっと続きました。

フランスは理性の物語を、アメリカは正義の物語をもっています。対抗上、日本がもち出してきたのが、家族の物語なんですね。

岸田 天皇を家長とする家族の物語です。日本は神の子孫である万世一系の天皇がしろしめすユニークな国であって、国民はみんな同じ血でつながっている同胞であるという幻想を支えとして、欧米諸国の脅威に対抗しようとしたのです。これまで見てきたように、欧米諸国はそれぞれの誇り高い国家の物語をもっていて、その物語に沿って政治や外交を行っています。それに対抗するためには、日本も軍事力や経済力以前に誇り高い国家の物語をもたなくてはならなかった。そういう国家の物語をもってはじめて、それに沿って軍事力も経済力も築くことができるのです。

日本は近代国家に生まれ変わりました。大日本帝国の誕生です。大日本帝国は、その後、変な方向に突っ走ってしまったというか、情勢判断を間違えて滅亡しましたが、もし、大日本帝国の物語がなかったら、日本は、その種の物語を作らなかった、あるいは作れなかったほかのアジア諸国と同じように、はじめから簡単に植民地化されて隷属状態が続いていたでしょう。国の物語をもたない国は国民の力を組織することができないので、国の物語をもっている国にいいように蹂躙《じゅうりん》されます。

明治のはじめに東京帝国大学医学部の初代教授であったドイツ人ベルツが、学生たちに日本の歴史についてたずねたところ、「これまでには歴史はなかった。日本の歴史はこれから新しく始まる」という答えが返ってきて驚いたという話は有名です。そのあと作られた大日本帝国の物語は、大昔の神話を材料にしていましたが、過去の歴史という現実の基盤から切り離されたところに建てられていたということです。だからこそ戦争に負けると、砂上の楼閣のように、いとも簡単に吹き飛ばされてしまった。

昭和二十年の敗戦のときも「軍国主義に走ったわれわれはとんでもない間違いをしでかしてしまった。過去はさっぱりと忘れて正しい平和国家日本として新たに出発しよう」と声を揃えて叫びました。方向は逆ですが、過去を無視する点では明治のはじめと同じ発想です。いずれも、七世紀の建国のとき、現実と無関係な天孫降臨神話を作った伝統を踏襲したのです。不都合な過去を「なかったこと」にしてデッチあげた歴史がうまく行くわけはありません。

過去の集成として現在がある以上、過去を無視すれば現在も崩れるのです。戦後民主主義の物語も大日本帝国の物語と同じように砂上の楼閣でしかありませんでした。日本人は、できないことをできるように思ってしまう癖があるようです。歴史を尊ばないのは日本人の最大の欠点かもしれません。そのため、よく馬鹿げた失敗をするのではないでしょうか。たとえば、幼いときに性的虐待を受けたとします。それは不愉快なことなので、本人はその記憶を抑圧します。その不愉快な事件を「なかったこと」にして否認している限り、本人は不可避的に思春期以降、性的異常行動に走ることになります。セックスは不潔だとして避けたり、逆に、誰とでもすぐセックスしたり、性的倒錯に耽《ふけ》ったり。本人はなぜ自分がそのようなことをしたいのかわかりません。

――明治維新の翌年には神仏分離令が出て、いわゆる廃仏毀釈《はいぶつきしゃく》が行われました。

岸田　文化大革命のとき、紅衛兵は仏像を壊し、仏典を焼き捨てました。いま、タリバンや「イスラム国」など、イスラム教徒の過激派が昔の文化遺跡を破壊しています。世界遺産のパルミラも破壊されました。廃仏毀釈はそこまで過激ではなかったとは思いますが、いくらか似ていますね。神道に反するということで、多くの寺の仏像などが破壊されました。天皇家と関係がある神社は、伊勢神宮や出雲大社や熱田神宮など、そのほか少しだけです。もともと日本のあちこちに数多く存在する小さな神社のほとんどはそれぞれの地域住民の氏神《うじがみ》を祀るもので、天皇家とは何の関係もありません。それを明治政府が神道の名のもとに一元化したのです。天皇家を祭主にして、すべての神社を天皇家に所属する下部組織としてまとめ、それに従わなかった神社は滅ぼされたわけです。天皇家というと神道とみんなは思っているけれど、それは明治以後の話で、江戸時代、天皇は仏式で葬られていました。

――多神教を一神教にしたんですね。

岸田　キリスト教をまねたのです。それから、お城も壊しました。松本城は一両で売りに出されたけれど買い手がつかなかったという話があります。いまあるお城は少数の例外を除いてほとんどが再建されたものです。要するに「これまでの歴史は間違っていた」と、過去を壊したということです。過去を壊せば現在は迷走するしかありません。

――でも、徹底はされませんでしたよね。

岸田　徹底などできません。仏教は日本人の死生観に深く結びついていますからね。お城を壊したなんて、狂気の沙汰です。どうしてそんな馬鹿なことをしたんだろうと、いまから思えば不可解ですが、欧米の衝撃で狂ってしまって、何が何でも古いものを捨てて新しくしなければ、これからの日本は生きていけないと思い込んだのでしょうか。

――廃藩置県はどうして必要だったのでしょうか。

岸田　地方の自閉的共同体だった藩を廃止して、中央集権体制に従属する県を置いたのです。

さらに、岩倉使節団に同行してアメリカおよびヨーロッパを視察したあと、初代内務卿に就任した大久保利通らは、欧米の制度をまねて徴兵制を敷きました。武士階級だけでなく、国民全体を兵隊にしたわけです。すべては欧米に対抗するためでした。

――中央集権と国民皆兵ですね。欧米のような近代国家に生まれ変わろうとした。

岸田　田舎でのんびり田圃を耕していた農民（だけではありませんが）は、徴兵されて鉄砲をかつがされ、遠い見知らぬ土地で死ねと命じられたわけです。

さらに、ヨーロッパと対抗するためには日本もヨーロッパのようにならなければいけないと男性原理の家父長制が導入されました。男を強い兵士にするためには、家のなかでも強い権力と権威を与える必要があると考えたのでしょうね。江戸時代は儒教の時代で父親の権利が強かったなどと言われますが、武士階級の一部がそうだっただけで、百姓町人は関係ありませんでした。明治の民法は、百姓町人にまで家父長制を強制したのです。

内的自己と外的自己の争い――西南戦争

――国民皆兵になれば、かつての武士階級は当然不満をもったでしょうね。

岸田　不満をもったのは上層の武士の一部で、下層の武士はそれほど不満ではなかったのではないでしょうか。藩主たちも特権に乗っかって贅沢三昧な生活を享受していたわけでもなかったので、さして抵抗はなかったそうです。だから、明治維新はそれほど血が流れなかった。幕府を倒して明治政府を作ったのは尊王攘夷派の下層の武士たちです。弾圧され差別され、貧窮に追い込まれた庶民が革命を起こしたわけではなかった。国民皆兵になって、一部の庶民は武士になれると喜んだそうです。争ったのはブルジョアジーやプロレタリアートではなく、争点は別であって、明治維新では、内的自己の尊王攘夷派が、外的自己の佐幕開国派を倒したのです。

ところが、政権を取ってみると、新政府はすぐに外交問題に直面する。攘夷なんかできっこない。外国とうまくやっていかなくてはならなかったわけです。そこで「なんだ、前に言っていたことと違うじゃないか」というので、神風連の乱や秋月の乱など、あちこちで旧士族の反乱が起きました。新政府への不満で陸軍大将兼参議を辞職した西郷隆盛が最後に彼らの不満を引き受けて、西南戦争が起こったわけです。

大久保も西郷も同じ薩摩の出身で、幼い頃からの友達でしたが、征韓論をめぐって対立し、袂《たもと》を分かちました。欧米を見てきた現実主義者の大久保は、外国との関係をどうするかで頭を悩ませていた。今後、日本が国際関係のなかでどうやって生き残っていくか。いま外国と喧嘩したって勝てるはずがない。いまは臥薪嘗胆《がしんしょうたん》で服従しておいて、内政に専心し、そのうち実力をつけてから外国を追い出そうと考えていた。他方、西郷のほうは、そんなのは知ったこっちゃない、明治維新の尊王攘夷の精神にあくまで忠実に薩摩武士としての誇りを守って生きるんだと反乱を起こしたのでしょう。

西郷が主導して反乱を起こしたのではなく、彼の門下生たちが政府軍の武器庫を襲ったりして反乱を起こし、彼らを見捨てるわけにはいかないとやむを得ず西郷がリーダーになったという説もありますが、どっちが本当なんでしょうね。ともあれ、大久保にとってはまったくいい迷惑だったでしょう。新政府には金もないし、諸外国には無理難題を吹っかけられるし、あれこれ考えあぐねて一生懸命苦労しているときに、西郷が西のほうで現実離れしたことを始めたのですから。何ということをしてくれるんだと、西郷を恨んだかもしれません。

冷静に合理的に考えれば、西南戦争によって薩摩の若者は七千名弱死んだそうだし、政府軍（会津戦争の恨みで旧会津藩士がかなり加わったそうですが）の死者もほぼ同じぐらいだったとのことで、財政が困窮している新政府に莫大な無駄金を使わせたわけで、やらずもがなの戦争だったと思われますが、不思議というか面白いというか、勝軍のトップの大久保利通は不人気で、翌年、西郷を殺した悪い奴だとして不平士族に暗殺されるのに対し、敗軍のトップの西郷隆盛はその後も鹿児島県のみならず日本全国で見ても人気はうなぎ登りで、鹿児島には西郷南洲顕彰館という博物館まであり、あまつさえ首都東京の人気スポットに銅像が立てられています。大久保利通の銅像も紀尾井町にありますが、まったく影が薄い。

アメリカで南北戦争の敗軍のトップであるリー将軍の銅像が首都ワシントンに立てられるなんて考えられないですが、このような常識外れの現象が日本で起こるのは、まさに日本の社会構造が内的自己と外的自己に分裂しているからでしょう。欧米諸国に適応しようとする大久保は外的自己、それに反対し武士の誇りを守って滅びる西郷は内的自己の代表者であり、日本の歴史を通じて昔もいまも国民に人気があるのは内的自己の代表者なのです。

結局、日本国民は夢想家が好きで、現実的な政治家は嫌いなのです。日本では、何とか外国に適応しようとする現実的な政治家は、祖国を裏切る変節漢、卑劣漢と見られ、軽蔑され憎まれるのです。この習癖のため、日本国はかずかずの失敗を犯してきましたが、国民自身がそれを問題のある変な習癖だと思っていないようなので、直る見込みはまったくありません。わたしは、これは国益にかかわる重大な問題だと思っていますが……。

――尊王攘夷から開国に転じた明治政府には多大なる反発がありました。西郷は、政府に反発する人たちのシンボルとなったからこそ、いまだに人気があるんですね。

岸田　西郷は死んでいなくてロシアに亡命したとか、天上の星（西郷星）になったとか囁《ささや》かれたそうですから、人々にどれほど惜しまれたかがわかります。いまでも鹿児島では西郷の悪口を言うと、殴られるというんですから。

朝鮮侵略の反復強迫

――吉田松陰も西郷隆盛も征韓論を唱えていました。一八七六年、日本は鎖国を続ける朝鮮に軍事的圧力をかけ、不平等条約である日朝修好条規（江華島条約）を結びます。ペリーの恫喝と瓜二つのやり口でした。まだ明治維新から十年も経っていません。

岸田　いじめられっ子が自分より弱い子を見つけていじめるようなものですね。

日本はペリーに不平等条約を押しつけられた。しかし「われわれは弱かったから押しつけられた」と考えていると、いつまでも屈辱的な敗者の立場にいなければならない。一部の日本人はその屈辱から逃れるために「ペリーは正しかった。文明開化をもたらしてくれた。開国を嫌がった日本が間違っていた」と思い込もうとしたのです。そう思い込んだ結果、伊豆の下田港ではいまでも毎年五月にペリー来航を記念して「黒船祭」が行われています。嫌な男に強姦されて無理やり処女を奪われた女が屈辱感を抑圧し、「彼はわたしを愛しているんだ。だから、わたしが欲しかったんだ。彼とセックスするのを嫌がっていたのは愚かだった。彼のおかげで、はじめてわたしは楽しいセックスを知ることができた」と思い込もうとするのと同じです。しかし、ペリーの恫喝と侵略を正当化すると、今度はペリーにやられたことと同じことを誰かに対してせざるを得ない心理的必要に迫られてくる。

――いわゆる反復強迫ですね。

岸田　ええ。そこで日本は朝鮮に対してアメリカにやられたことと同じことをやったわけです。そのとき、日本は「朝鮮はまだかつての日本のように鎖国政策などという愚かなことをやっている。日本が目覚めたように、彼らの目を覚まして近代文明に導いてやることは、朝鮮にとってもいいことなんだ」と考えていた。屈辱否認という真の理由は自覚されていないのです。

近代日本は近代ヨーロッパのコピーです。強い軍事力でどこかの弱い民族または国を侵略し植民地にして支配するということをしないと一人前の国家と認められなかったあの時代は、イギリスもアメリカもオランダもロシアもフランスも暴力団でした。江戸時代の日本はまさに暴力団の逆を行っていた。鉄砲を捨ててどことも戦争せず平和に暮らしていたわけですからね。ところが暴力団の脅威にさらされて「日本も欧米のような暴力団にならないとこの厳しい世界で生き残れない」と思った。それで一生懸命、先輩の暴力団のまねをして、ある程度は暴力団になることができたわけです。暴力団になると、かつて大陸から主として韓半島を通ってやってきた連中に支配された屈辱を逆転しようとして、まず朝鮮の植民地化をめざし、それに成功しました。もちろん、それは途上のことに過ぎず、最終的な狙いは、近代に最初に日本を侮辱したアメリカでした。一連の企てのはじまりが一八七五年の江華島事件であり、それが一九一〇年の朝鮮併合へと続くのです。そして、その最終形が一九四一年の真珠湾奇襲でした。

――朝鮮にとってはいい迷惑でしたね。その後、朝鮮はアメリカ、イギリス、ロシア、フランスとも同じような条約を結ばなくてはならなくなりました。

岸田　朝鮮が近代化できなかったのは、頑固に儒教を守っていたからでしょうね。近代化は儒教に反することですから。ところが、日本の儒教は政治のタテマエに過ぎない、いいかげんなものだったので、「儒教ではヨーロッパに対抗できない」と思ったら簡単に捨て去って「脱亜入欧」できたわけです。

――福沢諭吉が脱亜入欧を唱え、井上馨《いのうえかおる》が屈辱的な鹿鳴館外交を行いました。学校令が出されて、寺子屋や私塾ではなく国が子供を教育することになり、大日本帝国憲法が作られます。われわれの身近にある日本は、この時期に作られたのですね。

岸田　明治時代の法律は、欧米に不平等条約を撤廃してもらうためにヨーロッパの民法や刑法をまねて作られました。ほとんど丸写しだった。日本の現状に合うかどうかは問題ではなく、欧米人に気に入ってもらうためのものです。要するに飾りであり、タテマエに過ぎなかった。出発点がタテマエだから、日本人にとっての法律はいまだにタテマエです。トラブルが起こったときに、裁判で解決しようとすると「おまえは法律を持ち出すのか」とそれがさらなる喧嘩の種になる。友情や信頼関係が壊れてしまい、ますます仲が悪くなるわけです。憲法改正がなされないのも、必要がないからです。法律が国民の日々の具体的生活に如実に響いてくるものであれば、不備があれば改正するはずです。空文だから改正する必要がない。憲法も神棚に祀って拝んでいればいいのです。日本で必要なのは、契約ではなく、「和」であり、相互信頼関係なんです。

――新渡戸稲造《にとべいなぞう》の『武士道』も、欧米人向けに英語で書かれたものです。あれもタテマエでしょうか。

岸田　武士道という言葉は、戦国時代が終わって武士が戦さをしなくなり平和になった江戸時代に入ってから言われはじめたそうですね。『武士道』は、「宗教教育のない日本で、どうやって道徳を教えるのか」と外国人に問われた新渡戸稲造が「日本には武士道がある」と反省的に書いたものだとのことです。日本人同士では、本来、思想は必要ないのでしょうね。

――一八九四年（明治二七）に日清戦争が始まると、野党は与党批判を中止して、挙国一致になってしまいます。これもすごい話だと思います。

岸田　国会も政党も欧米のまねに過ぎないのであって、内在的必要から発生したものではないからでしょう。

――思想も法律も国会もすべてタテマエのまま、近代化が進んでいく……。日本は本当にヘンテコな国なんですね。

岸田　ヘンテコなのは日本だけじゃない。アメリカもロシアも中国もドイツもフランスもみんなヘンテコなんです（笑）。ただ、どのようにヘンテコであるかが、それぞれ違っているだけです。

――そうでした（笑）。日清戦争は、ひとことで言えば朝鮮支配をめぐって勃発したものでした。清からすれば「小さな島国の山猿である日本がおれ様の子分である朝鮮に手を出すんじゃねえ」という感じでしょう。ところが、戦争に勝ったのは日本でした。翌年、日本は清と下関条約を結びます。遼東半島、澎湖島および台湾を割譲させ、二億両《テール》の賠償金を得るというもので、当時の日本の国家予算の三倍近い大金です。この結果、東アジアの秩序は大きく変わりました。

岸田 日清戦争のときの日本は、こっちが文明開化の先輩なんだ、グズグズしているおまえに教えてやる、という態度だったでしょう。長いこと目下だった日本に負けたわけですから、中国は複雑な感情を抱いたでしょうね。

欧米諸国にとって、日本の勝利は予想外のものでした。ロシア、ドイツ、フランスは、日本を警戒するようになり、三国干渉によって遼東半島を清に還付させます。自分たちがアジアを侵略する際に、日本が邪魔になると考えたからですね。しかし、イギリスとアメリカは、露独仏とは違う考えをもっていた。日本をロシアの勢力拡大の防波堤に使えると考えたのです。

――それが日露戦争へとつながっていく。そもそも、どうしてロシアがアジアにまで勢力を伸ばしていたのでしょう。

岸田 イギリスがインドを植民地にしたのに負けまいと、ロシアはシベリアを植民地にしたのでしょうね。当時の欧米諸国が植民地の獲得に熱心だったのは、搾取して儲けようという経済的理由もありましたが、国の威信のためでもありました。第二次大戦後、イギリスはインドを放棄しましたが、ロシアが依然としてシベリアを領有しているのはどうしてでしょうね。寒いシベリアに住む動物の毛皮は立派なので、ロシア人は毛皮をヨーロッパ人に売ったりしていましたが、シベリアには人はそれほど多くは住んでいなかったので、南米を侵略したスペイン人のように先住民を大々的に搾取したり大虐殺したりはしなかった。その必要がなかったのです。ただ、南のほうのどこかに不凍港が欲しかった。

中国は中華思想のせいで、国境という観念はもともとない。中国が世界の中心で、周辺は東夷西戎南蛮北狄といって野蛮人がいるところだから、自国領であるような、ないようなあいまいな土地です。野蛮人の土地と中国とのあいだに国境線を引くという発想はない。だから、ロシア人がシベリアにやってきてもさほど気にしていなかった。しかし、ロシアはヨーロッパの国で近代国家です。清国領だったウラジオストック、東沿海州のあたりを「ロシアの領土だ」とロシアが主張したとき、まだ近代国家ではなかった清は容認してしまった。清はアヘン戦争でイギリスにやられ、フランスなどのヨーロッパ諸国にさんざんやられていて、ロシアに侵入されても抵抗できなかったのです。満州（東北部）あたりも断乎として守らなければならない清国領だという確信はなかったのでしょうね。日露戦争で日本が負けていたら満州はロシア領になっていたかもしれませんね。

——日清戦争に勝った日本は、欧米から認められて清を見下すようになり、負けた清は、欧米にも完全になめられて、半植民地化が急速に進み、韓半島からも手を引かざるを得ませんでした。

露独仏の三国干渉によって日本が清に返還した遼東半島は、韓半島のすぐ上に位置しています。朝鮮にとって、遼東半島が日本のものになることは耐えがたいことだったので、ロシアに感謝しましたが、ロシアに朝鮮を助けるつもりはなく、アジア侵略をする際に日本が邪魔だったというだけのことです。清に頼れなくなった朝鮮は親日派と親露派に分裂し、親日派は日本と組んで親露派の閔妃《びんひ》（明成皇后）を殺害してしまいます。

岸田　一八九五年。もちろん、日本も手を貸しましたね。

――翌年、朝鮮国内が大混乱する最中、ロシアは朝鮮国王の高宗をロシア公使館に移し、親日派のリーダーを殺します。

　さらに一年後、王宮に戻った高宗は国号を大韓帝国と改め、皇帝の即位式を行いました。中国への従属を余儀なくされてきた韓半島の国王が「皇帝」を名乗ったのは、史上はじめてのことです。二百五十年前に、清に永遠の臣従を誓うために建てられた大清皇帝功徳碑も、地中に埋められました。

　一八九九年に公布された「大韓国国制」によれば、大韓帝国の政治は万世不変の専制政治であり、皇帝は無限の君権を享有し、不可侵であり、統帥《とうすい》権を有するそうです。大日本帝国と似ていますね。

岸田　ロシアはアジアを侵略する欧米諸国のなかで地理的に最も近く、当時、アジアに最も脅威を与えている国でした。そのロシアに頼るとは何事だ、欧米諸国がどれほど危険な存在なのか、朝鮮は全然わかっていないと日本は不信感を抱いたのです。

劣等感を嘘で克服した日露戦争後の日本

——ロシアに国を乗っとられそうになっても韓国（朝鮮）は日本を見下していました。ロシアの下になっても日本の下になることだけは絶対にいやだ、ということでしょうね。小中華思想は根深いのですね。いいかげんな日本人としては驚くばかりです。

岸田　朝鮮は、日本に中国と朝鮮の文化を伝えてやったのはわれわれだ、日本は後進国だとずっと思っているようです。それが近代になって抜かれたので癪《しゃく》に障ったのでしょう。一部の韓国人は、日本文化の源流は韓国（朝鮮）文化である、韓国（朝鮮）を介して日本に伝えられた中国文化も、韓国（朝鮮）は単なる郵便配達夫ではなくて、韓国（朝鮮）においてより洗練され進歩したものであると主張します。確かにそういうところもありますが、韓半島を経ないで海を渡って伝えられた中国文化もあり、前方後円墳など、日本から韓国（朝鮮）に伝えられた文化もあります。日本は後進国だったと思いたいのは劣等感の裏返しでしかないでしょう。

ところで、朝鮮にも日本と一緒になって欧米と戦うべきだという思想をもった人たちはいました。たとえば、金玉均《キムオッキュン》は日本の力を借りて祖国が欧米の植民地になることを阻止しようと頑張った愛国者でした。それなのに、いまは裏切り者にされていて気の毒です。祖国朝鮮の独立をめざして戦った者であっても、日本に協力したというだけで裏切り者にされるのです。ヨーロッパの一勢力であるロシアの肩をもつ親露派よりも親日派のほうが朝鮮のためアジアのためを考えていたと思えるのですけれどね。

——日清戦争から四年後、中国に義和団の乱が起こります。欧米列強の侵略を受けて土地や仕事を失った人たちが「扶清滅洋」のスローガンを掲げて起こしたものです。尊皇攘夷と似ていますね。清政府も最初は鎮圧を試みましたが、結局は民衆の側について、イギリス、アメリカ、フランス、ロシア、ドイツ、オーストリア＝ハンガリー、イタリアそして日本の八ヶ国に宣戦布告します。日本とロシアを中心にした連合軍は義和団を制圧。日清戦争に続いて多額の賠償金を支払った清は、滅亡への歩みを早めていきます。

岸田　義和団の乱は侵略する欧米諸国への中国民衆の抵抗でした。清も日本もともに欧米の帝国主義の脅威にさらされている国でした。もし日本に中国との連帯意識があれば、義和団を助けるべきでした。しかし、恐ろしい欧米を敵に回すことはできませんでした。日本はイギリスの要請に従って積極的に加害者の側に加わり、二万人を超える外国軍として最大の軍隊を派遣して義和団を鎮圧し、殺戮の恐怖に怯えていた列強の居留民を救ったのです。このときの日本軍の勇敢さと規律正しさは欧米諸国から絶賛されたそうです。

欧米諸国に恩を売り、気に入られるためにアジアを抑圧する側に回るというのは、恐ろしい暴力団に取り囲まれた日本が選んだ姑息《こそく》な手段でした。親分格の強い暴力団に子分として取り立てられ、忠勤に励んでおこぼれに与《あずか》ろうとしたということです。

要するに、近代日本は欧米の植民地主義勢力に反抗するアジアの民衆を弾圧して成り立ったと言えるでしょう。

――かっこよくない話ですね。

岸田　全然かっこよくない。でも、ほかにどういう道があったのか。日本に義和団を助けて欧米諸国と戦う力がなかったことは確かです。ロシアは義和団の乱をきっかけに満州に居座った。アジアの権益をロシアに奪われたくないイギリスはロシアの南下を阻止したいけれども、南アフリカでのボーア戦争に足を取られて余力がない。そこでイギリスは日本に目をつけた。「日本は子分として使える」と考えたんですね。こうして日英同盟が締結されるわけです。

――明治時代の日本にとって日英同盟締結は栄光の一ページですが、ありていに言えば、イギリスの子分になったということなんですか。ガッカリです。日本もロシアを恨んでいるはずですよね。遼東半島を清に返さないといけなくなったのは、ロシアに圧力をかけられたからですから。

岸田　日英の利害は一致していたのです。

――日露戦争は日英同盟の二年後、一九〇四年ですね。

岸田　日本海海戦でバルティック艦隊を壊滅させて圧勝した連合艦隊の戦艦は全部イギリス製です。他の艦船も一部はオランダ製でしたが、ほとんどはイギリス製。日本製は水雷艇くらいでした。軍資金もロンドンとニューヨークで公債を募集して賄《まかな》った。いわばイギリスとアメリカが日本という子分を使ってロシアを打ち負かしたようなものですよ。もちろん、日本海軍の水兵は厳しい訓練を受けて、技倆も戦意もロシアの水兵よりはるかに優れていましたが……。

――戦費を集めたのはアメリカのユダヤ人だったと聞きました。

岸田　ロシアはユダヤ人差別がひどく、たびたび虐殺事件も起こしていたので、アメリカのユダヤ人は怒っていた。ロシアをやっつけてくれるということで日本に協力したのです。

日本人が書いた日露戦争史を読むと、日本軍は勇気と機略と天佑《てんゆう》で勝ったことになっていて、日本人としてまことに誇らしい気持ちになりますが、作戦や戦闘に関する詳細はほとんど書かれていないし、外国の援助には触れられていません。「日英同盟がなければ勝てなかった」と書きたくなかったからでしょう。要するに、日露戦争の勝利に関して嘘で固めた物語を作ったのです。

繰り返しますが、日露戦争に勝ったのは、主としてイギリスやアメリカなどの外国の協力、財政と武器援助のおかげです。敵のロシアについての情報も、日本自身、懸命に集めようとしましたが、そういう点でははるかに進歩していたイギリスからの情報は貴重でした。また、伊《い》藤博文《とうひろぶみ》が恐露病患者と言われていたことからもわかるように、ロシアを非常に恐れていて、日本軍は敵を侮らず、おのれの力の限界を知り、作戦や補給に関しては慎重な上にも慎重でした。それらの条件が揃ってはじめて辛うじて勝ったのです。

日本は兵員も戦費も武器も尽き果てていたので、アメリカの仲介に喜んで応じました。というより、日本がアメリカに仲介を頼んだのです。しかし、そのことを国民に隠しました。その上、満州に派遣された出先のロシア軍に辛うじて勝っただけなのに、実力で大国ロシアに大勝したかのように宣伝した。

だからこそ、国民はポーツマス条約の内容を聞いて怒ったのです。二十万人に近い死傷者を出したにもかかわらず、樺太の南半分をもらい、南満州鉄道の敷設権を得ただけで、賠償金は一銭も得られなかった。そこで、日本軍の実情を知らない民衆は戦争の継続を望んだわけです。

いずれにせよ、不平等条約を押しつけてきたヨーロッパの国にはじめて勝った。日本国中が舞い上がりました。他の帝国主義国の支援のおかげで勝ったとは思いたくなかった。自分たちの力で勝ったと思いたかったのです。

日露戦争は、死を恐れぬ日本兵の勇気、艱難辛苦《かんなんしんく》をものともしない攻撃精神、おのれをむなしゅうして公のために尽くす献身と自己犠牲、それに加えるに、天佑神助のゆえに勝ったということになりました。実際には、日露戦争のときの日本兵は、それほど勇敢でも自己犠牲的でもなく、かなり捕虜も出たと聞きます。ついこのあいだまで百姓だった人がほとんどでしたから、当然です。のちの戦陣訓に「生きて虜囚の辱めを受けず」などというあまりにも無茶なスローガンを日本陸軍が掲げたのは、日本兵がいとも簡単に捕虜になったので、それを警戒するあまり、反動で逆方向へ行き過ぎたのではないかとも考えられます。いずれにせよ、日露戦争の実際の勝因を隠蔽し、偽りの勝因を喧伝した結果、「死を恐れぬ勇敢な日本兵」という神話ができあがりました。

――「嘘をつかないと国民を引っ張っていけない」と軍部は思ったのでしょうが、いったん嘘をついてしまえば、その後もずっと嘘をつきつづけなくてはいけなくなる。ということは、最初に嘘を求めたのは国民ということでしょうか。

岸田 やっぱり責任があるのは国民です。軍部こそ国民に引きずられていた面があります。軍部にも政府にも真実を語る度胸がなかったことも確かですが。しかし、非現実的で誇大妄想的な神話を作らなくてはならなかったこと自体が、当時の日本がどれほどみじめな状況に追い込まれていたかを示しています。幕末、ペリーに無理やり開国させられて以来、日本は、ずっと屈辱感、敗北感、劣等感に呻《うめ》き続けてきました。その屈辱感から逃れるためには、日露戦争は、外国の助けによってではなく、日本民族の優秀さのゆえに勝ったのだという神話を是が非でも信じる必要がありました。この神話が、その後の日本を誤った道へと引きずり込んだ元凶であり、のちの日米戦争の惨敗の原因です。いかなる場合でも、不愉快な現実を無視し、都合のいい神話を信じた代価は、当人の想像を絶するほど高いものにつくのです。

――日露戦争が終わった一九〇五年には、清がようやく科挙を廃止しました。四書五経をどれほど深く知っていても、近代化には何の役にも立たなかったからです。大韓帝国は親露派と親日派に分裂していましたが、日本がロシアに勝ったのを見て親日派が優勢になりました。

日本は韓国を「保護国」とすることを閣議決定し、アメリカとイギリスに、ロシア南下を防止する拠点として朝鮮支配を認めさせます。大日本帝国の未来は前途洋々と見えました。

岸田　日露戦争の翌年、日本の満州支配を恐れたアメリカは、イギリスに続いて満州の門戸開放を要求してきます。アメリカとしては、日本がロシアに勝ったのはアメリカのおかげだ、くらいに思っていたんですね。だから、満州経営に一枚嚙みたいというのは当然の要求だと考えたのでしょう。しかし、日露戦争に勝って列強の一員になったつもりでいる日本は、この要求を蹴ります。

ペリー以来、アメリカは「日本が近代国家になり、国際社会の一員となれたのはアメリカのおかげだ」と思っています。たぶん、いまでもそう思っているでしょう。

親分のつもりのアメリカは、子分の日本に要求を蹴られたことにひどく腹を立てました。そこでアメリカは日露戦争の二年後、一九〇七年にはもう上下両院で日本移民制限法を可決して、これみよがしに日本近海でアメリカ海軍の大々的な軍事演習をやります。日本はこの脅しに気づかないふりをして、あえてアメリカ艦隊の寄港を懇願し、上陸したアメリカ海軍兵士を大歓迎して、日米友好のしるしにしようとします。

――強気に出る割には卑屈。日本人は変わりませんね。

岸田　それならばと、アメリカは一九〇九年に南満州鉄道の共同経営を申し込んできますが、日本はこの申し入れを一時は承諾するものの、小村寿太郎《こむらじゅたろう》が反対して結局拒否します。南満州鉄道の敷設権は、日露戦争で二十万人もの日本兵が血を流して勝ち取ったものだ、講和の仲介をしたくらいで一滴の血も流していないくせに図々しいにもほどがある、と思ったのでしょうね。ここが大日本帝国の運命の分かれ目だったかもしれません。

――どういうことでしょうか。

岸田 もしアメリカの申し入れを受け容れていれば、日本は満州経営の資本に困ることもなく、ロシア（のちにソ連）の軍事的脅威に独力で対決する必要もなく、日米戦争もなかったかもしれません。しかし、満州経営の旨い汁の多くをアメリカに横取りされることにはなったでしょうね。いずれにせよ、日本はアメリカに協力する道は選びませんでした。それはアメリカの子分であり続ける道だったからです。日本はアメリカの要求を拒否することで自らの誇りを守り、同時にアメリカの敵意を買ったのです。

――二十世紀最初の十年間は、日本が欧米の暴力団の下っ端として活躍し、親分連中の覚えめでたかった義和団の乱での活躍で始まり、新たに暴力団一家を構えて独自の植民地経営に乗り出そうとして最強の暴力団アメリカの不興を買うところで終わるわけですね。

岸田 それは同時に、不平等条約の改正にようやく漕ぎ着けるまでの十年でもありました。末期の徳川幕府が欧米諸国と不平等条約を結んで以来、日本は長いあいだ、条約改正のための努力を続けてきました。法律を整備し、屈辱的な鹿鳴館外交を行ってきたのです。しかし、欧米諸国はいったん手にした有利な条件をなかなか手放そうとはせず、ようやく改正を考慮しはじめたのは、日本が軍事力をもつようになってからでした。

治外法権を撤回させ、関税自主権も回復して日本がようやく欧米の属国でなくなったのは一九一一年（明治四十四）のことでした。

――日英・日米・日独修好通商航海条約の締結ですね。前年には韓国を併合しています。

岸田　韓国を併合し、植民地をもつのでなければ、当時の世界では一人前の国家として認められなかったのです。韓国統監府初代統監の伊藤博文がハルビンで安重根《あんじゅうこん》に暗殺されるという事件に見舞われながらも日本は韓国を併合したわけですが、イギリスのインド支配とはやり方が全然違っていて、ひとことで言えば、朝鮮人を日本人にしようとしたのです。日本人は「イギリスはインド人を奴隷化して虐待し搾取したけど、おれたちは朝鮮（韓国）人を日本人にして平等に扱ってやってるんだ」と思っていた。朝鮮（韓国）人にとっては支配されて恩に着せられるわけだから、そっちのほうがカチンとくる。そこのところを日本人はからきし理解できなかった。

――同じ一九一一年には、清に辛亥革命が起こりました。清のあとには中華帝国、さらに中華民国が建国され、大総統となったのは清の軍人だった袁世凱《えんせいがい》でした。当時、清から日本にやってきた留学生は辛亥革命直前には数万人に達していました。指導者の孫文をはじめ日本への留学生たちは辛亥革命のなかで大きな役割を果たしましたが、結局、市民革命は起こらなかったのですね。

岸田　そうですね。アジア解放という大義は多くの人の胸にあった。日本にも韓国にも中国にも、真剣に祖国を憂い、アジアの協調を考える人たちはいたんです。しかし、現実はそちらの方向には動かなかった。

二十世紀最初の十年間で、日本は列強の属国から大日本帝国へとのしあがりました。列強の暴力団と肩を並べる暴力団になったつもりでしたが、この新顔の暴力団は牛のまねをする蛙に似ていて、遠くない将来に、アメリカ、イギリス、ロシア（ソ連）といった古顔の暴力団によってたかって叩きつぶされることになります。

第七章 敗戦の原因

歴史における劣等感の役割

――一九一一年の辛亥革命によって清は倒れました。革命を指導した孫文《そんぶん》は、内戦になれば欧米の列強に介入されると考え、アジア最初の共和制国家である中華民国の大総統職を、清の全権を握っていた軍閥の袁世凱に譲りました。

ところが、皇帝になりたい袁世凱は帝政復活を宣言。国号を中華帝国に改めてしまいます。この時代錯誤に国内外から非難が殺到し、袁は帝政復活取り消しを宣言せざるを得なくなり、そのまま病死。以後、中国は大混乱に陥ります。

一九一四年に勃発した第一次世界大戦は、ドイツ、オーストリア、オスマン帝国、ブルガリアからなる同盟国と、三国協商を形成していたイギリス、フランス、ロシアを中心とする連合国の戦争です。

日英同盟を結んでいた日本も、そしてアメリカ合衆国も連合国側に立ち参戦しました。

第一次世界大戦は近代兵器がはじめて投入された戦争でした。戦闘機、戦車、潜水艦、機関銃、さらには化学兵器（毒ガス）まで使われました。戦場となって大きな被害を受けたヨーロッパが没落するなか、大儲けしたアメリカがのしあがり、ロシアでは共産革命が起こり、ソビエト連邦が成立します。

岸田　ロシアが共産主義に飛びついたのは、西欧への劣等感から逃れるために西欧より上位に立つ必要があったからです。共産主義の理論によれば、人類社会は原始共産制→奴隷制→封建制→資本制→共産制という段階を辿って進歩することになっています。西欧先進国はブルジョワ革命を経て封建制を脱し、資本制の段階にある。したがって、西欧を陵駕《りょうが》するためにはプロレタリア革命を遂行して共産制へと進めばいいわけです。長年、西欧への劣等感に苦しめられていたロシアが西欧より上位に立つには、共産主義理論を信じて、共産革命を実現するしかなかった。

――ロシア革命をそんなに簡単に説明しちゃうんですか！（笑）

岸田　歴史における劣等感の役割を軽く見てはいけません。劣等感などの心理的要因は経済的要因などよりはるかに強く民族や国家の歴史・世界の歴史を動かしています。経済的要因を重視するのは、唯物史観（史的唯物論）など、近代以来の経済中心主義史観に囚われた偏見です。経済活動をするのは人類だけで、動物はしません。ライオンが鹿を捕まえて食べるのは経済活動ではありません。自分や自分の被保護者（子供など）は必要としない、消費しない「物」、すなわち、赤の他人のための「物」（唯物論の物）を製造して商品にするのが経済活動の基本です。その商品を消費する赤の他人は貨幣を支払わなければならない。人類の経済活動とは貨幣の流通なのです。経済活動は、本能が壊れて幻想のなかに迷い込み、その結果、赤の他人同士の共同体を支える物語すなわち歴史を作らなければ生きられなくなった人類が始めた活動です。まず歴史が作られ、その結果として経済が発生したのであって、その逆ではなく、経済が歴史を決定するのではありません。唯物史観は原因と結果を取り違えています。

ソ連では、スターリンがテレビを発明したと信じられていたそうですが、いまの韓国では、歌舞伎や茶道も韓国に起源があることになっているそうです。『ドラえもん』などのマンガも韓国人の作品になっているとのことです。劣等感はことほどさように現実認識を歪めるのです。もちろん、現実認識が歪んでいるのは韓国人だけではありません。ただ、韓国人は劣等感が非常に強いために、現実認識の歪みがいささかひどいだけです。いずれにせよ、人類はすべて歪んだ現実認識に基づいて事件を起こす。そして、事件が歴史になるのです。歴史においては、馬鹿げたきっかけや理由で重大事件が起こることがめずらしくありません。

――大正時代に入った日本は比較的平和でした。第一次世界大戦はヨーロッパが戦場になったために対岸の火事で、海運・造船業で大儲けした日本は債務国から債権国に成り上がりました。ドイツからは山東省の権益を租借《そしゃく》、グアム・サイパンなどのマリアナ諸島も統治することになりました。日本にとって、戦争は儲かるものだったのです。

しかし、一九二四年（大正十三）にアメリカで可決された排日移民法は日本に大変なショックを与えました。白人の移民は認めるが、黄色人種はダメだ、と言われたからです。

岸田　排日移民法はさすがにアメリカ好きの日本人をも反米に向かわせました。日本はアメリカに対しては、憎悪と崇拝のあいだを揺れ動いています。あるときは崇拝しますが、憎悪も底流しています。でも、アメリカへの敵意はふだんは表に出てこない。その自覚はなくて、「アメリカが好きだ」と思っている人も多いんですよ。

――いまとたいして変わりませんね（笑）。

岸田　日米関係は黒船以来、全然変わっていません。移民法以前はアメリカ崇拝の気分もあったのが、袖にされたとたんガラッと変わってアメリカ憎しになった。

――内村鑑三のような親米的なキリスト教徒も、ルーズベルトと仲のよかった渋沢栄一も、欧米人向けに『武士道』を書いた新渡戸稲造も激怒したそうです。

岸田　対等の関係か自分より下の相手ならばともかく、崇拝している相手から拒否されたからショックが大きかったのですね。

――一九二二年十二月にソビエト社会主義共和国連邦の樹立が宣言されると、世界中に共産主義への憧れが広がっていきます。ソ連もまた、多くの国で共産革命を起こすべく共産主義教育、国際運動に力を入れました。

日本と深いつながりのあった孫文は中国国民党を作り、成立したばかりのソビエト連邦と接触。軍閥と対抗するために、共産党員の党籍を保持したまま国民党への入党を認めるというい わゆる国共合作を行います。孫文の死後、国民党のリーダーになったのが蒋介石でした。

日本で軍事教育を受けた蒋介石は、根っからの共産党嫌い。一九二八年には、蒋介石率いる南京国民政府が、各地の軍閥や共産勢力という反対勢力を抱えつつも、全国統一を成し遂げることになります。

満州事変が起こったのは、そんな最中の一九三一年でした。わずか一万数千の関東軍は、二十三万の張学良軍を相手に、日本本土の三倍もの面積をもつ満州の占領にわずか五ヶ月で成功します。満州事変を主導した石原莞爾《いしはらかんじ》の考えは、いずれ近い将来に世界最終戦争が起こる。日本の天皇を盟主とする東アジアと、アメリカ合衆国の対決となる。資源が乏しく経済的に貧弱な日本がアメリカと戦うには、中国全土を根拠とする以外ないというものでした。意外にも、蒋介石は、日本の侵略に介入しませんでした。中国共産党との内戦に勝利することのほうが重要だと考えていたからです。

岸田　満州事変はあまりにもうまく行き過ぎました。少数の軍でわずかの期間に全土を占領して、次の年には満州国を建てた。戦死者もほとんど出ませんでした。

日清日露戦争までの日本は、まだ不平等条約を改正してもらえない半植民地国家でした。昭和に入って、かつてそうだったことが改めて屈辱になってくる。昭和が軍国主義の時代になったのは「それじゃだめだ。日本は独自の、真の自尊心ある正しい神の国たる大日本帝国でなければならない」と思ったからでしょうね。そうなると必然的にアメリカと戦争せざるを得ないことになります。アメリカは、ペリー以来、日本をアメリカが近代化させてやった従属国、子分のくせに近頃やたらに威張り出した生意気な奴と見ており、アメリカこそが日本のプライドとアイデンティティを脅かし続けてきた存在ですからね。

アジア主義とは何だったのか

――当時の日本人には「満州は満州族の国であり、中国ではない」という考えがあったようですね。

岸田　そう考えていたようです。もし昔から「他民族の土地を侵略してはならない」という国際法のようなものがあったとすれば、イギリスが新大陸アメリカを植民地にしたのも、ロシアがシベリアを植民地にしたのも犯罪ですけれどね。日本は、中国人の土地ではない満州に進出したことで、他民族の土地を強奪して国を作ったアメリカに文句を言われる筋合いはないと思っていたようです。

――関東軍が満州国建国を宣言してからまもなくして、海軍の青年将校たちが犬養毅《いぬかいつよし》首相を暗殺するという五・一五事件が起こりました。犬養首相は軍縮推進派で、孫文とも親交があったためと言われています。総理公邸に押し入って現職の総理を殺害するというとんでもない犯罪ですが、国民のあいだで助命嘆願運動が巻き起こり、将校たちへの判決はごく軽いものになりました。それが二・二六事件の呼び水となります。

岸田　血書の助命嘆願書まであったそうです。日清日露に勝利した軍の人気は圧倒的でした。「軍人は清潔で、政治家は腐敗している」というのが決まり文句でした。ペリーから与えられた屈辱をすすぎ、大日本帝国のプライドを維持することが絶対的目的となっていたから、それを邪魔する政治家は許せなかったんですね。

――「満州国は国連管理下に置かれるべきだ」とするリットン調査団の提案が可決されたことを不服として松岡洋右《まつおかようすけ》が国際連盟脱退を決意したり、近衛文麿《このえふみまろ》首相が「国民政府を対手とせず」とまったく意味のない発言をしたり、当時の政治家には現実に対応する能力が欠けていたのでは、と思うことさえあります。

岸田　敗戦後の日本の観点に立てば、昭和のはじめ頃の日本なんて狂っていたようにしか見えないでしょうね。だけど、当時の人たちのメンタリティのなかに入ってみると、世界にいじめられ続けているから頑張らなければ、と思っていたようです。日本が国連を脱退した昭和八（一九三三）年当時は「国連なんてヨーロッパの植民地主義勢力の同盟だ」くらいに思っていたのでしょうね。いまの北朝鮮と同じです。戦前の日本といまの北朝鮮は面白いほどよく似ています。反米的なところなどそっくりです。敗戦前、もし日本が原爆を保有していたら、アメリカは日本に原爆を落とさなかったでしょうから、北朝鮮がアメリカに侵略されないためには核武装しなければならないと考えるのは、根拠がないわけではないですね。北朝鮮は「強盛大国」と自称しているそうですが、韓半島の半分しかないちっぽけな国が大威張りしているわけです。当時の大日本帝国もたいして変わらないのではないでしょうか。

——国際連盟から脱退した日本は、戦争に向かって一直線です。既成支配層の打倒と天皇親政の実現をめざす皇道派が一千四百名の兵を率いて首相官邸と警視庁を襲い、斎藤実《さいとうまこと》内大臣、高《たか》橋是清《はしこれきよ》蔵相らを殺害するという二・二六事件が起こり、日独伊三国防共協定が締結され、文部省は「國體の本義」を発行して全国の学校と官庁に配布します。一九三七年七月には盧溝橋事件が起こり、日中戦争へと拡大していきました。どうして日本は中国と戦わなくてはならなかったのでしょうか。

岸田　満州事変があまりにもうまく行ったので、柳の下のドジョウを狙ったところはあったと思います。日本は中国との戦争は対米戦争の前段階で、中国を従えた上でアメリカと対抗しようと考えていたようです。中国とずっと戦争を続けるつもりはなかった。蔣介石は傀儡《かいらい》に過ぎず、彼をやっつければ中国全体、アジア全体を統一する第一歩になると考えていた。「支那一撃論」というのがあって、アヘン戦争以降、中国はばらばらで国の体を成していない。だから一撃すれば簡単に征服できると甘く見ていて、泥沼になるとはこれっぽっちも思っていなかった。すでに韓国は併合したわけだし、中国を取り込んで、日本の指導のもとに日中韓が団結し、アジアが一丸となってアメリカに当たろうという発想だった。中国人を敵視していたわけではなく、味方にするつもりだったんです。アジア解放の大義のために日本に協力すべき中国が、大義を裏切ってイギリスとアメリカに迎合していたずらに反日に走っているのはけしからん、と思っていたようですね。気宇壮大と言えば気宇壮大、誇大妄想と言えば誇大妄想でした。

――中国と韓国を味方につけてアメリカと戦おうとしているにもかかわらず、中韓を見下しているのが不思議です。

岸田　舞い上がってうぬぼれていたのです。文字をはじめ、日本文化のほとんどの大本は中国にある。だから、日本人は、中国のほうに足を向けて寝なかったと言われる荻生徂徠《おぎゅうそらい》のような儒者をはじめとして、同じ文化圏の先輩として、親か兄に対するような尊敬を抱いていた。それがアヘン戦争によってひっくり返るのです。

戦国時代にはたくさんヨーロッパ人がやって来ましたが、ヨーロッパ人に劣等感など全然なかった。もちろん、江戸時代にも。ところが、幕末にペリーに恫喝《どうかつ》されて屈服してから、欧米人に劣等感を抱くようになった。劣等感ほど苦しいものはないので、その埋め合わせに優越感が欲しくなり、中国人と韓国人を蔑視するようになったのです。欧米人への劣等感から逃れるために同じアジア人への優越感にすがりつくなんて卑劣の最たるものです。欧米人に屈服する日本人自身の劣等な面を否認してアジア人になすりつけ、自己嫌悪をアジア人蔑視にすり替えたのです。日本は、近代化・欧米化してアジア人ではなくなったつもりだったのでしょう。アヘン戦争で、清はイギリスにみじめな負け方をした。その後、一九〇〇年の北清事変（義和団の乱）で、清国政府は、横暴な居留民に怒って反乱を起こした民衆をはじめは弾圧しようとしたが、やがて民衆側に立って欧米に宣戦布告をするものの、たちまち敗北してますます列強に隷属するようになった。それを見た日本人は同じアジア人として中国を助けようとは思わないで、「中国は頼りにならない。日本がアジアを背負って戦わないといけない。中国はわれわれに協力すべきなのに、そうしないのは欧米に蹂躙されているからだ。欧米に媚《こ》びへつらう傀儡政権をやっつけなければならない」と考えるようになったのです。

それからの日本の進路については正反対の二つの見方があります。どちらが正しく、どちらが間違っていたかについては日本国民のあいだではまだ決着がついていないようで、おたがいに相手を罵倒し合っています。大日本帝国の真の意図はアジアを解放することであって、資源が乏しい日本が欧米の侵略に対抗するためには資源を獲得し活用して軍事力を築かなければならず、そのためには、アジアを植民地にして資源を利用するのは、やむを得ない手段であったが、残念ながら日本の理想はアジアに理解されなかったという見方がひとつ。大日本帝国は、野心に駆られ、軍事大国になってアジアを侵略し支配するのが本来の目的であって、アジア解放の理想を追求しているかのように見せかけたのは世を欺くための口実に過ぎなかったという見方がもうひとつ。どちらの見方も可能です。

敗戦前には日本人の多くは次のように考えていたのではないでしょうか。すなわち、アジアを侵略する欧米にはじめから日本だけで対抗しても負けるから、アジアの諸民族を味方につけて、その協力を得る必要がある。アジア解放の大義のため、朝鮮や中国は日本に協力すべきだ。ところが、愚かな朝鮮人や中国人はアジア解放の大義も日本人の善意も理解しないままにいたずらに反抗するので、彼らを目覚めさせるためにやむを得ず、軍事的手段に訴えざるを得なかった、と。福沢諭吉などの脱亜入欧論者や、軍人では少なくとも石原莞爾などは、「アジアを植民地にして資源を利用することが必要だ」などとはっきり言ったわけではないけれども、そのように考えていたのではないでしょうか。

他方、大日本帝国から現実に大変な被害を受けた韓国（朝鮮）人や中国人から見れば、欧米も日本も同じ侵略者であることに変わりはなかったでしょうね。日本人が主観的にはどう思っていたにせよ、大日本帝国が自己中心的で視野狭窄《きょうさく》に陥っていたことは間違いなく、中国人や韓国（朝鮮）人を蔑視していては、彼らの協力が得られるはずもないのに、彼らから日本がどう見えるかということをほとんど気にしていなかった。

――大東亜共栄圏を謳《うた》う割には、日本人は朝鮮人や中国人を殴ったりして嫌われます。「一緒に欧米と戦おう」と呼びかけるのであれば、行いをただして、協力したくなる存在になっておく必要があったのではないでしょうか。

岸田　いま思えばまったくその通りです。どうしてその発想がなかったのか。わたしも小学生のとき、もと水兵だった教師によく殴られましたよ。彼は別にサディストではなく、生徒を正しく導くためには殴るのがいいと思っていたようです。当時の日本人は殴るのが平気だったのですね。しかし、殴られる中国人や朝鮮人やフィリピン人にとっては大変な侮辱で、日本人はそのことに気がついていなかった。いたずらに反感を買っただけでした。でも、近代日本の指導層は、中国人や朝鮮人に対してだけでなく、日本人自身に対しても残酷でした。欧米と戦うためには、国民を厳しくしつけ、過酷な義務を強いるのはやむを得ないと思っていたようです。

戦争中は「いまは非常時だ」と強調されていました。非常時だと思わなければ、戦う元気が出なかったからでしょう。対するアメリカ軍では「いまは非常時だ」なんて言う必要はなかったでしょうね。戦争は日常からそれほどかけ離れたものではないからです。アメリカ人は銃を一人一挺以上もっていて、銃による殺人事件は年間一万件以上あって全然めずらしいことではない。一方、銃をもっていた日本人なんて、明治まではほとんどいなかった。明治以後だって銃なんか見たことがない人がほとんどでしょう。つまり、日本人にとって銃で人を殺すなんてとんでもないことであって、常時ではできないことだったのです。

機能不全に陥った日本軍

――明治維新以降、日本はずっと非常時だったんですね。

岸田　何のために人殺しをしなきゃならないのかよくわからない百姓町人を叱咤《しった》激励して無理やり戦意をかき立てなければならなかったのでしょうね。いまは非常時なんだとたたき込まないと、常時にはできないことをする気に、すなわち、人間に銃を向ける気になれないということがあったんじゃないでしょうか。非常時だと緊張します。緊張するのは疲れるので長続きしません。緊張しないと戦えない人と、緊張しない常時でも戦える人とが戦えば、どちらが有利かははじめからわかっています。

日本兵はつねに緊張を強いられていました。上官には直立不動の姿勢で敬礼しなければならないし、兵器は陛下から預かったものだから貴重品のように扱わなければならないし、息を抜く暇がありません。戦っていないときのアメリカ兵は上官に友達のような口を利くし、ふざけて大砲に跨《また》がって遊んだりしている。緊張していると疲れるのです。いざというとき、どちらの兵士が元気よく戦えるかは明らかです。

戦争中、「月月火水木金金」という歌がありましたが、土曜日も日曜日もなしにがんばらなければならないということになると、本当にがんばらなければならないときにがんばれませんよ。

――このあたりで停戦しよう、とは考えなかったのでしょうか。

岸田　戦争不拡大論はつねにありました。石原莞爾は満州事変の首謀者ですが、日中戦争（支那事変）には大反対だった。「中国と事を構えるのはよくない、満州でやめておけ」と。そうしたら「おまえは自分だけ手柄を立てて、おれたちが手柄を立てるのを邪魔するつもりか」と、武藤章《むとうあきら》などほかの将軍たちが承知しなかった。日米戦争が始まったあと、大本営は中国に駐留する各部隊に、今後は対米戦に主力を注がねばならないから中国での戦闘はなるべく控えるようにと通達したのですが、それではわが部隊は手柄を立てられず、隊員の士気が殺《そ》がれると、大本営の命令を無視して無用な作戦を強行しいたずらに大損害を被った部隊もあったのです（第二次長沙作戦）。

日本の軍人たちのなかには、戦争をするかしないかを国のために必要か否かの基準で判断するのではなく、自分が手柄を立てることができるかどうかで判断する者がいたということです。それでは、国の全体的戦略という視点が欠けているのだから、最終的には戦争に負けるのは当然です。負けるとわかっていても、なかなか戦争が止められないのは当然なのです。

日本軍の降伏、ポツダム宣言の受諾が遅きに失したのは、このところ負け続けており、ここで降伏したのでは大日本帝国軍の末代までの恥であるから、何とか敵に一矢報いて大打撃を与え、名誉を挽回してからと（一撃講和論）、軍部が強硬に反対したからだそうです。日本軍はもうすでにほとんど戦力を失っており、敵に大打撃など与えられるはずもなく、そのため、ほんの数日早く降伏していれば避けられた原爆投下とソ連参戦を招いたわけですが、軍部は、日本国、日本国民の損害や苦難を避けるよりも國體を護持し、軍の名誉を守ることを優先させたのです。

日本軍は天皇の軍隊であって、天皇が絶対だといわれていましたが、それはタテマエであって、現実に天皇が絶対的に崇拝されていたわけではありません。「裕仁《ひろひと》天皇が戦争の邪魔になるようなら、廃嫡して弟の高松宮《たかまつのみや》を立てようか」という動きもあったそうです。つまり、「天皇の首をすげ替えることはできる」という思想があったのです。軍部は武士の後継者と考えれば、かつて足利尊氏が天皇の首をすげ替えたのと発想は同じです。戊辰戦争のときの西軍は天皇を「玉」と呼んで道具視していたそうですが、武士は伝統的に天皇をそのようにとらえていたのです。

――日清日露の両戦役で強かった日本軍が、昭和に入ってから機能不全に陥った理由はどこにあるのでしょうか。

岸田　まず、近くのことを問題にすると、日清日露の両戦役で勝って日米戦争に敗北した最大の原因と考えられるのは、冷静に彼我の戦力と現状を判断し、相手側の弱点に乗じることができたかどうかということです。もうひとつは、昔の武士と近代の軍人、明治の軍人と昭和の軍人の違いにあったかもしれません。日清日露の両戦役の指揮官は戊辰戦争を戦った元士族でしたが、日米戦争を指揮した昭和の日本軍のトップは陸軍士官学校や海軍兵学校を優秀な成績で出た連中で、要するにエリート官僚でした。そこに大きな違いがあった。明治政府の官僚制が成立してから七十年、官僚というのは時が経つにつれて硬直化するものですが、硬直化した官僚はどうしても自分が所属する共同体である省庁を介してしか事態を見なくなり、視野が狭くなっていきます。自分のこと、省益のことだけを考える現代の官僚のように、また、自分が手柄を立てたいばかりに石原莞爾に反対した軍人のように、大東亜戦争を戦った軍人は自分のことだけ、陸軍は陸軍の、海軍は海軍の面子と評判だけ、陸海軍の各部隊は自分の部隊の戦功のことだけ、いくらか視野を広げるとしても軍のことだけを考えるばかりで、戦略全体、国益全体を考えないという欠陥があったのではないでしょうか。たとえば、惨敗を喫したミッドウェイ海戦においても、一部の部隊はわが部隊にも手柄を立てさせてほしいと、ミッドウェイ攻略のための戦力の一部を割いてアリューシャン列島のアッツ島とキスカ島を占領しましたが、この占領は当の部隊がアメリカの領土の一部を奪取したと自己満足しただけで、ミッドウェイ海戦とは無関係で何かの役に立ったわけでもなく、のちにアッツ島の日本軍最初の玉砕という悲劇を招いただけでした（キスカ島守備隊は無血撤退しましたが）。

　学校での優等生とは、要するに、学校で教わったことに忠実な人です。近代戦では、新兵器が次々と発明されるし、戦術は日々変化発展するので、かつて成功した戦術に固執《こしゅう》する側が負けると言われています。日本人は年功序列を重んじる癖があります。日本軍でも学業成績のいい順に高い地位につき、その後の戦功は考慮されないため、先例というか伝統をよく記憶し墨守《ぼくしゅ》する能力には優れているものの、臨機応変の作戦指導力は劣る官僚体質の者がリーダーに選ばれがちだったことも敗因のひとつだったかもしれません。先例の墨守と言えば、日本海軍は日本海海戦の大戦果が忘れられず、大艦巨砲主義に固執し、巨費を投じて戦艦大和と武蔵を建造しましたが、戦艦大和はミッドウェイ海戦に参加したものの途中で引き返し、レイテ島ではアメリカ軍に多大の損害を与えるチャンスがあったにもかかわらず敵前逃亡し（「謎」の反転ということになっています）、沖縄戦ではすぐ撃沈されることがわかっているのに特攻出撃し、結局、何の役にも立ちませんでした。大和と同じタイプの戦艦武蔵はレイテ沖海戦に出撃しましたが、戦果をあげることなくシブヤン海で撃沈されました。

アメリカ海軍にも大艦巨砲主義はありましたが、真珠湾を奇襲されて戦艦が簡単に航空機に沈められたのを見て、ただちに航空機重視に切り換えました。しかし、日本海軍は、自軍の航空機が真珠湾奇襲で大戦果をあげたにもかかわらず、「和」の精神から戦艦派の同僚の面子と活躍の場を奪うわけには行かないと考えたのか、航空機重視への切り換えは遅々としてしか進みませんでした。

ナチスドイツと日本の共通点

――アメリカは完全に日本の敵に回り、日米通商航海条約の破棄を日本に通告しました。第二次世界大戦が始まり、軍需資材の入手が困難になると、日本は、石油、ゴムを求めて南方に進出します。日独伊三国同盟が締結されたことでアメリカは日本への経済制裁を本格化します。

岸田　ドイツと組んだのは大失敗でしたが、心情的には共感があったのだと思います。ドイツと日本は、ともに広大な帝国の周辺国だったのです。

ドイツはヨーロッパの一国ですが、ドイツ人はそんな風には思っていなくて、かつてはヨーロッパ全体がドイツだったと考えている節があります。かつてヨーロッパの覇権を握っていたのはゲルマン民族だったのがローマ帝国に侵略され、あちこちでローマ化され、ゲルマン圏から脱落した。それがラテン語の方言を国語にしているポルトガルやスペインやフランスだとドイツ人は思っているらしい。日本がかつて韓半島の一部は日本だったと思っているのと似ています。

日本が中国から東夷と蔑《さげす》まれたように、ゲルマン民族はローマ帝国から蛮族と差別され続けました。古来の伝統的な多神教を棄《す》てさせられ、キリスト教を押しつけられた。そのため、本来の文化と押しつけられた文化の二重構造をもっているところが日本と似ているのです。

近隣の大帝国（ローマ帝国）に抑圧されていた本来のゲルマン文化が復活し爆発したのがナチスであり、同じく近隣の大帝国（中華帝国）に抑圧されていた古来の大和文化が復活し爆発したのが大日本帝国だったと考えられないこともないですね。「本来のゲルマン文化」「古来の大和文化」など、本当にあったのでしょうか。いずれも幻想だと思いますけどね。要するに、単なる利害で結びついていたのではなく、日本はドイツに心情的な共感があった。心情的な共感などで外交政策を決めるのは愚の骨頂ですが……。

ナチズムは明らかに宗教です。第一次世界大戦で屈辱的な敗北を喫して、ベルサイユ条約で法外な賠償金を課せられたことでドイツは現実から逃避して退行し先祖返りをしたのでしょう。「ローマ字が入ってくる以前にはゲルマン民族固有の文字があった」とナチスは主張していました。もちろん嘘っぱちだと思いますが、「あったんだ」とナチスは言いたいのです。根拠は何ひとつありません。金髪碧眼《へきがん》長身のアーリア人というのも架空のものです。要するに、ドイツ人はこう言いたかったのです。「われわれの先祖はアーリア人であり、ユダヤ＝キリスト教に穢《けが》される前は別個の独立した神々や言葉や文字をもっていた」と。ユダヤ＝キリスト教と言って、ユダヤ教とキリスト教を結びつけていますが、ユダヤ教とキリスト教はゲルマン民族至上主義のドイツ人にとってはゲルマン民族を穢した敵として同じ穴の貉だったのです。

ゲルマン神話の最高神はヴォータンといいますが、ユングは「ヒトラーはヴォータンの生まれ変わりである」と言っています。ゲルマン民族の純粋さを穢す者としてユダヤ人差別が起こったのも、自前の宗教を奪われてしまったゲルマン人の内的自己と外的自己の葛藤の結果でしょう。ユダヤ人差別には他のヨーロッパ諸国の支持がありました。本当はキリスト教もユダヤ教もまとめて攻撃したいのですが、強いキリスト教はまともに攻撃できず、弱いユダヤ教は叩きやすいから叩いたのでしょう。ユダヤ＝キリスト教に穢されたと思い込んでいたゲルマン民族の恨みはそれだけ深かったのです。

――ユダヤ人皆殺しってすごい話ですよね。

岸田　六百万人殺したという説と、それほど多くはないという説がありますが、どちらにせよすごい話です。ユダヤ＝キリスト教にそれだけ深い恨みがあったということじゃないでしょうか。日独同盟はヨーロッパの被差別民族とアジアの被差別民族が同盟したと考えればわかりやすい。日本もドイツも被害者意識に凝り固まっていたのです。

日独同盟には日本海軍は反対したものの、陸軍が賛成して強力に推し進めたようです。半藤《はんどう》一利《かずとし》さんの説によると、ドイツ政府は日本の陸軍将校が訪独してくると魅力的なドイツ女性を抱かせてくれたそうで、それが陸軍が日独同盟に大賛成であった理由だとのことですが、ほんとですかね（笑）。

――自分たちの宗教に先祖返りするという点で、大日本帝国とナチスは共通する部分が確かにありますね。皇民化政策によって天皇崇拝と日の丸掲揚、君が代斉唱が国内外で強要され、台湾および韓国では日本語の使用と台湾神社・朝鮮神宮への参拝を強要し、さらに創氏改名も行われて日韓両民族の結婚が奨励されました。『物語韓国史』（中公新書）を書いた金両基《キムヤンキ》さんは「日本人は国家どころか民族まで抹殺しようとした」とおっしゃいます。「創氏改名はルーツを奪い、アイデンティティの根拠を奪うためだ」とも。日本政府にはそんな意図は必ずしもなかったでしょうが、韓国人がそう受け取ったのも無理もない話だと思います。

岸田　日本人は、祖国の言葉と祖先からの氏姓を奪われた韓国人の気持ちに、あまりにも無頓着でした。

なぜ日本はハル・ノートを拒否したのか

――ベトナムと中国から撤退し、満州事変以前の状態に戻れと命じるハル・ノートを日本に突きつけたアメリカは、最初から日本を叩きつぶそうと考えていたのでしょうか。

岸田　日本は折れると踏んでいたのではないでしょうか。国力・戦力から見て、日米が戦えば、アメリカが勝つのはわかりきっているから、まさか日本が戦争を仕掛けてくるとは思っていなかったのでしょう。当時の駐日大使グルーは本国政府に日本人ならそういうことはやりかねないと警告していたのですが、無視されました。

アメリカにとって、日本は目障りだったのでしょうね。アメリカはフィリピンを植民地にしていたし、インドは友好国のイギリスの植民地でした。ところが、日本人は生意気にも白人と同じようなことをやりはじめた。韓国を併合し、満州国を建国した。第六章でも言いましたが、昔からの古顔の暴力団が同じようなことをやりはじめた新入りの、しかも有色人種の暴力団を咎《とが》めだてたのです。アメリカは、タテマエとしては「自由・平等・民主主義」を掲げていますが、やはり暗黙の前提として植民地をもつ権利があるのは白人だけだと思っていたから、「白人でもないくせに、白人のまねをしようなんて生意気な野郎だ。いい気になるんじゃない。引っ込んでろ！」と脅しをかけたのでしょうね。

しかし、日本は引っ込まなかった。ペリーに強姦された屈辱は深く、その屈辱をすすごうと近代日本は必死の努力を重ね、多大の犠牲を払ってやっとここまで辿り着いたのです。ハル・ノートは、要するに、明治維新前に戻れということで、日本が承認するはずはありません。アメリカは、騎兵隊に必死に抵抗する先住民の思いを理解しなかったように、日本人のこの必死の思いを軽く見て、負けるに決まっている対米戦争の危険を冒すよりはアメリカの言いなりになるだろうと判断していたのではないでしょうか。

――もし日本が耐え難きを耐え、忍び難きを忍んでハル・ノートを承認していれば、どうなったでしょうか。

岸田 政府がひっくり返ったことは確実でしょう。その後どういう政府ができたか……。南部仏印（今のベトナム南部）に侵攻したのは、米《コメ》が目当てだったと言われていますが、当時の経済事情・食糧事情からいって、経済は破綻し、飢饉になって大量の餓死者が出たかもしれないですね。内乱も起きたかもしれません。日本国民もカッカしていたし民間右翼ものさばっていたから「アメリカと戦争すれば負けるだろう」なんて政治家や軍人が言い出せば叩き殺されかねない危険があった。山本五十六《やまもといそろく》は戦争に反対だったそうだけれど、それを口にすれば暗殺されていたかもしれません。事実上、対米戦争を避けるには、ハル・ノートを受け容れるしかなかったのでしょうが。

しかし、ペリー以来の、とくに開戦前のアメリカの日本に対する脅迫と侮辱を知らない者には、なぜ日本がハル・ノートを受け容れなかったか、なぜ工業生産力が十倍もあるアメリカと戦争を始めたか、なぜ日本軍が玉砕や特攻を敢行してまで必死に戦ったかを理解できないでしょうし、気が狂ったか、それとも底抜けの馬鹿かとしか思えないでしょうね。いずれにせよ、戦争しなかったなら、現在のような平穏で豊かな生活が享受できたのに、わざわざそれを捨てて無謀な戦争に踏み切った、というのではないことは確かです。負けてから無謀な戦争であったと言うのは簡単ですが、それほど無謀でもなかったという説もあります。

——大久保利通にしても小村寿太郎にしても、日本人は現実と格闘している人には何の評価もしないですよね。

岸田　日本では、不愉快な現実を直視することを説く現実主義者は人気がないのです。日米戦争に関しても、会議では勇ましいことを言う奴が勝った。客観的に明々白々に正しい議論が勝つのであれば、インパール作戦なんかやっていません。日本兵がわざわざ餓死しに行ったようなこの馬鹿げた作戦も、牟田口廉也《むたぐちれんや》陸軍中将は確かに現実離れした妄想的な人でしたが、彼一人で決めたわけではなくて、大本営の裁可があったわけです。「補給が続かない」という危惧は当然あったのに無視された。ガダルカナルも同じです。

日本軍の負け戦さの多くは、日本軍の戦力・補給力を過大評価したことが原因です。正しく認識すれば、アメリカ軍の戦力と比べて日本軍が劣ることは明白だから、これなら勝てるというレベルまで日本軍の戦力を過大評価して戦おうとする。はじめから現実離れしているから、当然、作戦行動に齟齬をきたし、必然的に負けるのです。孫子の兵法が説いていたように、日本軍が彼我の戦力の冷静で客観的な評価に基づいて戦っていたとすれば、もし最終的に負けたとしても、あれほどの惨敗はせず、アメリカ軍にもっと大きな損害を与えていたはずです。日本軍の作戦いかんによってはそのチャンスはあったのではないか。多大の損害に懲《こ》りたアメリカはもっと日本に有利な条件で講和に応じたかもしれません。日本軍は作戦のまずさのゆえに、鍛えに鍛えた優秀な兵員を無意味に浪費したのです。

真珠湾攻撃を決定したのは、当時の日本最高のエリートです。軍部のアホが馬鹿なことをやったのではなく、優秀な頭脳の持ち主が勝てるはずのない戦争を始めた。日本は現実に立脚して戦争をしたのではなく、プライドのために戦争をした面があったのです。その結果、三百十万人も殺されたわけです。

――かつて無理やりに開国させられた恨みを真珠湾で晴らそうとしたということですね。アメリカ人は真珠湾攻撃を卑怯だと言いますが、市民はほとんど殺していない。軍事目標以外はいっさい狙いませんでした。

岸田　どのツラ下げて、アメリカ人はそんな厚顔無恥なことを言うのでしょうか。自分のことを棚に上げるのは、建国以来のアメリカの伝統ですが、それにもほどがあります。真珠湾奇襲の前にアメリカは日本を追い詰めるハル・ノートを突きつけているのですから。日本軍が卑怯だというのはアメリカ側の宣伝であって、戦争全体を見ればアメリカ軍のほうがはるかに卑怯です。アメリカは、日本が先に卑怯にも宣戦布告前に真珠湾攻撃をしたからという口実で原爆投下を正当化していますが、新大陸に到着して難儀していたアメリカ人（まだアメリカ人ではなかったですが）に食糧を与え、寒さのしのぎ方を教えてくれた先住民を何のいわれもなく虐殺したりしているのだから、相手が先にひどいことをしたから報復したという言い訳は成立しません。

日本側には、戦争というのはプロとプロがやるものだ、という思想がまだ残っていたのです。この思想から言えば、不意打ちは決して卑怯ではありません。いつ襲われてもいいように用心しておくのはプロとしての当然の心構えであって、隙を突かれたと文句を言うのはプロの恥です。徳川時代、襲われて刀の鯉口を切っていなかったというのは家名断絶に値する落ち度だったと言います。この思想では、無防備な非戦闘員を大量に殺した本土空襲、とくに原爆投下を軍艦と軍事施設しか攻撃しなかった真珠湾奇襲に対する報復だとして正当化することこそ卑怯の最たるものです。

第一次ソロモン沖海戦で、三川《みかわ》艦隊が敵の巡洋艦を四隻沈めただけで満足して、丸裸になった輸送船団をみすみす見逃したのも、近代戦が補給の戦いであることがよくわかっていなかったということが根本にあって、輸送船を撃沈するのは誇らしい戦果だと思っていなかったからでしょうね。「輸送船を攻撃するなど、帝国海軍の名折れだ」くらいに思っていたのかもしれませんね。ところが、日本の輸送船は狙われてどんどん沈められるから、日本軍はアメリカ軍を「卑怯」だと怒っていた。「卑怯」に関して日米に文化の違いがあるのかもしれません。近代日本の屈辱は、軍事力でペリーに恫喝されたところから始まっています。だから、日本が真に屈辱をすすぐためには軍と軍との対決でアメリカに勝たねばならないとでも考えていたのかもしれません。ごく大まかに言えば、日本軍は観念に基づいて戦い、アメリカ軍は現実に基づいて戦っていたのではないでしょうか。

真珠湾奇襲からミッドウェイ海戦に惨敗するまでの半年間は、黒船来襲から現在までの百六十年間で、日本国民が勝利の希望に燃えて、唯一、屈辱感から解放され、心から幸福だった時期だと言えるかもしれません。しかし、その幸福の代償は三百十万人の日本人の生命という、えらく高いものについてしまいました。その半年間を除けば、その前もあとも、近代の日本国民は不安におののき、屈辱にまみれた時期しか知りません。

国益ではなくプライドこそが国家を動かす

岸田　日米戦争における日本人の戦い方は、この戦争の目的が現実的あるいは合理的なものではなかったことを示しています。インパール作戦に関して、敵の司令官はなぜ日本軍があえて負けに来るかのような行動をするかが理解できず、「日本軍は馬鹿をわざわざ選んで作戦参謀にしているのではないか」と不思議がったといいます。作戦の要諦《ようてい》は敵に与える損害を最大限に増やし、味方の被害を最小限にするという単純明快なことですが、日本軍は、そういう具体的戦果のためよりも、日本兵の死を恐れぬ勇気、類い稀な攻撃精神と敵愾《てきがい》心、おのれを捨てて大義のために尽くす大和魂を誇示するために、すなわち、現実に勝つためではなくプライドを守るために戦っているかのようでした。まるで、大和魂を誇示していれば、神々も照覧してくれて天佑《てんゆう》神助が得られ、自動的に勝利が舞い込んでくるとでも信じていたかのように。日米の戦いは精神対物質の戦いであると言われ、精神が物質に負けるはずがないということになっていました。なぜ日本軍がそのような非現実的な精神主義に陥ったかというと、現実的に考えれば、アメリカ軍に勝てないのは明らかなので、勝つ希望をもつためには、現実を無視するしかなかったという哀れな事情があったからでしょうか。

軍の上層部、司令官、参謀などがそう思い込んでいるのは気分がいいかもしれないけれど、そういう現実離れしたイメージを押しつけられて実際の戦場で「死を恐れぬ勇敢な兵士」を演じなければならなかった個々の日本兵は、それこそ人間離れした無理な行動を強いられ、悲惨の極みに追い込まれました。

プライドを守るということが日本軍の戦争目的だったとすれば、特攻も玉砕も理解できないこともないですね。玉砕なんて、機関銃を並べている敵の陣地に向かって突撃するのだから、敵に損害を与える効果がないことは言うまでもありませんが、「死を賭して、命を捨てて戦う日本兵」というプライドは守ることができます。アッツ島やサイパン島での玉砕作戦がいたずらに戦死者を増やすだけで、戦果がないことに気づいて、さすがにペリリュー島や硫黄島や沖縄では玉砕作戦、バンザイ突撃はやりませんでしたが。

戦艦大和も、出撃すればすぐ沈められることはわかっていた。しかしなぜ出撃したか。戦艦大和は大日本帝国海軍の象徴として擬人化されていたのです。その大和をアメリカに生け捕りにされてたまるか、という考えがあったようです。敗戦後、戦艦長門は核兵器の実験に使われて沈められましたが、日本が敗北するのはもうわかっていたから、大和を温存していれば、アメリカ軍に戦利品としてメチャクチャにされると予想して、「戦って壮烈な最期を遂げさせたい」というのが動機だったんじゃないでしょうか。大和の乗組員は三千人も死んでいます。アホらしいと言えばアホらしい話です。連合艦隊のシンボルである戦艦大和がみじめな最期を遂げるのを避けるためだけに、三千人が命を失ったのですから。しかし、日本人の多くは戦艦大和の最期の特攻出撃をアホらしい話だとは思っていないようです。その証拠に、『宇宙戦艦ヤマト』というアニメ映画が製作されたし、呉《くれ》には、大和ミュージアムがあり、十分の一サイズの精密な戦艦大和が建造され、別室の壁には出身都道府県別の乗組員全員の名前が彫り込まれています。

玉砕や特攻にしても、「日本人は死を恐れずに戦うんだ」ということを示したかったのでしょう。でも、日本人のプライドに基づく主張は、アメリカ人には通じなかったようです。

——気持ちを見せることが何よりも大事だった、と。国民全体の行動原理が合理性に基づいていないわけですから、日本軍の戦争が後世から見て合理的でないのは当然ですね。

岸田　独裁国だろうが民主主義国だろうが、民衆の意向には逆らえません。ヒトラーだって、ドイツ国民の熱狂的な支持に支えられていたわけで、独裁者一人がみんなを引きずっていったわけじゃない。ミュンヘン会議でズデーテンをチェコスロバキアから奪ってドイツ国民にあれほど熱狂的に称賛されたら、ヒトラーならずとも、次はポーランドを侵略したくなります。

――ヒトラーがドイツ国民を熱狂させるストーリーを提示したように、大日本帝国は日本国民を熱狂させる物語を提供した。それが黒船でやってきたアメリカへの復讐の物語だったんですね。

岸田　支配者が国民を熱狂させるストーリーを創始するというより、国民が広く漠然と抱いているストーリーを汲み取って明確な形で提示する者が支配者になれるのです。国民はつねに何らかの物語で生きており、物語が必要ですから。

――物語に欠陥があろうと、そこは見えない。

岸田　なかなか見えないのです。個人の場合も国家の場合も、おのれが信じている物語に基づいてプライドや存在価値、目的を維持しているのですから。国家は国益だけで動いているのではありません。むしろ、プライドで動いている部分が大きいのではないでしょうか。日本がアメリカと喧嘩したのも経済問題からというより、プライドの問題が大きい。アメリカは日本をなめてかかっていました。なめてかかられて日本は癪に障っていたのです。日本としては、アメリカに負けるにしても一泡吹かせたい、と思っていた。一泡は吹かせたけど、こちらは百泡吹かされた。

ドイツも限界をまるでわきまえずに、英仏と戦争しながらソ連とも戦争して、アメリカとも事を構えたわけです。国家はプライドで動くのです。純粋な国益で動いている国がどこにあるでしょう。アメリカだって、ベトナム戦争やイラク戦争が国益に役立ったでしょうか。あれこそ何の得にもなっていない。アメリカの国際的な評判も落ちるし、財政は厳しくなるし、アメリカ兵も死ぬ。

まず、アメリカはベトナム戦争でプライドが傷つきました。世界の大国アメリカがアジアのあんなちっぽけな国にやられたのですから。傷ついたプライドを取り返したいのです。そこで、湾岸戦争を始めて今度は簡単に勝った。それで、世界はアメリカの威信を恐れ、反抗してくる馬鹿はもういないと思っていたら、九・一一の同時多発テロが起こった。そこで、アフガニスタンへ、イラクへと侵攻して泥沼に陥ったわけですが、アメリカがこの戦争を国益のために始めたのではないことは明らかです。アメリカも傷つけられたプライドを立て直そうと必死なのです。

いまの韓国（朝鮮）だって、反日が国益にならないことは明らかでしょう。プライドの問題なのです。日本に植民地にされたことでいまの韓国（朝鮮）人はプライドが深く傷ついているというわけですが、しかし、かつては韓国（朝鮮）人のなかにも日韓併合に賛成の者もだいぶいたし、日本名を名乗って日本人になりたがった者、自ら進んで従軍慰安婦や特攻隊員になった者、日本のアジア解放の理想を信じて、日本兵として真剣に戦った者もいたといいます。でも、いまとなっては、そんな韓国（朝鮮）人がいたことを認めては、プライドが大いに傷つく。そこで、そういう事実は隠蔽され歪曲されて、歴史が捏造されています。現在の公式見解では、韓国（朝鮮）人は一人残らずみんな嫌々ながら強制されたということになっている。

世界の歴史はアホなことばっかりですよ。日本だけじゃありません（笑）。

今なお続く占領

――それにしても、日本はもう少し早く降伏できなかったのでしょうか。

岸田　敗戦後に考えれば、誰だって、サイパン陥落のときになぜ降伏しなかったのか、降伏していれば本土空襲による八十万人の非戦闘員の死者を出さずに済んだ、あのとき降伏していれば原爆を落とされずに済んだ、ソ連の参戦を招かずに済んだ、などといくらでも後悔の種は尽きませんが、当時の指導者に決断力がなかったのです。彼らは希望的観測を捨てられなかった。さっきも言ったように、どこかで起死回生の一打を打てないか、ここまで惨敗して降伏すればいくら何でも面子が立たない、何とか敵に致命的一撃を与えてからでも遅くはないのではないか、ソ連が講和の仲介をしてくれるのではないかなど、現実味がまったくないむなしい期待にすがっていました。軍部の連中はおのれの面子が大切であって、開戦の責任からも敗戦の責任からも逃れようと必死で、最前線で飢えている兵士のことや、空襲で殺され続けている国民のことは考えていなかったのでしょう。「國體の護持」にはこだわっていましたが。開戦を決断した軍部の心情はわからないでもないですが、敗北が決定的なのにずるずると降伏を先延ばしにしたことに関しては同情の余地はありません。

しかし、アメリカ側としては、日本が致命的壊滅状態になる前に戦争を止めて余力を残し、ふたたび敵対勢力としてのし上がってくるのを防ぐのが戦争目的であったと思われます。戦争をいったん始めたからには、アメリカは日本を徹底的に叩きつぶすつもりだったのでしょう。だから、日本に降伏させまいとして、日本がいちばん気にしていた天皇制維持の保証を明示しなかったのではないでしょうか。せっかく巨費を投じて開発した原爆を使用する前に、アメリカの恐ろしさを日本人が肝に銘じる前に日本に降伏されたくはなかったのではないか。日本の戦力を殺ぐためには不必要なのに、老人と女子供しか残っていない全都市をあれほど徹底的に空襲したこと、敗戦後の占領政策における教育の改革や東京裁判が日本人のプライドを潰すことに重点を置いていたことなどを考えると、降伏がずるずると遅れに遅れたのは日本の軍部だけの責任とは言えないと思います。目的は異なりますが、戦争を引き延ばそうとした点では日米両軍は一致していたという奇怪なことも考えられないではありません。

——日本にとって、真珠湾攻撃はペリーの黒船への復讐でしたが、アメリカもまた、ペリーの黒船を太平洋戦争に重ね合わせていたようです。一九四五（昭和二十）年九月二日、東京湾の戦艦ミズーリ艦上で日本の降伏文書調印式が行われた際、ペリー艦隊の旗艦「ポーハタン」号に掲げられていたアメリカ国旗が本国より持ち込まれ、その旗の前で調印式が行われたからです。

岸田　アメリカは日本に対して「おまえらは、結局おれたちの命令を聞くしかなかったんだよ」と言いたかったのでしょうね。アメリカの目的はそこにあったと思います。歴史は繰り返すのです。一八五三年の浦賀港での黒船の威嚇を、一九四五年の東京湾の戦艦ミズーリが再演したのです。「おまえら日本人はペリーの要求が不満だったかもしれないけれど、言う通りにする以外なかったんだ、反抗するとこういう目に遭うんだ」と教えたかったのではないでしょうか。アメリカからすれば、沖縄戦に勝ち、すでに勝敗が決している段階で原爆を落としたというのは、「おれに反抗するとこういう目に遭うんだ」という脅しでしょう。「勝つために必要だった」というのは、やはりアメリカ人も原爆投下には後ろめたさがあるので、それを正当化してごまかすための嘘です。戦後日本を支配するために、日本をギャフンと言わせておきたかった。その目的を隠蔽し、対日戦を正当化するために開いたのが東京裁判です。東京裁判は日米戦争の継続です。武器こそ使われませんが、日米戦争はまだ継続していて、現在、日本はアメリカ軍の占領下にあります。沖縄で強姦や強姦殺人事件が時に起こるのは、占領下だからです。アメリカ兵は占領しているつもりなのです。日米戦争が終結するのは日本にアメリカ軍の基地がなくなったときです。

第八章

東京裁判の精神分析

道義の面で負けていたアメリカ

――東京裁判は強い暴力団が昔からの縄張りを荒らした弱い暴力団を制裁するようなものだったと岸田さんは書いておられます。勝者が敗者を裁く裁判などあり得ません。世界中を侵略し、植民地にして支配していた欧米が、アジア侵略のかどで日本を裁く根拠、正当性はどこにあったでしょうか。

岸田　正当性なんてどこにもありません。第六章でも言いましたが、古顔の暴力団が生意気にも同じようなことをやりはじめた新入りの暴力団に腹を立てたのです。

――アメリカは単に軍事的に日本に勝っただけでは満足できなかった。正義の立場に立って悪者の日本を裁く必要があったということですね。

岸田　そうです。戦争というのは単に軍事力の争いであるだけでなく、道義の争いでもあります。軍事的には日本はアメリカに完敗したけれど、道義的にはどうだったでしょうか。アメリカは「道義的に日本に勝った」という自信がなかったのではないでしょうか。戦争というのは結局のところは人殺しで、兵員同士が殺し合うのは避けられませんが、軍事的に不要な人殺しは国際法上、禁じられています。日米戦争の全貌を見れば、どちらがより多く無意味に相手国の非戦闘員を殺しているでしょうか。どちらの戦争の仕方がより卑怯だったでしょうか。どちらの武器が必要以上に残忍だったでしょうか。

原爆を持ち出すまでもなく、無意味に多くの非戦闘員を虐殺したのは明らかにアメリカのほうです。アメリカは非戦闘員を無差別に大量虐殺したばかりか、捕虜の虐殺までやりました。もちろん、捕虜を殺したのはアメリカばかりではありません。「アメリカ軍が空襲で一般市民を殺しているのはけしからん」と日本兵が怒ってアメリカ兵の捕虜を日本刀で叩き斬ったことは確かにありました。日本軍では捕虜になるのは恥ずべきことだとされていたので、日本兵はアメリカ兵の捕虜を軽蔑して残酷に扱う傾向があったようです。B29が撃墜されて落下傘で降りてきた搭乗員を住民が叩き殺したこともあちこちであったそうです。九州帝国大学医学部で医学研究のため捕虜のアメリカ兵を生体解剖したこともありました。

でも、日本軍の場合は個人の散発的な犯罪でしたが、アメリカ軍には投降してくる日本兵を撃ち殺すことを基本方針にしていた部隊すらあったそうです。アメリカ軍の場合は組織的犯罪でした。これは、重大な違いです。しかも、アメリカ兵の捕虜を虐殺した日本兵は徹底的に捜査されて処刑されましたが、日本兵の捕虜を虐殺したアメリカ兵は処罰されていません。そのあたりのことについては、ジョン・ダワーというアメリカ人が『人種偏見』（TBSブリタニカ）のなかで詳しく書いています。

日米戦争においては日本軍は一般市民を攻撃したことはなく、真珠湾奇襲のときも軍事施設以外は攻撃しなかった。前にも言いましたが、日本人は戦争を武士と武士の戦いのように考えていたところがあります。もちろん、それはまだ旗色がよかったはじめの頃のことで、敗色が濃くなって追いつめられた日本兵が武士道を守っていたわけはないでしょうが……。ともかく、日本海海戦の名残りで、海戦とは軍艦と軍艦で撃ち合うことだと思っていたとか、補給船・輸送船は狙わないとか、武士道的な精神はあったのです。インド洋では日本海軍の潜水艦はイギリス軍の輸送船を撃沈していますが、それはドイツ軍の要請に不承不承従ってのことで、輸送船を主な目標にしない日本海軍の潜水艦の使い方は間違っていると、Uボートの戦果を誇るドイツ海軍からさんざん批判されています。それが立派な考え方かどうかはまた別の話で、上杉謙信《うえすぎけんしん》が武田信玄《たけだしんげん》に塩を送ったように、総力戦・近代戦というものがわかっていない単なる古臭い武士道かもしれませんけれど。

日米戦争においては、道義的にはアメリカは日本に負けているのではないでしょうか。日本のスローガンは「欧米の植民地主義からアジアを解放する」、アメリカのスローガンは「自由と民主主義を日本の独裁主義から守る」でした。昔の戦争は、主として権力の争い、利害の争いであって、戦争目的に正義を持ち出したのはアメリカの南北戦争が始まりだそうです。勝った北軍が南軍を道義的に裁いたのです。戦争のスローガンなんてほとんどは戦争を正当化するための口実に過ぎないでしょうけれども、戦争の当事者の一部は本気で信じていたかもしれないし、いくらかは根拠があったかもしれない。したがって、一顧だに値しないわけでもないでしょう。

そういう観点から公平に見てみると、日米どちらのスローガンが相対的により正当性があったでしょうか。わたしが日本人だからそう思うのかもしれませんが、アメリカのスローガンにはほとんど正当な根拠が見当たりません。そもそも、アメリカが対日戦において援護した中国の蔣介石政権は独裁政権だったし、日本の敗北間際に引き入れたソ連も民主主義からはほど遠いスターリンの独裁政権でした。他方、日本は戦時中といえども、サイパン陥落の責任を取って東条英機《とうじょうひでき》内閣が総辞職し、政権交替したほどで、大政翼賛会とはいえ、少なくとも議会はあったのです。したがって、「自由と民主主義を日本の独裁主義から守る」というアメリカのスローガンは、アジアに関しては、完全に嘘でした。

日本だって、朝鮮を植民地にし、中国さらには東南アジア、南洋を侵略したのは、主として資源の獲得のためですが、とにもかくにも日本軍が欧米の支配者をいったん追い払ったおかげで植民地だったアジア諸国は次々と独立を果たしました。「欧米の植民地主義からアジアを解放する」という日本のスローガンは、アメリカのスローガンと比べれば、はるかに正当性と真実性があったのではないでしょうか。戦争目的のスローガンだけを問題にすれば、日米戦争は日本が勝っていたと言えなくもないのです。繰り返しになりますが、アメリカの対日戦のスローガンに正当な根拠がなかったからこそ、戦後、アメリカは是が非でも「悪いのはアメリカではなく、日本だ」と強調しなければならなかったのだと思います。東京裁判はそのためにこそ開かれたのではないでしょうか。

アメリカ軍は植民地の維持も目的のひとつであったようで、日本が降伏すると直ちに日本軍に武器を現地人に渡さないように厳命してきました。日本軍はその厳命に抗し、組み立て方を教えた上で解体した武器を廃品と称して、すでに創設してあった現地軍に渡し、一部の日本兵はインドネシアやベトナムの独立戦争に参加して生命を捧げました。このことを見ても、アジアにおいて、日米両軍のどちらに道義的正当性があったかは明らかです。

やましさから開かれた東京裁判

岸田　東京裁判では東条英機（元内閣総理大臣・陸軍大将）や武藤章（陸軍中将）が死刑となりました。あの連中は日本の自衛のためにやむを得ないと判断して戦争を始めたのであって、その判断が賢明ではなかったことは明らかですが、国は交戦権をもっている以上、国の指導者が交戦権を行使するのは犯罪ではありません。彼らを処刑したことこそ国際法違反の犯罪です。彼らを処刑することが、アメリカにとって何の必要があったのでしょうか。「アメリカが正義の審判者である」「日本は悪い国で、こういう悪い奴がいた」と示したかっただけの話です。ムチャクチャです。

アメリカは戦争に勝ち、日本を武装解除した。戦闘力のない日本なんて、放っておけばよかったのです。もう何の脅威でもない。なのにどうしてわざわざ何年も占領して「日本は侵略者であり、悪い国だった」と大々的に喧伝しなければならなかったのか。それは、アメリカが自分の正義に自信がなかったからです。だからこそ「正義の味方であるアメリカが悪い日本をやっつけたんだ。アメリカは軍事的にだけでなく、道義的にも日本に勝ったんだ」といやが上にも強調しなければならなかったのです。

アメリカには原子爆弾を投下したという引け目があります。原爆投下はどのようにしても正当化できないですよ。勝敗はもう決していたのだから、戦争を終結させ、一千万人の日本人と百万人のアメリカ兵を救うために必要だったという見え透いた口実は通りません。非戦闘員を無意味かつ無差別に殺戮《さつりく》しただけです。アメリカ人には「自分たちは道義的には敗北している」という罪の意識が心のどこかにある。原爆投下を謝罪しない限り、道義的にはアメリカは永遠に日本の劣位にあります。謝罪しないのは、アメリカの犯罪を犯罪と認めると恐ろしいことになるからです。だから、必死に打ち消そうとして東京裁判を開かざるを得なかったのです。

現在、日本国内でも「馬鹿な軍部が暴走した。国民は騙されていた」というのが定説のようなものになっているようですが（確かにそういう面はあったでしょうが、伊丹万作さんが言ったように、騙されたとぼやく人はまた騙されます）、それは、アメリカが熱心なプロパガンダをやったからでしょうね。アメリカは、いまのところ、宣伝戦でも日本に勝利しているようです。でも、日米の道義戦争は黒船以来、敗戦後もずっと続いていたし、いまも続いています。そのことを日本人は自覚しておく必要があると思います。

「日米戦争とはどのような戦争であったか」という認識は、日本人の対米態度と、国際関係の方針を決定する際の根幹になります。「馬鹿な軍部が暴走した。国民は騙されていた」という認識が正しいとされていれば、戦後日本の国の方針はすべてその認識に基づいて判断され、その判断の上に、日本の対米政策が決められます。確かに日本軍にも愚劣だった点は多々ありましたが、それが過度に強調されたのは、アメリカ軍の愚劣さを隠蔽するためであったことを忘れてはなりません。日本軍を悪者にすればするほど、アメリカ軍は悪者でなくなるのです。

超大国アメリカは、成り行きに任せてのほほんと生きていくということがとくに難しい国です。ナチスが滅びてもドイツは生き残るし、ソ連が滅びてもロシアは生き残る。大日本帝国が滅びても日本は生き残る。でも、自由と民主主義のアメリカ帝国が滅びればアメリカそのものが滅びるのです。アメリカ民族はいないし、アメリカには伝統もない。近代に作られた自由と民主主義の理念だけがアメリカを支えています。その理念が失われれば、アメリカは消滅します。アメリカ人にはその怖さがあるんです。だから、自由と民主主義を必死に強調する。アメリカの存立の根拠はそこにしかないからです。「アイデンティティの根拠がない」ということに、アメリカはいまだに苦しんでいます。

東京裁判のように、正義の立場から悪人を裁くという発想は、アメリカが正義とは正反対の悪と不正を重ねて成り立った国だからこそ出てくるのだと思います。アメリカは先住民を虐殺し、その土地を奪って成立した国です。アフリカからは黒人を奴隷として買ってきて強制労働させました。アメリカ人はこの二つの問題に触れられるのをひどく嫌がります。おのれの悪と不正の歴史を隠蔽し正当化するためには、どうしても国是として正義の旗印を掲げておかなければならない。「われわれアメリカ人が普遍的正義を担っている」という幻想がアメリカの存立のために必要不可欠なのです。

アメリカ国民が多く所持している銃に関して言えば、襲ってきた強盗から身を守るために役立つ可能性よりも、事故や思い違いで銃が暴発して自分や家族や無関係な無辜《むこ》の人を殺してしまう可能性のほうが大きいそうです。それでも銃が手放せないのは、「銃がないと身を守れない」という観念が捨てられないからです。それはアメリカの建国が銃によってなされ、アメリカの正義が銃によって守られてきた歴史からきています。

――日本は無条件降伏したわけですが、どうしてアメリカは天皇制を温存したのでしょうか。

岸田　もし天皇を殺していたら、マッカーサーは軍事力だけで日本を統治しなければならなくなります。そうなれば日本はいまのイラクみたいになったかもしれない。占領軍に対するテロがあちこちで起こったに違いありません。天皇制を温存したからこそアメリカの占領はうまくいったのではないでしょうか。天皇がマッカーサーのところに行って挨拶した写真が残っています。あのとき、天皇がマッカーサーを認可したわけです。いわば、彼を征夷大将軍に任命したのですね。征伐すべき夷狄は日本軍部というわけです。

――マッカーサーは新たなる征夷大将軍であり、ＧＨＱ連合軍総司令部は新たなる幕府というわけですね。

戦後民主主義の正体

――天皇陛下自身が日本の降伏を国民に伝えた玉音放送は一九四五（昭和二十）年八月十五日正午に放送されました。祖先の霊を祀るお盆の日だったのは、偶然ではないでしょう。翌年の元日には天皇による人間宣言が行われ、政財官界等の指導者二十三万人が職を追われた公職追放が始まり、学制改革が行われます。二月にはＧＨＱが憲法改正草案を政府に提示。五月には東京裁判がスタート。十一月には日本国憲法が公布されました。主権は天皇から国民に移り、日本は戦争を放棄し、軍隊をもたないことが決まりました。戦後民主主義というのは何だったのでしょう。

岸田　要するに、皇国史観の逆の極端に走ったということでしょうね。戦時中は外国文化を尊重する外的自己は抑圧されて、日本の伝統に価値を置く内的自己が幅を利かせていました。日本は神の国であり、天佑神助によって戦争には必ず勝つと、まともに主張されていました。欧米文化は極端に排撃されました。そのくせ、弓矢と刀ではなく、近代兵器を使っていたわけですから矛盾しているんですけどね（笑）。

戦争に勝つために必要でもないのに、英語を禁止するというようなことをしたのは、戦争中の日本軍部が心豊かな常識人ではなく、視野が狭く偏屈な観念に囚われて戦争していたことを物語っています。戦争中の日本国の内政には、戦争に勝つために何の役にも立たず、大本営にいた連中の気休めにしかならないような、あまりにも馬鹿げたことが多過ぎます。

ところが、戦争に負けたとたんに事態は逆転します。今度は内的自己が抑圧され、外的自己がのさばります。戦争をやったのは一部の気が狂った馬鹿な軍国主義者だということになり、アメリカ憎悪はたちまち賛美へと変わり、民主主義であれ自由主義であれチューインガムであれ、アメリカのものは何でもすばらしいということになった。連合軍最高司令官マッカーサー元帥のところには「日本をアメリカの四十九番目の州にしてほしい」という嘆願書が届き、彼の子を生みたいという大和撫子たちからのラヴレターが殺到したそうです。

自民党政府はアメリカ追従外交に終始しました。アメリカ兵用の慰安婦については、八月十五日の敗戦の日の翌日か翌々日くらいに内務省の官僚が会議を開いて、良家の子女の貞操を守るためとかでこの問題を論じたといいます。さっそく、「アメリカ兵と交際する新時代の女性」を募集した。アメリカ軍からの要請がくる前に、日本政府が自発的にやったのです。用意がいいですね。

――占領軍にプロの女性をあてがい、素人娘を守ろうとした。唐人お吉《きち》みたいですね。

岸田　唐人お吉は本当の話かどうかは怪しいですけどね。逆に、横浜の岩亀楼の遊女・喜遊《きゆう》がアメリカ商人の妾《めかけ》になることを求められて「露をだにいとふ倭《やまと》の女郎花《をみなへし》、降るあめりかに袖は濡らさじ」との辞世の歌を残して自害したという話もあります。これもたぶん作り話でしょう。初代駐日アメリカ公使ハリスに屈辱的に犯される女と、アメリカ商人の妾にされる屈辱を拒否して操《みさお》を守った女との両極端の二人の女がいたという話は、アメリカに関する日本人の分裂をズバリ表現していて、いかにもうまくでき過ぎています。この話は、当時の日本人の心を揺さぶったのでしょう。

――戦争末期の一九四四年には、アメリカドルが世界唯一の基軸通貨となりました。数多くの戦争を繰り返しながらも自国は一度も戦場にならず、他国が疲弊するなか、ひとり繁栄したアメリカはまさに世界一の国でした。

アメリカに完敗した日本が打ちひしがれる一方で、東アジアは激動を続けていました。敗戦直前の八月九日、ソ連が日ソ中立条約を破り、満州国、朝鮮半島北部、南樺太・千島列島に突然侵攻します。関東軍は壊滅し、捕虜となった日本兵は戦後も長く極寒のシベリアで強制労働させられました。あからさまな国際法違反です。六十数万の日本兵のうち、約一割が死亡しました。

岸田　千島列島の日本軍守備隊は侵攻してきたソ連軍に多大の損害を与えはしましたがね。戦争に勝った国が領土を獲得するということを認めたら、恨みを呑んで負けた国が復讐戦を起こしたがり、無限に争いが続きますから、ナチス・ドイツを生み出した第一次世界大戦のまずい戦後処理への反省もあって、第二次世界大戦が終わったとき、連合国は戦争の結果としての国境の変更は認めないという声明を出したのだけれど、ソ連だけはそれを無視してポーランド領の一部とドイツ領の一部を略取しました。その前にフィンランド領の一部も取得していました。戦後、千島列島を領有したのはどういう根拠からですかね。千島列島は一八七五年、日露間の樺太・千島交換条約で日本が平和的に日本領土とした土地であって、台湾などと違って戦争で得た領土ではないにもかかわらず、敗戦の結果、日本が失ったのはどういうわけかよくわかりません。ソ連が領有する根拠は、戦勝国は敗戦国の領土を奪取してよいという不当な根拠以外は何もありません。

――そのほか、ソ連は韓半島にも侵攻し、その結果、半島は北緯三十八度線の北がソ連、南はアメリカが信任統治することになり、一九四五年八月十五日に李承晩《イスンマン》が大韓民国の建国を宣言、同年九月九日に金日成《キムイルソン》が朝鮮民主主義人民共和国を建国した結果、韓半島の分断は固定化されてしまいます。

一方、長く続いていた蔣介石の国民党と毛沢東の共産党の内戦は、日中戦争によって一時停戦となっていたものの、日本の敗戦によって共通の敵が消えたことでふたたび活発化し、結局、毛沢東の共産党が蔣介石の国民党を台湾に追いやり、一九四九年には共産党独裁の中華人民共和国が建国されました。

同年に原爆を開発したソ連は、アメリカと対抗する自信を深め、一九五〇年六月、金日成率いる北朝鮮を支援して朝鮮戦争を起こします。日本の降伏から五年、東アジアはふたたび戦火にみまわれました。三十八度線を瞬時に突破した北朝鮮軍は、ソウルをわずか三日で陥落させ、韓国軍を半島南端の釜山にまで追いつめます。しかし、このまま韓半島が共産国家の手に落ちることをアメリカが許すはずがありません。マッカーサー率いる国連軍は仁川から乗り込んでソウルを奪回。さらに三十八度線を越えて北上を続けました。この状態に危機感をもった中国が百万の兵員を投入し介入します。

戦争好きのマッカーサーはこの機に一挙に戦線を拡大、反共アジアを作り上げるつもりでした。ウラジオストックから北京まで、原爆を二十六都市に落とそうと計画していたといわれています。恐れおののいたトルーマン大統領はマッカーサーを解任して、ソ連からの停戦要請に応じ、一九五三年七月には停戦が成立しました。三年間続いた朝鮮戦争の惨禍は、日本の敗戦直後の比ではなかったそうです。

長年にわたって中国への臣従を余儀なくされていた朝鮮民族は、北の野蛮人である女真族の清に屈服したばかりか、東の野蛮人である日本に併合され、日本の敗戦によってようやく独立を果したとたん、アメリカとソ連によって民族分裂の悲劇に見舞われ、さらに同胞が殺し合い、人々は家族も財産も失ったのです。

韓国の女性活動家、金貴玉《キムギオク》と姜貞淑《カンジョンスク》によれば、韓国政府は、韓国軍とアメリカ軍のために国軍慰安婦を用意したそうです。そのずっとあと、アメリカの要請でベトナムに派遣された韓国軍の兵士にはベトナム人の慰安婦が用意されたそうです。日本のやり方をコピーしたのでしょうか。いつでもどこでも、人間のやることはたいして変わりません。

朝鮮戦争が勃発すると、マッカーサーは戦争を放棄させたはずの日本に、ふたたび軍隊を作れと命じます。韓半島に出動した在日アメリカ軍の任務を引き継ぐために警察予備隊が創設され、中国が参戦してくると、マッカーサーは警察予備隊に重武装化を求めました。朝鮮戦争の最中、日本の敗戦から六年後にあたる一九五一年九月八日に、ようやくサンフランシスコ平和条約が締結されましたが、同時に日米安全保障条約が締結され、三年後には警察予備隊は自衛隊と改称されました。戦後の韓国と日本は、アメリカの都合のいいように動かされたのですね。

岸田　大東亜戦争であまりにもみじめな負け方をした日本は、アメリカに軍事的に勝つことはあきらめたのです。その代わりに、今度は経済力でアメリカに意地を見せてやろうと猛烈に働いて奇跡の高度経済成長を成し遂げた。戦後の日本は、アメリカに対して政治的には卑屈だったものの、経済的には攻撃的でしたね。

外国を憎み、日本の伝統に価値を置く内的自己は抑圧されただけで、消滅したわけではありません。精神分析理論が説くように、抑圧されたものはいつかは必ず回帰するのです。敗戦後の日本において、内的自己は歪められた形で、さまざまな形で現れました。一九六〇年の反安保闘争も、連合赤軍事件も、一九七〇年の三島由紀夫割腹自殺も、アメリカに反抗する内的自己の表れでしょう。加藤典洋の『さようなら、ゴジラたち』（岩波書店）を読んだら面白いことが書いてありました。ゴジラは敗北した日本軍の象徴、憤死した日本兵の化身である、と。ゴジラは水爆実験で眠りを覚まされて海底から出てくるわけです。アメリカに負けて、太平洋の島々にむなしく散った多くの日本兵（ゴジラ）が、アメリカ文化を受け容れ経済的に繁栄し、理想を忘れて堕落した現在の日本に現れて、歓楽の首都東京を踏みつぶすのです。

――プロレスの力道山《りきどうざん》も「卑怯なアメリカを倒す」という物語を提示したことで国民的ヒーローになりました。日本人の潜在的な欲求がそこにあった、ということですね。

戦後アメリカの反復強迫――日本占領からベトナム戦争、イラク戦争へ

岸田　そうですね。それにしても、力道山が在日韓国人だったのは面白いですね。日本人の潜在的な欲求はいまも全然変わっていないと思います。アメリカ軍基地はいまも日本中にたくさんあります。沖縄はとくにひどい。日本は事実上アメリカの占領下にあり、属国のままです。経済戦争も、一時は旗色のいいときもありましたが、アメリカに首根っこを押さえられているので、結局は負けてしまいました。

メイフラワー号を理想化し先住民の大量虐殺を隠蔽して建国されたアメリカは「アメリカの正義は普遍的で絶対であり、世界に広めれば理想の世界が実現する」と主張し、正義のために他民族・他国民を虐殺するという行為を反復強迫せざるを得ません。

そんなアメリカにとって、日米戦争の勝利と占領の成功は非常に大きな財産です。「戦争に勝てば、その国を民主化することができて、国民のためにも役立つ。民主主義は世界中で歓迎される。それを証明したのが日本だ」とアメリカは思いたがっている。先住民を大量虐殺したことで心に大きな不安を抱えるアメリカは、アメリカの犯罪を帳消しにするかのように見える日米戦争と占領の成功を日本以外でも何度でも証明しようとしました。それがベトナム戦争であり、イラク戦争です。

――日本と戦争して、コテンパンに叩きのめしたら忠実な理想の飼い犬になったので、アメリカは「有色人種は叩くに限る」と学習したんですね。でも、ベトナムには勝てなかったし、イラクもあっという間に占領はしたけれど、占領が終わったあとに反乱分子が続出して大量の死者を出すという事態になってしまいました。

岸田　ベトナム戦争だって、共産主義をあんなに排撃する必要はまったくなかった。アジアの小さな国が共産化したってどうということはなかった。ドミノ理論は被害妄想でしかなかった。ベトナム人を三百万人ぐらい殺したそうですが、そんなことをしても、アメリカのためには何の現実的利益もなかった。アメリカの脅威になどなり得ないベトナムに派兵して、大金を注ぎ込んだあげく、数万のアメリカ兵を無駄死にさせた愚かな戦争でした。アメリカが強大な軍事力を見せつければ、それだけでベトナムは降伏する、戦えばベトナムに何百万と死者が出るんだから、ベトナムがそんな馬鹿な冒険をするはずがない、というのが、戦後、ベトナムの国防軍長官ボー・グエン・ザップ将軍に語ったマクナマラ元国防軍長官の計算でしたが、その計算が狂ったのでした。ベトナム人の戦意を甘く見たのです。世界中で、そしてアメリカ国内でも反戦運動が起こりました。戦後はその流れで、国内で人権思想が高まり、黒人差別の撤廃とか、平和主義・平等主義の運動が起こりました。

それでもアメリカは、ベトナム戦争が失敗したのは、アメリカの世界戦略が間違っていたからだとは認めませんでした。「戦い方がまずかった。何かの間違いで負けたんだ。北爆が限定的だったからダメだった。もっと徹底的に攻撃していれば、もっとうまくやれば勝っていたはずだ。アメリカの正義は普遍的で正しいのだから」と考えた。それを証明するためには同じような戦争をやって勝つしかない。そういう内的な必要性があったから、アメリカはアフガン戦争、イラク戦争へと突き進んでいったのです。

アメリカは守ってはくれない

――もともとアメリカは戦争ばかりしている国ですが、第二次世界大戦のあとも世界中で戦争をしています。朝鮮、ベトナム、レバノン、ニカラグア、グレナダ、パナマ、湾岸戦争、アフガニスタン、コソボ、イラク、ソマリア、リビアなどなどです。

岸田　なぜ日本は戦争ばかりしているアメリカの言いなりになって、イラクに自衛隊を派遣しなければならないのか。それは、日本がアメリカの占領下にあるからです。いくら屈辱的であろうが、この事実を認めなければ何も始まりません。

——日本の総理大臣を誰がやってもうまくいかないのは、日本がアメリカの属国であり、アメリカの意向を離れて独自の政治判断を下すことができないからでしょうか。

岸田　その通りです。アメリカの属国でありながら、属国であることを否認して属国でないかのように振る舞おうとするけれど、やはり属国なのは事実なので、必然的にちぐはぐになる。だから、どんなことを決めても自信がないのです。

日本は堅苦しい理念や原則で成り立っている国ではないから、馬鹿が総理大臣になって馬鹿なことを言ったりしたりしても、致命的なことにはならず何とかなることが多いけれども、やはり、数十年にわたってずっと属国であることに甘んじているのは異常な感じがします。はじめはともかく現在は、日米安保条約は日本国民の意志に反して押しつけられているわけではないし、安保を破棄したら原爆を落とすと脅かされているわけでもない。思いやり予算なんて、なぜ外国の占領軍にお金を出すのか。日本人自身が心のどこかで「アメリカの属国でいい」と思っているからです。だから、属国であることを止めようと思えば止められるのに、続けている。

　アメリカ軍には日本を守る気などありません。アメリカ兵が日本のために命を投げ出すわけがありません。それは当然のことです。アメリカ軍に依存していては日本は守れない。それなのにアメリカ軍に基地を貸しているのは、日本の防衛のためには無駄ですが、このことを国民は考えないようにしているのでしょう。


――現在もなお、アメリカ軍基地は横須賀、横田、座間、厚木、岩国、三沢、佐世保、嘉手納、普天間、沖縄USマリーンの十ヶ所にあり、常時、戦闘機や戦艦が配備され、核兵器も持ち込まれています。


岸田　アメリカ軍が日本に駐留しているのは日本を守るためではないことは、わざわざ言わなくてもわかりきったことです。日本に原爆を落としたアメリカは、いつか日本が核武装してアメリカに核攻撃してくるのではないかと恐れています。それを防ぐために駐留しているのです。それ以外に理由はありません。

　もし、中国と核戦争になったとします。中国は、毛沢東が言ったように、中国人が一千万人や二千万人くらい殺されても平気ですよ。でも、アメリカは十万人殺されたらビビるでしょう。アメリカが日本を守るために中国と核戦争をするはずがない。北朝鮮が日本にミサイルを撃ってきた場合でも背後に中国がいれば同じことです。

　またたとえば、ロシアが日本を攻めてきたとします。「日本には核兵器を使うけれど、アメリカには使うつもりはない。でも、日本を守るためにアメリカが核兵器を使うならば、ロシアもアメリカに使う」とロシアがアメリカに通告したとします。その場合、アメリカは日本を守るために核を使うでしょうか。使うはずがありません。国防軍は国の安全と利益を守るためにあるからです。アメリカがアメリカ国民を危険にさらしてまで日本を守るはずがない。国の安全と利益に反することをするはずがないのです。北方領土は、ロシアに不法占拠されている日本の領土です。しかし、アメリカが北方領土からロシア人を追っ払ってくれますか。アメリカが日本を守らないことは明白なのに、日本人はそこを見まいとしているのです。

日本は「アメリカに守られている」と思い込むこと以外に、安心感の根拠がないのかもしれません。アメリカもそういう幻想を日本人に与えることによって基地をもつことが可能になり、費用も日本に負担させることができる。アメリカも嘘と知りつつ、日本人が文句を言わないものだから、日本人の幻想に乗っかっているのではないでしょうか。おおっぴらには言わなくても、腹のなかではまだ日本を占領しているつもりですよ。

――共犯なんですね。

岸田　支配者と被支配者との共犯関係、加害者と被害者との共犯関係、虐待する親と虐待される子との共犯関係、虐待する男と虐待される女との共犯関係、よくあることです。日米関係は、ヒモと、ヒモに搾取されている風俗嬢との関係に似ています。ヒモは風俗嬢を守るつもりは毛頭ないが、風俗嬢はヒモが守ってくれているから風俗の仕事ができて、その上、ヒモはセックスもしてくれるので、ヒモのおかげで安心で幸せな生活ができると思ってヒモを頼りにしている、というような。

日本にアメリカ軍基地があることは、日本の防衛のためには何ひとつ役立たないどころか、逆にアメリカの敵からの攻撃を招きかねません。そのほか、日本人が独立国としての自尊心をもてないこと、女の子がときどきアメリカ兵に強姦されることなども、それに不可避的に伴うデメリットですが、そうしたデメリットを埋め合わせるほどのメリットがあるでしょうか。もちろん、アメリカにとっては日本の基地は世界戦略上、大いに役立っています。

日本国憲法をどうすべきか

――安倍首相が憲法九条を改正しようとしていますが、憲法改正に関してはどうお考えですか。

岸田 わたしは、日本国憲法は、戦争に負けたために押しつけられたものだから、いずれ改正すべきだと思っていますが、いま、いわゆる「自主」憲法を制定することには反対です。

――押しつけられたものだとはいえ、日本国憲法はなかなかよくできています。九条のおかげで、日本はベトナム戦争や湾岸戦争で人を殺さず、日本人も殺されずに済みました。それでも護憲はよくありませんか。

岸田 「悪銭身につかず」と言いますが、どういう経緯で憲法ができたかが決定的に重要です。

日本国憲法がアメリカに押しつけられたものであることに日本人は屈辱を感じています。それは愚かな戦争を後悔した日本人が申し出たのだ、屈辱などではなかったと自己欺瞞してもいつかは必ず破綻します。いくら内容的に正しくても、反対勢力に攻め立てられて日本が危機に瀕したときに、この憲法を守り抜こうとするわれわれの努力の足場を背後からこの屈辱感が崩すのです。この内容がいいというのなら、同じ内容の憲法を新たに作るべきです。

わたしは九条には反対ではありません。安保条約を破棄した上で改憲に取りかかり、国民的合意に基づいて、いまと同じ戦争放棄の平和憲法を作るのなら、それはそれでいいと思います。その結果、アメリカかロシアか中国かに攻め込まれて反撃できず、国が滅びたとしても、日本国民自身の判断の結果だからあきらめがつきます。いまの憲法は日本がふたたびアメリカに戦争を仕掛けることがないようにとアメリカがアメリカのために日本に押しつけたものですから、その憲法を守って滅びたら、悔やんでも悔やみきれません。日本が滅びて消滅したあと、「昔、外国の軍隊に占領されて、その言うがままになっていれば生き延びさせてくれるだろうと信じていて裏切られ自滅した愚かな国があったな」と、後世の人類から笑われるでしょう。

——でも、いま改憲することには反対なのですね。

岸田　日本は実質的にアメリカの属国です。属国から脱することのないまま、「自主」憲法を作れば、できあがった憲法はいまよりもっとアメリカに都合のいい憲法になることは目に見えています。安倍さんがもくろむ憲法改正は自衛隊をアメリカ軍に組み入れるためですよ。いまは九条があり、日本は戦争をしないことになっていますから、イラクでもアフガニスタンでもベトナムでも朝鮮でも前線に兵士を送らなくて済んでいる。属国のまま九条を外せば、自衛隊員はイラクだかどこだかに行かされて、アメリカ兵の弾除けに使われるだけです。第二次世界大戦中、日系アメリカ人の四四二部隊はヨーロッパ戦線に派遣され、白人のアメリカ兵よりはるかに死傷率が高かったことを忘れてはいけません。

――憲法改正の前に安保を破棄すべきだということですね。しかし、いまの日本にそんなことができるのでしょうか。

岸田　ヒモに貢いでいる風俗嬢がヒモに捨てられたらいまの生活が失われると思っているのと同じように、いまの日本はアメリカに捨てられるのが不安なだけでしょう。戦争中の、兵隊にいつ取られるかわからず、兵隊に取られなくても空襲で日本中の都市に爆弾と焼夷弾が降ってきて焼け野原となり、人がバタバタ殺されて喰うや喰わずの状態だった頃のことが頭にあり、「あのときに比べれば現在のほうがはるかにましだ」と考える世代の人たち、敗戦直後は餓死者が百万人出るかもしれないと言われ、アメリカの食糧援助で助けられ、その後十数年、アメリカの協力もあって高度経済成長を遂げ、日本が豊かな国となったあの頃を如実に覚えている世代の人たちが大勢いるうちは、アメリカに捨てられるのが不安なのでしょうね。

しかし、アメリカはもはや日本を援助する気はないどころか、利用しようとするだけだし、そのことを隠してもいません。時代は変わったのです。敗戦直後から冷戦時代にかけては、日本を自由主義陣営に引き止めておくためにアメリカは日本を援助する理由がありました。もうその理由はなくなったのに、一部の日本人、とくに権力ある地位を占めている官僚などにはそれがわかっていないのです。官僚の特権にしがみついているからか、あるいは、官僚の習性からでしょうか、惰性的にアメリカの言う通りにすることが日本の安全と国益と一致すると思っている。先達の考え方を無批判に受け継ぐ自閉的共同体の病理のせいでもあります。敗戦後の一時期、対米追従が日本の安全と国益にかなう時代があったことは確かですが、今はもう違います。

官僚だけでなく、評論家などにも、アメリカの属国であることが日本のためにいちばんいいと信じて、アメリカから独立しようという動きがあると、すかさず排除しようとする人が日本にはまだたくさんいます。アメリカ人ではなく、まず日本人のなかからそういう動きを阻止しようとする人が出てくるのです。属国根性が身に染みついているのです。たとえば、田中角栄《たなかかくえい》さんは敗戦後の政治家としてはめずらしく日本の独立をめざした人ですが、評論家に金脈がどうのこうの言われて弾劾《だんがい》されました。

日米安保を破棄し、自主防衛せよ

――そう遠くない未来に、その人たちはいなくなります。そのさきの日本はどのように変わっていくのでしょうか。

岸田 果たしていなくなるでしょうか。とにかくいま、日本はアメリカに軍事的に依存していますが、軍事的依存はそれだけにとどまらず、不可避的に心理的依存を招き、現実に軍事的に依存する必要がなくなっても、惰性的に心理的依存は続きます。精神的な影響がいつまでも残存するのです。そのため、日本人のプライドが深く傷ついています。しかも、プライドが傷ついていること自体を否認するから、人格構造にまで病的な影響を及ぼしかねないのです。

この状態を脱するためには、日米安保条約を破棄して、属国の状態から脱し、自主防衛力をつけるしかないでしょうね。安保を破棄するといっても、アメリカと敵対関係になってただちにまた真珠湾奇襲をするわけじゃない。日本人は外交的センスが欠けていて、外国との関係を全面的友好関係か全面的敵対関係かの両極端しか考えない癖があります。その両極端はどちらも危険です。そのあいだのどのあたりの位置を選ぶかを冷静に柔軟に考えるべきです。

自主防衛能力をつけるといっても、ロシアやアメリカや中国と戦争して勝てるほどの軍事力、彼らの国を侵略できるほどの軍事力をもてるわけがないし、その必要もない。「日本を攻撃すれば痛い目に遭う」という程度の軍事力でいいのです。そして、彼らが日本に復讐したくなるほどの敵対行為を彼らに対してしなければいいのです。いま、自前の軍事力だけで自国を守れるのはロシアとアメリカと中国くらい。そのほかの国々には、自分だけで自分を守れる能力はありません。絶対に安全だということはありません。それでも何とかやっています。

――でも、たとえば北朝鮮から核ミサイルが一発飛んできて、東京の一部がやられたとします。アメリカは動かない。世論は当然沸騰して自主防衛という話になる。それでも核はもちにくいでしょう。

岸田　日本国民のなかに核アレルギーがありますからね。問題が難しくて決断ができず、先送りばかりしている。日本は核アレルギーを卒業し、核兵器を製造しようとすればただちに製造できる能力を保持しながら、かつ、製造しないという原則を立てておくのがいいのではないかと思います。

――世界の常識から言って、自分の国を他国が命をかけて守ってくれるなんて、そんな馬鹿なことはありえないのだから、日本は安保条約を破棄し、アメリカの属国から脱しなければならないということですね。しかし、日本がアメリカから独立しようとすれば、アメリカから仮想敵国にされる危険があるのではないでしょうか。

岸田　確かにそうですね。アメリカはつねに自由と民主主義を阻害する敵国を必要としていますから。そういう敵国を次々とつくり、次々とやっつけて、自由と民主主義を守ってきた、というのがアメリカのプライドの根本です。

――アメリカに「悪役」にされる恐れは十分にあると思います。

岸田　その危険はあります。アメリカは根拠なくどこかに撃滅すべき「悪役」をデッチあげる癖がありますからね。イラクには大量破壊兵器なんか結局なかったわけです。しかし、アメリカに対抗できるほどの軍事力を日本がもつことを考えるのは言うまでもなく非現実的で、これからの日本は外交技術を磨くべきですね。日米戦争の末期に日本軍が頑強に抵抗したことを思い出してもらって、日本と喧嘩してもいたずらにアメリカ兵が死ぬだけで何のメリットもないこと、ベトナム戦争の二の舞になるだけだということをアメリカに理解させるしかありません。

――日本が核兵器を持ったら、アメリカは怖いでしょうね。

岸田　加害者というのは、自分が人に加えた攻撃と同程度の攻撃を今度は自分が受けるのではないかという恐怖を感じるものです。さっきも言ったように、アメリカは「日本に核攻撃されるんじゃないか」という恐怖を強く感じているはずです。日本だけでなく、テロリストが核兵器をもてば躊躇《ちゅうちょ》なく使うだろう、とアメリカは本気で恐れています。アメリカは歴史が始まって以来、ずっと他民族、他国に対して加害者でした。加害者がいちばん被害妄想をもつのです。日本に原爆を落としたということが、アメリカの被害妄想を支えています。いつか同じことをやられるんじゃないか、と。もう一度言いますが、アメリカ軍が日本に駐留しているのは、「日本にアメリカを核攻撃させない」ということがひとつの大きな動機になっているのだと思います。それを本気で恐れている。

アメリカにとって、日本の核武装はイランの核武装よりもはるかに恐ろしいはずです。日本には核兵器を使ったことがあるのだから、アメリカは、日本がアメリカに核兵器を使用することを道義的に非難する正当な根拠をもてないのです。道義的に非難できない。だからこそ怖い。日本人がそこに気がついているかどうかはわかりませんが。

――いま、イスラム教徒の過激派がアメリカを憎んで敵対していますが、それは中世の十字軍以来、現在に至るイスラム教徒へのキリスト教徒の侵略に対する報復ではないかと考えられます。中国も韓国もかつて日本にやられた屈辱を晴らしたいに決まっています。安保を破棄したとたん、米中韓はよってたかって日本の軍事大国化を非難し、悪者に仕立て上げ、日本がカッとなって手を上げたところを袋叩きにするのではないでしょうか。核開発など絶対できないところまで。

岸田　怖いですね。それに対するどういう対策があると思いますか。アメリカの属国に甘んじているのがいちばん安全ですか。

――そういうリスクが十分に考えられる、ということです。自主独立の方向に進むと、アメリカにスケープゴートにされる道が待っているかもしれない、と思うのですが。

岸田　イラクのフセインはアメリカに殺されましたが、フセインがどこで失敗したのか、それを教訓にする必要があります。イランがパーレビ国王を追放して反米になったから、アメリカはイラクのフセインを利用したわけです。フセインは、イラン・イラク戦争ではアメリカの子分として兵器もアメリカから供給されてアメリカのために戦い、イランに損害を与えた。

フセインがアメリカの友好国クウェートを侵略したのはアメリカの傀儡《かいらい》から脱して独立しようとしたからでしょう。そこで、アメリカはフセインを叩きつぶした。かつてアメリカに忠実に仕えていたとしても、日本が独立を志向すればフセインのイラクみたいになるという可能性は十分あると思います。でも、このままでいいのでしょうか。アメリカに屈従することで、日本人のプライドは相当傷ついています。

——今後、さらに日本が右傾化して、天皇を中心とした神の国に回帰する可能性もあるかもしれません。

岸田　そういう衝動はあると思います。チャンスがあればアメリカをやっつけたい。ただ、現実的には不可能でしょうから、あきらめているだけです。アメリカがイラクやアフガンで失敗すると日本政府（と官僚）は残念がりますが、日本の民衆の一部は大喜びします。やっぱり原爆を落としたアメリカに恨みがあるわけです。それだけでなく、現在もアメリカが日本人のプライドとアイデンティティを奪っているということもあります。アメリカが衰えるということは、日本人のプライドを回復するチャンスですから、日本人の一部は喜ぶわけです。それで同盟国と言っているありさまです。この状態は日本にアメリカ軍の基地がなくなるまで続くでしょう。

——日本人も相当なものだ、と（笑）。

岸田　しかし、男と女では違いがあって、自国が属国だと、女の子は宗主国の男に惚れて、セックスしたがるらしいですよ。アメリカに長く住んでいた友人が言っていましたが、先住民の男たちはアメリカ社会になじまないけれど、女たちはたいして抵抗なくアメリカ社会に融け込んでゆくそうです。家田荘子さんによると、アメリカの男が「日本の女の子に不自由することはまったくない。毎日やろうと思えば、一年間、三百六十五日、三百六十五人の違った日本の女の子がすぐ見つかる」と言っていたそうですよ。戦後、日本が豊かになってからは、アメリカ軍基地の周辺には、売春してお金を稼ごうというのではなく、逆にホテル代を負担してまでアメリカ兵にやってもらいたがる女の子が大勢たむろしているそうです。黒人の場合、アメリカの黒人はモテるが、アフリカの黒人はモテないそうです。これは、大学に勤めていた頃、アメリカ軍の基地内の店でバイトしていたわたしのゼミの女子学生が調査発表したことです。

アメリカのゆくえ

――日本はもっと外国と話をする必要があるのではないでしょうか。明治の岩倉具視は条約改正のために粘り強く交渉しましたが、平成の日本にもそういう粘り強い外交が必要だと思います。

岸田　明治の政治家は不平等条約の改正のために必死の努力をしましたが、敗戦後の政治家は、日米安全保障条約が不平等条約であることから目を逸らし、「アメリカの言う通りにしていれば安全だ」などと言って思考停止して、イコール・パートナーとか日米同盟とか嘘をついてごまかしていますます。そのようなことを続けていていいとは思えません。

アメリカははっきりと落ち目です。エマニュエル・トッドの『帝国以後』（藤原書店）によれば、アメリカの工業生産力ではアメリカ国民は養えないそうです。外国の製品を輸入してどうにか暮らしている。完全に貿易赤字です。代金はどうしているかといえば、相手国はアメリカの株とか国債を買う。アメリカはただドル紙幣を印刷していればいい。アメリカ人は働かなくても喰える。でも、そんな状態が長続きするはずもなく、アメリカは衰退の一途を辿っている。経済的には完全に破産している、とトッドは言います。

アメリカ軍はもう実質的にはあまり戦力はない。しかし「アメリカは強い」と見せかけるために、弱い国を見つけて因縁をつけて攻撃する。アフガニスタンやイラクで「強いアメリカ」のデモンストレーションをしているだけだともトッドは言います。

――わたしの知る限り、ソビエト連邦の崩壊を予言していたのは岸田さんと小室直樹さんだけです。アメリカも崩壊するのでしょうか。

岸田　アメリカで国民健康保険がなかなかできなかったのは、自助努力の国だからですね。「貧乏人は怠けているだけだから、金持ちが助ける必要はない」という思想を貧乏人自身も信じているようです。アメリカは移民の国ですが、新しい移民は搾取されて縁の下の力持ちになる。彼らが働いてのしあがると、また新しい移民がやってきて働く。そのように次から次へとやってくる下層階級に支えられてアメリカの繁栄があったわけです。下層の連中に「努力次第で上にあがれる。誰にでも大統領になれる可能性がある」という幻想を与えることで、アメリカは発展し、秩序を保ってきた。でも、最近、「そんなのは嘘だ」ということが、アメリカの民衆にもだんだんとわかってきた。

日本では、ある地域の税金が他の地域に回されていても、たいして文句は出ないけど、アメリカでは、大金持ちが「貧乏人に税金が使われるのは容認できない」と大金持ちだけで集まって財政が独立した別の行政区を作ったりするそうですね。大金持ちの白人は納めた税金が貧乏な黒人の医療費に使われることを容認できないのです。それで、オバマ大統領が提案した医療保険制度は共和党に反対されたのです。国民に一体感がないのでしょうね。

——アメリカンドリームへの疑念が下層階級に生まれてくれば、アメリカはピンチですね。

岸田　「自由・平等・民主主義」が王様や貴族がいないアメリカを支えている共同幻想です。誰にも平等にチャンスは与えられており、本人の努力次第でお金持ちになれるというアメリカンドリーム。独裁は否定されている。そういう共同幻想でアメリカはまとまっているのだから、その共同幻想が崩れれば、アメリカは国家としてもたない。人種的・民族的・文化的にはばらばらなのですから。

アメリカは普遍的正義でまとまっている国です。これまでアメリカは、アメリカの普遍的正義を絶対化して、正義から外れていると見える諸外国と戦争してやっつけ、アメリカの正義が正しいと証明することで国を保ってきた。でも、そういうやり方には限界があります。何度も強調しますが、アメリカの正義が崩れるとき、アメリカは崩れるのです。日本のように、みんなが血縁でつながっているという幻想でまとまっているような国は、戦争に負けて大日本帝国の正義が滅びても滅びませんが、アメリカはアメリカの正義が滅びると国そのものも滅びます。だから、アメリカは戦争に負けるわけにはいかないのです。

――分裂の可能性がありますよね。

岸田　南北戦争の傷はいまだに残っていますからね。ノーベル賞作家のフォークナーが日本に来たとき、「ヤンキーに負けたという点では日本とわれわれ南部は同じだ」と言っていました。日本人はヤンキーと言えばアメリカ人のことだと思っているようだけど、実はヤンキーとは北部人のことです。「ヤンキー・ゴー・ホーム」は、かつては南部人が北部人に対して言った言葉だそうです。ひとつのステイトではなく、複数のステイトから成るユナイテッド・ステイツですからね。

アメリカは人為的な国家ですから、統一を維持するのは大変なのです。ローマ帝国も滅びたのだから、アメリカもそのうち滅びるでしょう。

第九章

歴史を超えて

日中関係のゆくえ

――日米安保条約を結び、アメリカ軍基地が全国各地にある日本は、言うまでもなく、アメリカの属国です。外交方針はもちろん「アメリカの言いなり」です。日本人は「エコノミック・アニマル」と嘲笑《ちょうしょう》されつつも一生懸命に働き、車もテレビもカメラも世界最高水準の製品を作り、アメリカはたくさん買ってくれました。外交が苦手な日本人が、世界中で商売できているのは不思議です。

岸田　商社というシステムによるところが大きいでしょう。三菱商事や三井物産といった商社は日本独特のものだそうですね。欧米には商社というものはなく、自社製品はメーカーが自分で外国に売る。しかし、日本人は一般に外国人との交渉が苦手なので、外国人と商売する専門家を養成し、外国人と交渉し折衝し取引する特別の会社を作り、苦手なことは全部そちらに任せてしまうという方針を取ったそうです。最近はそうでもなくなっているようですが。

――日本がアメリカの庇護《ひご》のもとで経済発展を続ける一方、中華人民共和国を率いる毛沢東はウイグルに侵攻し、チベットを併合し、インドともベトナムとも戦いました。多くの被曝者を出しつつも核開発を行い、社会の共産主義化をめざして、大躍進政策や文化大革命といった世紀の愚策を続けた結果、中国は国土も人心も荒廃しました。

しかし、新たなリーダーとなった鄧小平《とうしょうへい》が、共産党独裁を維持しつつも市場経済を導入する経済開放政策を採用したことで、中国は大きく変わりました。一九七八年八月には日中平和友好条約が結ばれ、主権・領土の相互尊重と相互不可侵および相互内政不干渉が取り決められ、中国は賠償金請求を放棄する代わりに、日本側からODA等の巨額の経済援助を引き出します。これを元手に中国はインフラを整備し中国経済は急速に発展しました。いまや、中国のGDPは日本を抜いて世界第二位になっています。

その一方で、共産党独裁が続いたために、全国民の〇・四パーセントが国民所得の七十パーセントを占有するというアメリカ以上の恐るべき経済格差が生まれ、さらに拡大し続けています。『貝と羊の中国人』を書いた加藤徹さんは「文化大革命によって家族は分断され、農村共同体も破壊されてしまったために、頼りになるものはマネーだけになってしまった。拝金主義と共産党独裁という一神教だけが残った中国は、日本民族にとって非常に大きな脅威であると言わざるを得ない」と言っています。

日本企業は安い労働力と新たな巨大マーケットを求めて、中国に進出していきました。しかし、日本の歴史教科書問題や総理大臣の靖国神社公式参拝問題で日中関係は徐々に悪化していきます。二〇一二年に日本が尖閣諸島を国有化してからは、日中関係はさらに冷え込んでしまいました。ただ、中国と国境問題でもめているのは日本だけではありません。中国は周辺国のほぼすべてとトラブルを抱えています。

岸田　周恩来《しゅうおんらい》率いる中国共産党はかつての敵国日本と友好関係をもつことを民衆に納得させるために「中国侵略は日本の一握りの軍国主義者がやったことで、日本国民も中国人民と同じくその被害者である」との説明を考え出しました。この説明によって軍部以外の日本国民は免責され、日本人にも非常に好都合でした。ところが、靖国神社にA級戦犯が合祀《ごうし》され、日本の首相が靖国神社に参拝したので、この説明は辻褄《つじつま》が合わなくなりました。中国共産党は面子を潰されて怒ったのです。

しかし、この説明は事実ではありません。大日本帝国時代、日本国民の多くは軍部を支持していました。日本国民が軍部に騙され戦争を強制されたというのは戦後作られた嘘の物語です。嘘の物語の上に戦後の日中友好関係は成り立ってきたわけで、それは本当の意味の友好関係ではありません。なぜ日中戦争は起きたかについて日中は徹底的に議論したほうがいい。戦争責任を百パーセント日本の軍国主義者に転嫁し、中国人民と同じく日本国民も悪くないという論理はどう考えてもおかしい。

わたしはつねづね三文時代劇のように世界を見てはいけないと言っています。三文時代劇では百パーセントの善玉が百パーセントの悪玉を懲らしめます。現実の世界では百パーセントの善玉も百パーセントの悪玉もいません。その割合の程度は各人によって違っているでしょうが、誰でもみんな、ある程度は善人で、ある程度は悪人です。日本人としても、日中戦争に関しては日本側の責任が大きいとは思いますが、中国側にも責任がないわけではなく、日本側にもいくらかの正当性はあったはずです。そのいくらかの正当性に当時の日本人がなぜ動かされたかを徹底的に検討することが必要であり、それを全然検討しないで頭から全面的に否定するなら、ふたたび同じような正当性に動かされるのを防ぐことができません。部分的でしかなかった正当性にしても、無視され抑圧された正当性は、その部分を足場にして、いつかそのうち甦ります。

十九世紀中葉、中国はアヘン戦争、アロー戦争でイギリス、フランスに敗れ、日本にはペリーがやってきてと、東アジアが欧米に侵略されはじめた頃、東アジアがそれに対抗する最善の方法は日中が同盟することだったことは疑いないでしょう。実際、日本にも中国にも日中が協力して事に当たることを考えた者はいたし、日本と中国の仲が険悪になり、争いはじめてからも、日中戦争が始まったあとも、そう考える者は絶えることはありませんでした。日清戦争のあとには、多くの中国人留学生が日本に学んで祖国を改革しようとしたし、大アジア主義を唱えた孫文などの中国人革命家に共鳴して力を貸した日本人も少なくなかったのです。

しかし、日中同盟は成りませんでした。福沢諭吉は脱亜入欧を唱えました。日本は朝鮮支配をめぐって清と争って勝利し、すぐあとの義和団の乱のとき、日本軍は、欧米列強の側に立ち、反乱する中国民衆を弾圧しました。これをはじめとして、日本は、第一次世界大戦中には、中国に図々しい二十一ヶ条の要求を突きつけ、さらに、満州事変、上海事変、盧溝橋事件と、次々と「事変」を起こし、ついに日中戦争（支那事変）の泥沼へとはまり込み、その数年後、連合軍に敗北して降伏するまで、中国を侵略し続けました。盧溝橋事件では、中国共産党軍が先に発砲したらしいですが、日本政府は戦線不拡大を唱えながらも拡大を求める軍部に引きずられてしまいました。そのあいだには、駐中ドイツ大使トラウトマンを介する和平工作もありましたが、日本は、途中で条件をつりあげたりして、本気だったかどうか疑わしく挫折するほかはなく、挫折すると、国民政府を対手としないとの無茶な声明を出しました。

日清戦争以後の近代日中関係の歴史を顧みると、日中が敵対したのは主として日本側に責任があるように見えます。しかし、江戸時代には中国に敬意を払っていた日本が、近代になってなぜ急に中国を軽視し、なめてかかるようになったのでしょうか。もちろん、軽視するほうも悪いが、軽視されるほうにも責任がないわけではない。福沢諭吉だって、はじめから脱亜入欧を唱えたわけではない。中国と手を組もうとして裏切られたのです。

中国は、アヘン戦争に敗れてから、欧米には迎合しながらも、やはり、中華思想に固執して日本を下に見ていた。他方、日本も褒《ほ》められたものではなく、イギリスにみっともない敗北を喫した中国を必要以上に馬鹿にしたがりました。それは、古代からの中国に対する長年の劣等感の反動でもあり、また、日本も欧米の恫喝に屈して卑屈になっていたため、その補償を求めて、あえて中国を下に見たがっていたためでもあります。何よりも日本が腹を立てたのは中国の国民党が、本来はアジアの敵であるはずのイギリス、ついでアメリカを頼りにしはじめたことです。同じ強者に苦しめられた弱者同士が団結して強者に立ち向かうのではなく、ともに強者にすり寄っておたがいに貶め合ったのです。

　日本の身勝手な主観としては、日中戦争の目的は次のようなことになるでしょうか。「日本ははじめのうちこそ欧米に迎合して不平等条約を受け容れておとなしくしていたが、臥薪嘗胆の苦難に耐え、刻苦勉励《こっくべんれい》して力を蓄え、多大の犠牲を払ってロシアを打ち破り、五大国のひとつとなってアジアの威光を世界に広めようとしている。ところが本来ならアジアの偉大なリーダーであるべき中国は情けないことに欧米に蹂躙《じゅうりん》されて誇りを失い、卑屈に欧米のご機嫌を伺っている。中国に代わってアジアの盟主としての責務を引き受けた大日本帝国は、欧米の植民地主義・帝国主義を駆逐してアジアの栄光を回復するためについに立ち上がり、勇敢にも真珠湾を奇襲してアメリカに宣戦した。アジアの大義のために中国は日本に協力すべきであるにもかかわらず、あろうことか、英米の走狗《そうく》となって日本に敵対している。日本は、古くからの尊師であった中国を本来の誇り高い国家に戻すために、堕落したいまの中国人に天誅《てんちゅう》を加えているのである」、と。

これは、自由民主主義の普遍的理想を全世界に広めようとし、従わない者を世界の警察官と称して処罰するアメリカの誇大妄想に優るとも劣らぬ誇大妄想です。そもそも誇大妄想が発生するのは劣等感を補償する必要があるからです。もともとヨーロッパ人はローマ帝国に蛮族と蔑まれた人たちですが、そのなかから出てきたアメリカ人の劣等感は、差別された人たちにさらに差別されてヨーロッパから追い払われた人たちであることからきていると考えられます。日本人の劣等感も古代には中国に差別され、近代には欧米諸国に差別され侮辱されたことに反発し、傷つけられたプライドを取り戻すためのものでしょう。

中国人の中華思想も一種の誇大妄想です。すでに述べたように、その劣等感の起源は古代にあり、中国人がもともと東夷西戎南蛮北狄であったおのれの出自を忘れたことからきていると考えられますが、近代において欧米諸国にさんざん小突きまわされ、あまつさえ、それまで下に見ていた日本人にも翻弄されて、劣等感はますます深まったに違いありません。

近代において、ともに劣等感に凝り固まった中国と日本が改めて顔を合わせたのです。ともに劣等感を補償するため、おたがいに相手をおのれより下に見ようとしているのでは、協力などできるはずもありませんでした。中国は昔から日本を東のほうの未開の島に住む山猿と見なして馬鹿にしており、日本は中国をイギリスごときに踏みつけられてお愛想笑いを浮かべている落ちぶれた奴と見ていたからです。日本人は、アジアの命運がかかっているこの重大なときに、なぜ中国人がアジアの敵であるイギリスの言うことを聞いてアジアの仲間であるべき日本人の言うことを聞かないのか納得できなかったのです。

日本は富国強兵策を推し進めて近代化に成功し、軍事力を強めました。その点で中国は遅れを取ったため、日清戦争と義和団の乱以降、日本が中国に対して優位に立ち、中国を侮辱し侵略し続けたことは否定できないから、日中が協力できなかった責任の大半は日本にあると思いますが、それ以前、欧米がアジアを侵略しはじめた頃、日中が協力できなかった責任は半々ではないかと思います。日中はともに、欧米の脅威に対抗することよりも、それぞれおのれの劣等感を補償し、誇大妄想を維持するほうを優先したからです。

中国はとにもかくにもイギリスに惨敗したのであり、いまや日本はロシアに勝って強国になったのだから、アジア全体のためには、ここは中国が譲歩して日本をアジアの盟主と認めて従おうという態度を取るか、あるいは、日本が、中国はとにもかくにも大昔から日本に文化と文明をもたらしてくれた恩義ある師であり、師には終生変わらぬ敬意と誠意を以て尽くし従うのが人の道であるとの態度を取るかのどちらかになっていればよかったのですが、そうはならなかった。

かくして、日本と中国は、侵略する欧米にとっては好都合なことに、いがみ合ったのです。

――昔を悔いてもどうしようもないですが、やはり悔しいですね。

二〇一二年に日本が尖閣諸島を国有化してからは、日中関係はさらに冷え込んでいます。ただ、中国と国境問題でもめているのは日本だけではありません。中国は周辺のほぼすべての国々とトラブルを抱えています。

岸田　昔の中国は侵攻してくる遊牧民と争いましたが、基本的には防衛的であってそれほど攻撃的ではなかったと思います。近代になってアヘン戦争でイギリスにさんざんやられ、日本にも侵略されて、住民を虐殺され強姦され、差別されました。昔の中国からすれば、取るに足らない西方の野蛮国イギリスと東方の野蛮国の日本に敗れたことは耐え難い屈辱だったでしょう。だから、その反動で、いまの中国は非常に攻撃的になっているのです。中国は内政問題だと言いますが、われわれには、チベットやウイグルなど、異民族を支配しようとしているとしか見えません。

それにもともと、中華帝国という発想があるのではないでしょうか。アジアの中心は自分だと、近代になって一時期、日本に盟主の地位を奪われかけたけれど、ここまできたら、中国がアジアを支配するのは当然だと思っているようです。

近代国家は主権と権威をもっていることになっています。国境問題はいちばんナショナリズムをかき立てる問題です。領土は国家の主権・国民統合の中心だからです。この領土はわが国である、ということで近代国家は成り立っています。現実的・経済的な利益だけではなく、心理的な必要が絡んでいるからこそ、国境問題では譲るわけにはいかないのです。尖閣諸島の領有を主張する中国の目的はその近海に眠る地下資源だと言いますけれど、実際のところは、中国の権威を示すという意味のほうが大きいのではないでしょうか。

日本は北方領土をソ連（ロシア）に奪われていますが、ロシアは北方領土四島を領有していることで、どれほどの現実的利益があるでしょうか。日本に返してシベリアを日本と共同開発するほうがよっぽど利益になるのではないでしょうか。しかし、一度奪った領土を返せば、ロシア政権の権威が崩れる。国民に対する説得力、外国に対する宣伝のためには、この領土を保持するのは正当な権利に基づく「現実的な利益のため」と主張しておかなくてはならないのだと思います。

――現実的根拠に基づく行動ではない、と。

岸田　漁業資源のこともあるでしょうけど、それほどの利益ではないでしょう。シベリアだって、ツンドラ地帯でロシア人があまり住みたがらず、過疎地になりそうで困っている。しかし、地下資源があるから、本土の何倍もの給料を払って、公務員を住まわせているようですけれどね。

日本にしても、北方領土を返してもらってどれだけの利益があるのか。しかし、日本国民に「あれはあきらめろ」とは決して言えないでしょう。意地の問題なのですよ。日ソ中立条約を破って敗北間際の日本の窮状に付け込んで侵攻し、戦後、帰国させるべき六十数万の日本兵の捕虜に過酷な労働を強制してその約一割を死なせたソ連の卑劣な裏切りを日本国民は許していないのです。もちろん、シベリア出兵のことなどは忘れていますが……。

韓国の反日感情の精神分析

――一方、朝鮮戦争で世界最貧国に転落した韓国は、ソウル郊外の板門店《はんもんてん》で北朝鮮と対峙しつつ、懸命に日本を追いかけました。一九六一年に軍事クーデターで韓国の政権を奪取した朴正熙《パクチョンヒ》大統領は、共産主義に甘い夢を見る学生たちや左翼運動家を投獄して、独裁体制を敷きつつ、日韓国交正常化を断行して日本から多額の賠償金と長期の経済援助を引き出しました。日本から得た資金が元になって、韓国は「漢江の奇跡」と呼ばれる高度経済成長を遂げました。

その後、自由選挙や文民政権の実現など、民主化は確実に進んだものの、歴代の大統領は、殺されるか、謎の死を遂げるか、死刑あるいは無期懲役の判決を言い渡されるか、収賄容疑で逮捕されるかのいずれかです。李明博前大統領も、現職のとき、国会議員の実兄秘書が逮捕。夫人のいとこも逮捕。本人も土地不正購入の疑惑の渦中にあります。日本人の感覚では到底理解できませんね。

作家の井沢元彦さんは、儒教社会である韓国では国家より一族が重んじられ、大統領のファミリーが国や軍や公的組織や会社を私物化しているからこそ、韓国では大統領の汚職事件があとを絶たないのだ、と言っています。

島根県の竹島は、李承晩《イスンマン》以来、韓国に不法占拠されていますが、李明博前大統領は、現役の大統領としてはじめて竹島に上陸しました。韓国人のナショナリズムを鼓舞することで、国民の支持を高める狙いがあると見られていますが、「日王（天皇）はひざまずいて謝罪しなければならない」との発言は、さすがに日本人を激怒させました。

岸田　日本人を激怒させて韓国人は気分がいいのでしょうが、何の得があるというのでしょうか。アホらしい。

――かつて中国には皇帝がいて、日本人は遠慮しつつ「わが国には天皇がいる」と主張してきました。しかし中国と陸続きの韓国には、中国に冊封された国王はいても「皇帝」あるいは「天皇」という呼称は使えません。使うこと自体が宗主国たる中国への反逆にあたるからです。「皇」という言葉を使いたくても使えなかった韓国を、日本が併合して天皇への忠誠を誓わせた。韓国人にとっては、天皇という呼称自体が許せない。だからいま、天皇陛下を日王と呼ぶのです。国際問題は歴史を抜きにして考えることはできませんね。

岸田　韓国人はよく「日帝三十六年の恨み」と言いますが、中国には何百年も支配され、とくに元にはこっぴどく蹂躙されたことは忘れているかのようです。韓国人は、もともと中国のほうが上だと思っているから、中国に支配されてもプライドは傷つかないのでしょうね。他方、日本は東の野蛮人であって、文化を伝えてやったつもりだから、日本のことは下だと思っていて、下だと思っていた奴に支配されたから悔しいということだと思います。だからなおさら、日本人には腹が立つのでしょう。

韓国の大統領は、就任すると日帝三十六年の支配を罵倒し、日本に謝罪を要求するのが慣例になっています。累代の大統領のあいだでどれほど過激に日本を罵倒するか、日本にどれほど深く謝罪させるかが競争になっていて、日本の首相が大統領に謝罪しても、次の大統領がさらに過大な謝罪を獲得して人気を得ようとするので、日本の首相はまた謝罪しなければならないことになり、キリがありません。ついに李明博前大統領は天皇まで槍玉にあげました。いかなる国もそれぞれの事情があってそれぞれの歴史認識があり、日本と韓国の歴史認識が喰い違っているのは当然です。朴槿恵大統領は、日本の歴史認識の誤りをただすよう要求しますが、韓国の歴史認識はそのまま正しいと思っているようです。彼女がそう思っているかぎり、日韓の和解はありえません。本気でそう思っているとすれば、彼女は底抜けのアホとしか言えないし、民衆の人気を維持するため思ってもいないのにそう主張しているとすれば卑怯ですね。

事大主義というのでしょうか。近くに圧倒的に強い帝国が存在していて逆らうことができない弱小国だったという歴史的事情があったせいでしょうが、韓国人は強い国に右顧左眄《うこさべん》する悪癖があるので困ったものです。昔からずっと宗主国・中国に依存し支配されていて、日本を下に見ていましたが、中国が日清戦争にも敗北して弱体化すると、頼る相手をロシアに乗り換えようとし、日本が日露戦争に勝つと日本に従うようになり、日本に併合されて一部の者は本気で日本人になりきろうとし、対米戦では懸命に日本軍に協力しました。そして、日本が日米戦争に敗れると、アメリカにべったりくっついて、反日的態度を取るようになりました。ベトナム戦争ではアメリカ兵以上に勇敢に戦い、敵に恐れられました。最近、中国が世界第二の経済大国になり、軍事的にも力をつけてくると、アメリカに頼りつつも、中国にもいい顔を見せはじめました。

もちろん、いまの日米関係を見れば明らかなように、日本人にも事大主義の傾向はあり、韓国人のみの悪癖ではありませんが……。

日本が韓国にひどいことをしたことは確かで、とくに関東大震災のときの何のいわれもない朝鮮人虐殺はひどかったですが、いまの韓国が桁外れに反日的なのは、日本に植民地化されてどれほど被害を被ったかに比例してのことではなく、日本の植民地であったあいだ、日本人に気に入られようとして一部の韓国人が日本人以上に日本人的になろうとし、自ら進んで卑屈に迎合した屈辱の記憶が拭い難く、その苦しさから逃れようとして逃れられないことが主な理由だと考えられます。日本人は韓国人が言うほど韓国にひどいことをした覚えはなく、むしろいいことをたくさんしてやったと思っているので、なぜ韓国はこんなに反日的なのかが不可解で、韓国人には話が通じないと絶望したりしますが、韓国人のこの屈辱感を理解しないで、どれほど謝罪や賠償や援助を重ねても、反日感情を鎮めるには何の効果もありません。むしろ、火に油を注ぐだけです。とくに、日本の植民地化によって韓国の近代化が進んだなどと言われると、それが事実であるだけになおさら韓国人は怒り心頭に発します。日本の植民地化は韓国に甚大な被害をもたらしただけで、韓国人の創氏改名も、日本兵として戦ったことも、従軍慰安婦もすべては無理やり強制されたことでなければならないのです。

従軍慰安婦の問題で、当時の内閣官房長官・河野洋平は、何の証拠もないにもかかわらず、韓国の約束を信じてその言うがままに、日本軍が韓国女性を強制連行したと認めました。河野としては、事実に反することを知っていても、ここで譲歩して韓国の要求を呑めば、韓国は日本の誠意、善意を理解し評価してくれて、日韓の友好関係が成り立つと期待したのでしょう。日本人同士なら、このようなやり方でうまくいったかもしれませんが、彼はあまりにも韓国人のことを知らなさ過ぎました。外交官としては致命的失敗でした。事大主義とは、上位の相手に対しては謙虚に引き下がり、下位の相手に対しては強気に出る態度のことです。韓国は、河野が韓国の要求をすんなり呑んだので、日本が韓国の下位の国であることを承認したサイン、慰安婦問題に関しては日本に対して強い要求をしてよいサインと解したのです。日本政府の公式の謝罪要求、日本大使館前の韓国人慰安婦像の設置など、その後の韓国の行動は、そこから来ています。もう止まりません。

事大主義とは、強い相手に依存し、身を委ねるということで、すべては相手次第ということになります。したがって、これは責任放棄主義でもあります。自分に何かよくないことが起こると、すべては相手のせいであって、自分は少しも悪くない。日本が朝鮮（韓国）を植民地にしたことについては、日本が悪いことは言うまでもなく、日本にも責任がありますが、朝鮮（韓国）もその判断と行動次第では植民地にならずに済んだはずで、朝鮮（韓国）にも責任の一端はあります。ところが、日本に百パーセント責任があり、朝鮮（韓国）は少しも悪くないということになっている。その結果、どういうことになるかというと、植民地化を招いた朝鮮（韓国）側の弱点は全然反省されずに温存されることになります。もし大日本帝国のような国が現れたら、いまの韓国はいとも簡単にふたたび植民地化されるでしょう。

劣等感を捨て、外国との関係のなかで国を築けるか

――でも、日本もまったく褒められたものではありませんね。官僚の腐敗はとくにひどい。財務官僚は地位を利用して不正に大金を懐に入れ、厚労官僚は血友病患者にエイズを罹患させる危険を冒してでも天下り先の製薬会社の利権を守り、国交省はゼネコンと癒着し、原発の安全性をチェックすべき経済産業省傘下の原子力安全・保安院は東電の負担を考慮して安全基準を下げ続けています。

岸田さんは『官僚病の起源』という本を書かれていますが、公僕たる官僚は、なぜ国民のことを考えないのでしょうか。

岸田　それには歴史的背景があります。日本の近代政府が成立したとき、官僚はもともと国民に奉仕するために任命されたのではなく、政府の上に立つ天皇の使用人だったからです。官僚は天皇に任命され、勅任官ということになっており、その権威は天皇に由来します。だから、国民への奉仕など最初から念頭にないどころか、天皇に仕える身なのだから、むしろ国民の主

人のつもりなのです。日本軍が満州や沖縄で一般市民を守らなかったのは、国民の軍隊ではなく天皇の軍隊だったからです。同じ構造です。一般市民を守るのは軍の任務ではなかったのです。

敗戦後は、民主主義になったのだから、官僚は国民の税金から給料をもらっていて、本来なら国民の使用人のはずです。ところが、戦前からの錯覚が続いていて、依然として官僚は天皇の権威を体現した国民の主人のつもりらしく、国民に命令したりします。

馬鹿みたいな例ですが、アルベルト・フジモリさんがペルーの大統領に就任したとき、彼が就任式に招待した日本女性たちに、ペルー駐在の日本大使館から、日本大使夫人が洋装で出席するから、日本女性も同じく洋装で出席するように通達があったのでした。日本大使館員の夫人たちにではなく、大使館とは関係がない民間人の女性たちに命令したのです。招待者は日本大使ではなく、フジモリさんなのですよ。彼女たちはびっくりし、大笑いしました。もちろん、日本から持参した着物を着て出席しました。しかし、日本大使夫人は心外だったようです。

――二〇一一年三月に起こった福島第一原発の事故は、日本社会の欠陥を改めて明らかにしました。「全電源喪失によるメルトダウンという事態は起こらない」とみんなが言えば、「みんなが言うのだから起こらないのだろう」ということになってしまう。まさに自閉的共同体の病理であり、「和を以て貴しとなす」という日本的思想の敗北であったような気がします。

岸田　放射能の危険を無視して原発を作り続けたのは、日本が明治以来抱くようになった欧米への劣等感や屈辱から逃亡し、克服しようとする焦りが動機だと思います。戦前、軍艦は一隻でも多いほうがいいとの妄念にやみくもに駆られて、建艦競争にうつつを抜かしたのと同じです。戦後の現在、「原発をどうするか」という問題は「日本をどうするか」という問題と同じです。

明治以来、日本は欧米に侵略され、植民地化された屈辱を払拭しようとあがいてきました。かつて日本の国是は富国強兵でしたが、敗戦によって軍事面で挫折したので、代わって経済力で日本のプライドを示そうとしました。経済力の根本はエネルギーです。原子力は非常に危険なエネルギーですが、そのマイナスを埋め合わせるプラスが国家の経済力の強化だと思われているのです。そのような思想がどこかにある限りは、原発をなくすことはできません。原発をなくすということは、経済大国という夢、プライドを思い切るということです。日本人が江戸時代のような生活をする気があれば原発は不要ですが、いまの日本人にそんなことができるでしょうか。核のゴミは不滅だそうで、不滅なゴミを出すような原発はないほうがいいのは決まっていますが……。

日本人が戦後、アメリカに抱いた劣等感、敗北感は大きなものでした。敗戦直後、朝日新聞には「ブロンディ」というアメリカのマンガが連載されていましたが、主人公のブロンディが大きな冷蔵庫の扉を開けると食べ物がいっぱい詰まっていた。われわれはそれを見て、彼我のあまりの違いに打ちひしがれました。そこで「クソ！」と思って必死に働いたのです。

戦前の日本人は、貧しいことが恥ではなかった。家が貧乏で教科書が買えない、弁当を持ってこれないという貧乏な生徒はたくさんいました。貧乏はいやだけれど、それほど恥とは思っていなかった。つぎが当たっている服を着ていても、恥ずかしくなかった。現代では、貧乏であることが恥になっています。貧乏人は、貧乏それ自体の苦しみのほかに、恥の苦しみをも苦しまなければならなくなりました。実際には食べ物もいっぱいあり、貧乏とは言えなくとも、人より生活レベルが低いことが恥になっています。「貧乏が恥」というのは、戦後、アメリカとの比較で獲得した感覚です。

原発を廃止できるかどうかは、アメリカから伝染してきた、貧乏は恥だという感覚を捨てられるかどうか、という問題と同じだと思います。

――坂の上の雲をあきらめられるか、ということですね。

岸田　そういうことです。二〇一一年にブータンの国王夫妻が来日しましたけど、日本人がブータン人のように、貧乏であることに劣等感をもたないようになれば、原発を捨てることができると思いますが、それは無理でしょうね。

――明治維新以後、日本人は軍部を熱狂的に支持して、戦争が終わると一気にアメリカ大好きになりました。水戸黄門が大好きな日本人は、つねに「上のほうにいる偉い人たちが何とかしてくれる」と考えていて、自分たちで国の方針を決めていくという発想はないように思います。

岸田　ありませんね。日本人は日本人の仲間うちのことだけしか考えずにやってきたのです。諸外国との関係のなかで国を築いていくという発想は、日本には建国以来なかったのではないかと思います。日本列島の地理的条件のよさ、大陸から遠からず近からず、という幸運というか偶然があったために、外国のことをあまり気にせずにやってこれた。日本は要するに、甘ったれた国なのです。甘ったれることそれ自体が必ずしも悪いわけではありませんが、こんな甘ったれた国がユーラシア大陸のどこかにあったならば、とっくに滅ぼされていたでしょうね。

日本は近代までは、けっこう幸せな民族だった。近代になって、それがいまいろいろと裏目に出ています。日本が考えるべきことは、諸外国との関係のなかで国を築くという発想をもつことだと思います。

――そのためにこそ、歴史を学ぶ必要があるのですね。

岸田　国家が学ぶべきは過去です。自分の国や民族が、これまでに何をしてきたか、ということを知ることが今後の方針を決定するために不可欠です。自分たちの失敗をなかったことにして無視してきたからこそ、日本は何度でも同じ失敗を繰り返してきたのです。

動物の場合は、最初の祖先から近くの祖先に至るまでの無数の個体が生きてきた長い長い連続する環境のなかで、無数の世代の体験が集約されて形成された本能に基づいて行動するのですが、人間はどういうわけか本能が壊れてしまった。本能が壊れたとしても、消滅したわけではない。壊れてばらばらになった本能は、個体や種族をそれぞれ勝手なほうへ駆り立てる断片的動機としては存在していますが、しかしもちろん、統一的体系として個体や種族の存続を保証することはできない。そこで、人類は存続するため、本能の代用品として文化を創造したのです。

文化のなかで育つ人間は生まれた瞬間より、周りの無数の人たち、その言葉や態度、語る物語、聞く話、社会の慣習、書物、そして、森羅万象から無数の観念を受け取り、それらの観念を自分なりに取捨選択し、まとめたり変形したり換骨奪胎したり色づけたり体系化したり、そのほかさまざまなことをして、それらの観念を材料として自我あるいは人格を形成します。

本能が壊れたために本能に基づいて生きることができない人類は、個人も集団も文化のなかで生まれ育って形成された自我あるいは人格に基づいて生きることになった。そのためには、自我あるいは人格がどのような観念で構成されているかを知らなければなりません。日本人なら、それらの観念は、日本人が日本人になった大昔からの歴史、さらにその大昔の、日本人が日本人になる前の歴史、さらにその前の人類の歴史（さらに付け加えれば、人類になる前の動物としての体験も断片化した本能の一部として含まれているでしょう）の流れのなかで発生したものです。要するに、われわれは、人間として日本人として生きるためには、人類の歴史、日本の歴史を知らなければなりません。歴史を知らないと、どう生きていいか、何をどうすればいいかわからず、壊れた本能の断片と歴史に根拠がない軽佻《けいちょう》浮薄《ふはく》な観念群に小突き回され、迷いに迷って愚かな失敗を繰り返すだけになってしまいます。

補論　日米はなぜ戦ったか

岸田 秀

日米戦争で日本人はあれほど大きな犠牲を払って必死に戦ったのになぜ負けたのか、あるいは、負ける戦争をなぜあれほど大きな犠牲を払って必死に戦ったのかが何としても腑に落ちないので、その原因についてはこれまで多くの人があれやこれやと考察しているが、わたしも彼らの後塵を拝してこの問題に関して考えたことを、蛇足ながら述べてみよう。

軍部は日本軍が敗れたのを主として物量の差のせいにしていたが（ということは、物量の差がなく、同じ程度の軍備や工業生産力があったとすれば勝てたはずである。日本軍の戦略や作戦に問題はなかったと思っているのであろうか）、日米の軍備や工業生産力に圧倒的な差があることははじめからわかっていたことで、物量の差のせいで必然的に負けるのであれば、そもそも戦争すべきではなかったわけで、負けたあとでそのようなことを理由にするのは卑怯であろう。

確かに、これほど大きな国力の違いがあったのだから、日本がアメリカに勝つことはできなかったであろうと考えられるが（「こうすれば勝てた」との説もあるが）、わたしは、日本軍はアメリカ軍との軍事力の差から当然常識的に予想される程度の負け方をはるかに超えたひどくみじめな負け方をしており、それは、日本兵の戦意や勇気や努力の不足ではなく、作戦の拙劣さのせいだと思っている。兵士の戦意や勇気や努力は、それさえあれば勝てるかのように、その重要性が過剰に強調され、不必要な場合にも強いられて、そのためかえっていたずらに悲惨な結果を招くこともあった。

作戦の拙劣ささえなかったら、終局的には敗北したとしても、あれこれの戦いにおける兵員の無意味な大量死は避けられたのではないか。あるいは、アメリカ軍に多大な損害を与え、有利な条件で講和を結べたのではないかと思われる。

日本軍の作戦の拙劣さの一因が大本営や参謀本部や軍令部のメンバーや個々の指揮官や参謀個人の愚かさ、傲慢さ、甘さにあることは確かであるが、冷静で優秀で賢明な者も多くいたのであり、また、愚かで傲慢な者も天から降ってきたわけではなく、日本軍の組織によって選ばれ、周りの人々に認められていたのである。重大な問題は、なぜ優秀で賢明な者の意見が通らなかったかということである。

そのようなことになるのは、日本軍という組織の構造にこそ問題があったのではないか。なぜそのような日本軍が形成されたかの根本的原因は、近代に日本が置かれた状況だけでなく、古代以来の日本の歴史の中にも探らなければならないのではないかと、わたしは考えている。

そのためには第一に、近代日本の政府が、そして軍部が明治維新以来、各藩の武士団を解体して、はじめは富国強兵の旗印のもとに、そしてそれから、日清日露の両戦役、第一次世界大戦、日中戦争などを経て日米戦争に至る過程において、どのような近代日本軍をつくろうとめざしてきたか、どのように軍を組織しようとしてきたかを検討しなければならない。次に、日本軍の構造の背景であり基盤である日本文化はどのような文化であるかを検討しなければならない。

薩摩藩は薩英戦争に、長州藩は馬関戦争に敗北し、欧米の軍事力の優位を見せつけられた明治政府は、一部の武士階級を別として、江戸時代の二百数十年、戦争とは関係がなく平穏に暮らしてきた百姓町人を国民皆兵のスローガンのもとに徴兵して欧米軍に対抗できる兵士に大急ぎで仕立てあげるために相当焦ったであろう。戦争に行けば戦死する可能性があるのだから、死ぬ危険を冒して勇敢に戦うようにするには、兵士に戦う価値と意味を叩き込む必要があり、そこで、天皇を神とし、日本国を神の国として、天皇のため国のために戦うことを、崇高な目的のための誇り高い行為とする必要があった（と軍部は考えたであろう）。そのために、いったん軍隊に入れば、もはや地方人（軍隊から見た一般人）とは違うこと、地方人に通じる常識は通じないことを新兵に体得させようとして過酷な（ときには侮辱的で残酷な）訓練をしたのではあるまいか。日本陸軍の内務班では新兵いじめがひどかったと言われているが、内務班にサディストがたくさんいたわけではなく、そういう教育が必要だと思われていたのであろう。

どこの国でも新兵の訓練は厳しいであろうが、新兵をことさらに過酷な訓練で鍛えあげようとしたのは日本軍の特徴ではあるまいか。その効果はあって、多くの新兵は勇敢な規律正しい兵士になったであろうが、残酷に扱われた人は残酷な人になりがちで、一部の者は中国戦線などで捕虜や一般市民に残虐なことをしたのであろう。それに反して、エリート軍人は新兵のように過酷な訓練を受けることはなく、陸軍士官学校や海軍兵学校で、また陸海軍大学校で戦史・戦術の理論の教育を受け、成績がよい順にいい地位に就く。日本は秀吉の朝鮮侵略以来、二百数十年、対外戦争を知らず、その後も、すでに述べたように、日清戦争は、英仏に敗れて弱体化し統制を失った清の軍隊に勝っただけであり、日露戦争は、革命前で混乱したロシアの遠い極東への派遣軍に、英米の援助を得てやっと勝っただけであった。ところが、日露戦争に関しては、英米の援助をなかったことにして、日本が独力で勝ったことになっていた。そして日本は、第一次世界大戦には、同盟国イギリスの要請を受けて、申し訳程度に青島《チンタオ》と地中海でドイツ軍と戦ったに過ぎなかったし、満州事変はほとんど抵抗を受けることなく簡単に勝ってしまった。

そういう輝かしい日本の勝利の戦史を聞かされて教育されたエリート軍人は、近代戦争の戦略と戦術について深く学ぶこともなく、国家が国力のすべてを賭けて戦う総力戦の厳しさを知らず、忠勇無双のわが兵が戦って局地戦に勝てばいいというような甘い考えで日米戦争に突入してしまったのではないか。こういうことが日米戦争の惨敗の原因ではないであろうか。

そのほかまださまざまな敗因が考えられる。たとえば、エリート軍人たちが開いた作戦会議などでも、勇ましいことを言ったほうが勝つということがあったのではないか。「それではわが軍は勝てない」とか、「補給はどうするんだ」とかの現実を踏まえた慎重論を言うと「卑怯者」と見なされて沈黙させられ、「必勝の信念をもって断固として強気で出れば勝てるのだ」との精神論が幅を利かせて、誇大妄想的な雄大な作戦を主張するほうが勝つということがあったのではなかろうか。要するに、作戦会議では、信念をもった、声の大きい馬鹿が議論に勝って、現実の戦いでは、雄大な作戦を遂行しようとした軍は負けるというような構造になっていたのではなかろうか。

しかし、どうしてこういうことになるのであろうか。なぜ現実を踏まえた慎重論が引き下がるのであろうか。ここに日本軍の根深い病理があるのではないか。勇ましい作戦を主張する強気論が議論に勝つのは、会議のメンバー全員が、もちろん、戦いに勝てばいいと思っており、強気論は全員の願望に沿うので、（山本七平さんの言葉を借りれば）その場の「空気」を支配し、怪しいと思っている者も「空気」に抵抗できないからではないか。同じことをわたしの言葉に言い換えれば、すでに述べたように、日本軍が全体としても、個々の下位グループ（陸軍、海軍、個々の部隊）としてもそれぞれ自閉的共同体になっているからである。自閉的共同体のなかでは、いったんある意見で「和」の雰囲気が醸成されると、反対意見を出して和気藹々とした「和」の雰囲気を壊すようなことはもう誰にもできない。そして、自閉的共同体の特徴として、そのときには、自閉的共同体の仲間内の者以外の人々のことは視野の外に追い払われている。たとえば、軍は国民一般の被害をあまり気にしない、陸軍（海軍）は海軍（陸軍）と無関係に作戦計画を立てる、部隊と部隊が先陣争いをする、など。

このような「和」の文化は、聖徳太子が憲法十七条の第一条で「和を以て貴しとなす」と説いて以来の日本の伝統であって、いろいろメリットもあるが、デメリットも多い。いまあげたのはデメリットの例であるが、日本軍では、不適切な指揮をしたり、不適切な作戦を立てたりして損害を招いた無能な指揮官や参謀が馘《くび》にならないのも「和」の文化のせいであろう。

たとえば、ノモンハン事件でいたずらに強硬な作戦を主張し、第二十三師団のほぼ全滅を招いた辻政信《つじまさのぶ》参謀は、しばらく左遷されていたが二年後には参謀本部に復活し、ガダルカナル作戦では兵力の漸次投入という、孫子以来の拙劣な作戦を遂行して二万の兵士を餓死させた（辻政信は頭がよく切れて鋭いということで、「カミソリの辻」と称されていた）。真珠湾奇襲作戦で、第一次攻撃の成功に満足したのか、誰もがこの機に乗じて敢行するのが当然だと考えた第二次攻撃をどういうわけか差し止め、さらなる戦果をあげる絶好のチャンスを逸した南雲忠一《なぐもちゅういち》中将は、ミッドウェイ海戦で致命的な判断ミスを犯して、連合艦隊の虎の子の航空母艦四隻を撃沈され、鍛えに鍛えた多くの練達の航空兵を失ってしまった。中国戦線で強引な作戦をするので評判がよくなかった牟田口廉也中将は補給をないがしろにしたインパール作戦で十万弱の兵をビルマからインドへと進攻させたが、何の戦果もなく撤退の途上で九割以上が敵弾に当たってではなく餓死・病死することになった。もし、軍部がこれらの参謀や将軍の指揮や作戦行動を隠蔽せず慎重に綿密に考察し、論功行賞を明らかにしてその不適切な業績のゆえをもって早めに彼らを馘にしていれば、これらの負け戦さを避けることができ、夥《おびただ》しい数の日本兵が死なずに済んだであろう。

隠蔽は自閉的共同体の体質的特徴であるが、まずいことをやった無能な将軍を馘にしないためには、彼らの失敗とその原因を隠蔽しなければならず、その結果、彼らがそのあとまた同じような失敗を繰り返すのを防ぐことができないだけでなく、彼らが咎められないのを見たほかの将軍も失敗してもいいのだと安心して緊張しなくなり、失敗の習癖が全軍に波及することになる。

アメリカ軍ならすぐ馘になるような彼らを日本軍はなぜ馘にしないのか。ひとつには、軍の上層部の連中は、同じ学校の同級生・先輩・後輩の仲間内であることが多く、また姻戚関係でも結ばれていることがあり（考古学者や天文学者の世界と同じく、職業軍人の世界も狭い世界なのである）、馘にするのは可哀相だと思うからであり（そのため、死なくてよかったのに死ぬことになった前線の兵士は可哀相ではない）、将来、同じような失敗をするかもしれない自分の安全のためでもある。

これは軍人だけでなく、日本人一般の特徴かもしれないが、意志力を過大評価する傾向がある。日本人は、失敗した無能な者でも失敗を反省し心を入れ替えて奮励努力すれば、失敗を埋め合わせる立派な業績をあげて名誉を回復できるのだから、そのチャンスを与えてやるべきであると考える傾向がある。これは実に思いやりのある寛大な考え方であり、それ自体は文句のつけどころがないが、一瞬で生死が分かれる場面に直面しなければならない殺し合いの戦争の時代にはそぐわない。

他国・他民族への侵略、植民地化、支配をめぐって長く戦争を続けてきた伝統のある欧米諸国と違って、遅ればせに大慌てで国際競争に参加した日本はまだその過酷さに慣れておらず、戦場での失敗を重大に受け止める必要性を十分に学習していなかったようである。人間が失敗するのは、本人のものの見方、感じ方、考え方、人格構造、世界観、習慣などに原因があり、それを改めるのは容易ではなく、改めるとしても長い時間を要するのであり、失敗した人は同じ失敗を繰り返す危険が非常に大きい。平和な日常生活でなら、本人が長い時間をかけて改めるのを待つ余裕があるであろうが、戦場ではそんな暇はない。欧米諸国は長年の経験によってそのことを知っていたらしく、まずい決断をした指揮官や参謀はすぐ別の者に取り替えたが、日本の軍部はその点を甘く考えていて、いたずらに犠牲者を増やした。

意志力の過大評価は、日本が置かれていた追いつめられた状況によってますますひどくなった。自尊心を保つため、日露戦争に勝ったのは「死を恐れぬ勇敢な日本兵」が必死に戦ったからであるという神話がつくられたことはすでに指摘したが、日本軍は日米戦争を控えてこの神話にますます縋《すが》るようになった。日米の軍事力・工業力の差はあまりにも歴然としており、普通に戦ったのでは日本が負けることはあまりにも明らかであった。アメリカに万が一にも勝つ

ために は、一億一心、火の玉となっていかなる犠牲をも惜しまずあらゆる苦難を乗り越え無理に無理を重ねる必要があるということになった。この観念が日本兵の悲惨な大量死の原因であった。

大東亜戦争中の日本軍の作戦は、現在から振り返ってみれば、そんなのはダメに決まっているではないか、どうしてそんな馬鹿げたことを企てたのかとしか思えないものが少なからずある。たとえば、東部ニューギニアの北岸のブナから南岸のポート・モレスビーまでは約二百キロあるが、一万名あまりの重装備の大部隊が地図もなく標高三千メートルの未踏の原始林のオーエン・スタンレー山脈を縦断するという無茶な作戦を大本営の誰が思いついたのか知らないが、オーストラリア攻撃の拠点にするつもりであったポート・モレスビーを見下ろす位置に達すると中止の軍命令がきて、撤収を始めた兵士のほとんどが疲労と飢えとアメリカ軍の攻撃で死んだそうで、まったく無駄な作戦であった。

しかし、大本営の連中は気が狂っていたわけでも馬鹿だったわけでもなく、当時の日本の軍部の戦略思想というか共同幻想というか、無理をしなければアメリカ軍に対抗できないという考えに凝り固まっていたのであろう。したがって、作戦会議において、ある作戦の提案に対して、普通なら当然出るべき慎重論が出ても、作戦を却下する根拠にはならなかったのであろう。無謀だから、無理だから中止するということは、戦争を止める、アメリカに降伏することを意味したのであろう。そこで、誰でも無謀無理とわかるような作戦が認可されたのであろう。

アッツ島をはじめとする太平洋の島々での玉砕や、搭乗員の死を前提とするあまりにも残酷な特攻作戦はこの路線の延長線上に考え出されたのであろう。「あらゆる困難を乗り越えなければならないということが極端化され、死をも乗り越えなければならないということになったのであろう。敗色が濃くなっても軍部は本土決戦、一億玉砕を怒号していたのだから、全国民が死を覚悟すれば、起死回生の活路が開けるとでも思っていたのであろうか。いずれにせよ、国民のあいだから、玉砕や特攻に対して疑問や不満や非難や反対の声は出なかった。むしろ、国民の多くは感激し称賛していた。しかし、玉砕や特攻によってでも「戦局は必ずしも好転」しなかった。死を前提としたこれらの作戦は、結局日本は敗北したのだから、勝利に貢献したとは言えないけれども、戦果をあげるのにどれほど貢献したのであろうか。

真珠湾奇襲作戦には五艇の特殊潜航艇が参加し、全艇が帰らなかった。これは爆弾を抱えて体当たりする特攻と違って、一応帰還できることになってはいたが、生還は期し難いことははじめからわかっていた。だから、乗組員の九名（一艇は岸に乗り上げ、一名は日米戦争の捕虜第一号となった）は軍神としてその写真は多くの家庭で天皇の写真と並べて掲げられていた。真珠湾奇襲は大戦果をあげたが、特殊潜航艇があげた戦果はなかった。しかし、大本営は死を覚悟して出撃した九軍神が何の戦果もあげなかったとしたくなかったのであろう、彼らが真珠湾奇襲の戦果に大きな役割を果たしたことにした。そのために、それ以後、特殊潜航艇はオーストラリアのシドニー沖へ三艇が出撃をしたが、やはり帰還した艇はなく、戦果をあげたという報告はない（民間船を一艘沈めたらしい）。

最初に出撃した神風特攻隊、関行男《せきゆきお》大尉を隊長とする敷島隊は、航空母艦を撃沈し、ほかにも数隻に損害を与えたとのことで、海軍はこの成功に気をよくして特攻隊を次々と繰り出した。はじめは意表を突かれたアメリカ軍も、弾幕を密にするなどの対策を講じ、成功率は下がっていった。最終的には、特攻機は陸海軍合わせて四千五百機ほどが出撃した。命中率は五％以下だったという報告を読んだことがあるが、十％以上だったとも聞くし、とにかく、日本の軍部は過大評価しているであろうし、アメリカ側は過少評価しているであろうし、何をもって命中としているかも違うであろうし、どれぐらいの戦果をあげたかははっきりしない。

航空機による特攻のほかに、魚雷を転用した回天による特攻もあった。回天は潜水艦に積載され、敵艦の近くで発射され、搭乗員が操縦して敵艦に体当たりするのである。特攻機はエンジンが不調だったり、敵艦が見つからなかったりすると引き返すことができるが、回天はいったん発射されるともう帰るすべはなく、敵艦が見つからなくても、ただむなしく死を待つだけの残酷な兵器であった。回天は約四百艇製造され、訓練中の事故死も含めて百数十名が回天で死亡したとのことであるが、戦果としては、駆逐艦一隻のほかに給油艦や輸送船などを撃沈している。犠牲が大きいわりには情けないほど少ない戦果である。そのほか、桜花や震洋に至っては戦果をあげた報告は知らない。最後の最後には、訓練用の練習機を使ってまで特攻したそうであるが、敵艦を一隻でも撃沈したのであろうか。

真珠湾奇襲に参加した特殊潜航艇をはじめとして、神風特攻隊、回天、桜花、震洋に至る、いずれも、死を覚悟または前提とした攻撃は、戦果が少なくても、あるいはなくても、過大な戦果が報告され、そのため、特攻出撃は効果抜群ということになり、結果的に、命を捨ててまで敢行しても大して効果がなかった出撃を中止することができなかった。あるいは、特攻は、戦果など問題ではなく、死をものともせず戦う日本人の勇気と自己犠牲の精神を示すためだったのであろうか。

このような情報の隠蔽や歪曲は、特攻出撃に関してだけではなく、そのほかの戦闘についても見られ、日本軍の作戦計画を狂わせ、損害をいたずらに大きくした。たとえば、台湾沖航空戦では、日本海軍は敵機動部隊を攻撃して、空母十一隻、戦艦二隻、巡洋艦三隻、駆逐艦一隻を撃沈したと発表したが、実際の戦果は巡洋艦二隻を大破させただけであった。海軍は、そのあとそれが誤報であることに気づいたが、そのことを陸軍に報告しなかった。陸軍は、それまでアメリカ軍とルソン島で一大決戦をするつもりであったが、海軍の大戦果を聞いて決戦の場をレイテ島に変更し、八万四千名の兵員を送り込んだ。ところが、主として、沈没したはずの敵艦の砲撃によって八万名近くがいたずらに戦死した。

人情の自然として、戦果を過大視し、味方の損害は見たくないという気持ちはわからないではないが、その気持ちに引きずられて正確な情報を伝えなかったのは、戦争の勝敗を左右する情報の重大性がわかっていなかったからだとしか考えられない。それは、近代日本が無理をして欧米の軍隊のような近代軍をつくってみたものの、近代戦の厳しさが身についていなかったということであろう。

日本は、すでに開戦前から、アメリカに暗号が解読されていたが、それに気づかなかった。それがミッドウェイ海戦の敗因のひとつであるが、情報を軽視しているからそういうことになるのである。暗号の担当員がどういう場合にどういうことを敵に知られないために暗号が必要かということを実感として理解していなかったので、とにかく何でも暗号化しさえすればいいのだろうと安易に考え、仕事に励むつもりで敵にわかってもどうということがない情報をもやみくもに暗号化した。そのため、敵に暗号の例文をたくさん提供することになり、日本の暗号は解読されてしまったのであった。しかし、そういう実感は一朝一夕には養成できないのであろう。

日米戦争の敗因はまだほかにもある。日本軍は、つねに最高最大の戦力を発揮しなければアメリカ軍に対抗できないという焦りから、現実の状況に基づいて攻撃方法を決めるよりも、観念的に最高最大の戦力を発揮できる状況を想定し、想定された状況に基づいて攻撃方法を決める癖があった。それは現実の状況に基づいていないので、必然的に挫折し、多大の不利を招く。たとえば、ミッドウェイ海戦で空母四隻を撃沈される致命的な失敗を招いた南雲忠一中将の判断ミスとは、ミッドウェイ島への第一次攻撃の成果が十分ではなかったので、第二次攻撃のために空母上に陸戦用の爆弾を積載した爆撃機が出撃を待っていたとき、偵察機が敵の空母を発見したので、急遽、陸戦用の爆弾を魚雷に積み換える命令を出したことである。積み換えようとしていたとき、敵の空母から発進した爆撃機が甲板に爆弾を満載している味方の空母を襲い、大爆発を起こして空母四隻は沈んでしまった。このとき、すでに陸戦用の爆弾を積載しているのだから、空母を攻撃するためにそのままただちに爆撃機を出撃させることを進言した者はいたが、南雲中将は却下した。

なぜ南雲中将は判断を誤ったか。わたしの推測であるが、彼は敵の空母を陸戦用の爆弾で攻撃する現実的な次善の策よりも、魚雷で攻撃する観念的な最善の策を選んだのであろう。現実的な次善の策より観念的な最善の策を選んで現実には失敗するのは日本軍の悪癖であり、日米戦争の重大な敗因のひとつである。このことは、日本軍は現実の世界ではなく、観念の世界で戦っていたことを示している。

受験生の前では「落ちる」とか「滑る」とかいう言葉を使わないというような日本の伝統的な言霊《ことだま》信仰に囚われていたためか、日本軍では、負けることを想定するのは不吉であって負けを招くことになるという奇妙な考えがあって、作戦会議でも景気のいい希望的観測がはびこる。戦いに勝つためにはあらゆる敗北の可能性を洗い出していちいち検討し、それを防ぐ策を考えるのが基本であるが、日本軍はまさにその逆をやっていて、必勝の信念をもてば勝てると信じているかのように、ことがうまくいった場合を思い描いて戦いに臨むから、現実には負けることになる。日本軍のこの態度は最後まで改まらなかった。

「生きて虜囚の辱めを受けず」とかで捕虜になるより死を選ぶことを兵士に強要したのもこの悪癖の一例である。捕虜になることを容認していれば、兵士は死ぬまで戦わないかもしれない。捕虜になるのは不名誉なことであるとして禁止し、兵士をして死ぬまで戦わせるのは軍の攻撃力を最高に保つことになると観念的には考えられたのであろう。しかし、現実には、敗色が濃いとき、もうこれ以上戦っても無駄であると、捕虜になる兵士がいても不思議ではない。あるいは、怪我をしたり気を失ったりして捕虜になるかもしれない。軍部はすべての兵士が死ぬまで戦うという最善の状況しか想定せず、兵士が捕虜になるという好ましくない事態を想定しないから、そのときはどう振る舞うべきかを教えなかった。その結果どうなったかというと、大多数の兵士は敵に大した損害を与えることなく名誉の戦死を遂げ、捕虜になったごく少数の兵士はわが軍はいつどこを攻撃しようとしているかの軍事機密を敵にベラベラ喋り、彼らずに済んだはずの大損害を味方に与えた。何度でも強調したいが、日本軍は現実の情勢に即してではなく、空想的観念に基づいて戦っていたらしい。

捕虜になるのを禁止したのは、日本の軍部が「忠勇無双のわが兵」などと煽り立てながら、兵士を信用していなかったことも、ひとつの理由であろう。捕虜になるのを禁止しなければ、兵士はすぐ戦うのを止めて捕虜になると危惧していたのであろう。だから、逆の極端を強いたのであろう。

当事者の責任が不明確であるというのも日米戦争の重要な敗因のひとつであった。そもそも東京裁判に際して、連合国は、ニュルンベルク裁判のときと同じように、戦争を決定した日本政府の要人の共同謀議を証明しようとしたが、共同謀議などどこにもなかった。開戦のときだけではなく、どの作戦会議においても、何となく場の雰囲気で決まっていたようで、決定の責任者がいない。もし、いても隠される。強硬に主張した者がいることもあるが、その場合も、他の者たちは、「あんなに強硬に主張するのだから、自信があるのであろう、俺はよくわからないが、彼に任せておけば何とかなるだろう」と無責任に彼に従っただけだったり、また彼も他の者たちが同じ意見だったので、「これでいいのだろう」と全体の流れに応じただけだったりする。全体の流れがある方向に行きそうになると、おかしいと思った者がいても全体の「和」を乱すのを恐れて言わないのである。

したがって、作戦が失敗した場合、作戦を決定した責任者もその根拠と論理も明らかではないので、失敗を教訓として今後の作戦を改善するということができない。ただ、今度こそは、全員、天皇陛下の意を体し、心をひとつにしてさらなる必勝の信念をもって粉骨砕身・一路邁進がんばろうということにしかならない。そしてまた同じ失敗を犯す。

当事者の責任の不明確さは近代天皇制が絡んでいるのではないかと思われる。明治政府は欧米諸国に対抗するため、キリスト教を真似て天皇制を一神教にしようとした。そこで、天皇を唯一絶対神のような神聖不可侵の存在にしたが、天皇は何と言っても生身の人間なので、どこかちぐはぐでいささか奇妙なことになった。天皇は絶対君主であるから、タテマエとして軍の統帥権《とうすいけん》など、すべてのことに関して決定権をもっている。臣下は何か意見があったとしても、天皇にその認否に関して伺いを立てなければならず、最終決定権は天皇にあることになっている。したがって、臣下としては全責任は天皇にあるような気がするが、天皇に責任を負わせることはない。全権があって何の責任もない存在を上にいただいていると、下の者はどうなるか。無責任になる。

軍隊だけでなく、現代でも日本では何かの組織や団体においてミスがあった場合、責任の所在が曖昧なことが多い。責任者は誰か、どういう根拠に基づく誰のどういう判断がミスを招いたのかが追及されない。対外的な必要があって、責任者を出さねばならないときは、実際にミスの原因をつくった者ではなく、社長などのトップに責任があるということになって辞任もしくは辞職してケリをつける。あるいは、誰か適当なスケープゴート（トカゲの尻尾）が見つけられている。したがって、ミスの真の原因は解明されず、わからないままである。日本軍でも、辻政信《つじまさのぶ》参謀などは、ある部隊が負けると、実際には参謀の作戦が間違っていたり、補給が続かなかったために負けたのに、部隊長の責任であるとして自決を迫っていた。負けた部隊長に自決させると、他の部隊長たちが同じ目に遭うまいとして、いっそうがんばるようになって、これからは勝てるとでも思っていたのであろうか。情報や補給などの現実的要因を軽視し、それよりも兵員の士気・やる気などの精神的要因を重視する（もちろん、精神的要因も必要ではあるが）

日本軍の悪癖がここでも見られる。

前にも述べたように、日本の軍部はアメリカ軍に敗北したのは物量の差のせいだと思いたがっていたようであるが、わたしは、もしかりに日米が軍事力・工業力・経済力において同等であったとしても、これまで述べてきたような日本軍の構造に由来する敗因によってアメリカ軍に不可避的に敗北したに違いないと思っている。日本軍がアメリカ軍に負けたのは、軍事力の不足のためではなく、軍事思想の不適切さのせいであった。

日本列島に人類が流れついて以来数千年、日本の建国以来千何百年の歴史、とくに二百数十年の江戸時代の歴史を経て形成された日本文化は、近代において直面した欧米の植民地主義勢力と戦争するのに向いていなかった。そこで、日本が大慌てに慌てて欧米の軍事力に対抗できる国家になろうと焦りあがいた結果、できあがったのが日本軍であったが、慌て過ぎて無理をしたために、肝心なところが抜けて、いろいろな欠陥を抱えることになった。それが日米戦争で露呈したのである。

三百十万人の国民が死亡し、全国の都市が焼け野原となり、強いて成果をあげれば、アジアを欧米の植民地主義から解放するのに貢献したにせよ、同時にアジアの諸民族に甚大な被害を及ぼした大東亜戦争に突入した当時の日本政府（軍部）の要人たちは、現在、平和に豊かに暮らしているわれわれから見れば、誇大妄想に囚われて気が狂っていたか、底抜けの馬鹿だったか、人殺しが好きな極悪人だったかのいずれかとしか思えないが、彼らは気が狂っていたわけでも馬鹿だったわけでも極悪人だったわけでもなかったと思うので、開戦するほかはないと判断した彼らの心情を検討する必要がある。彼らを狂人とか馬鹿とか極悪人とか決めつけて事足れりとする人は、彼らが当時置かれていた状況と同じような状況に置かれれば、自分は狂人でも馬鹿でも極悪人でもないと思っているであろうから、同じように開戦するほかはないと判断するであろう。彼らが正常な心で開戦するほかはないと判断したとき、その判断には、彼らの主観としては、当然過ぎるほど当然な正当性のある根拠があったはずである。それらの根拠をすべて白日のもとに晒し、ひとつひとつ詳しく検討し、それらの根拠が目の前にあって迫られていても、戦争に訴えないことができるだけの理論を構築しておかなければ、戦争を防ぐことはできないであろう。なぜ戦争が起こったかを知らずに、戦争は悪だ、断固として平和を守ろうと叫んでいるだけでは、あるいは、戦争と平和に無関心では、平和は守れない。それでは、戦争せざるを得ない「正当な」根拠を示されると簡単に押し切られてしまうであろう。

日本軍を必然的に敗北へと導いた構造的欠陥は現代日本の省庁、政党、企業、大学など、あらゆる組織にそのまま温存されていて、日々、想像を絶する多大の被害をもたらしている。現在の自分の身の周りの組織がもたらしているそうした被害を見過ごしておいて戦争絶対反対を呼ぶのは、開戦し敗北したかつての軍部に優るとも劣らず無知・無謀・無責任である。

あとがき

岸田 秀

1

わたしは幼いときから変な子であった。今でいう注意欠陥多動性障害というか、母に銭湯に連れて行かれると、湯船の湯を桶ですくって浴客たちにぶっかけて回ったり、小学校では騒いで授業の邪魔になるので教室の外へ出されたりした。

敗戦直後の中高生の頃には、人格障害というか欠陥性格というか神経症というか、とにかく変な症状に苦しめられていた。強迫観念と鬱病と幻覚と、そのほか、さまざまな変な悪癖があった。どういうわけか、何か性格的欠陥があるのか、物を失くする癖があり、それは老人になった今でも直らず、パスモはもう数回失くしたし、眼鏡や財布などもよく失くするが、どこで失くしたかが思い出せないことが多い。また、あとから思えば馬鹿らしい、恥ずかしい過失や失敗をしょっちゅうしているのであった。一般に、思春期に自我の目覚めということがあるとのことであるが、どうも自分はおかしい、変だというのがわたしの自我の目覚めであった。

これらの症状は苦しかった。強迫観念はとくに厄介で、やりたくもないこと、なぜやらなければならないかまったくわからないこと、いやでいやでたまらないことをやらねばならないのである。また逆に、やりたいこと、やる必要があること、やらないと困ることをやってはいけないのである。自分には全然その理由が見当たらず、納得できない強制と禁止に振り回され、従わなければならない。従わないと、何というか、胸が苦しくなるというか、気分が悪くなるというか、とにかく従わないということができないのである。見知らぬ人が運転している、わたしの意志に関係なく勝手なほうに動いたり勝手なときに止まったりする車に乗せられ閉じ込められているかのようであった。何の予定も立てることができず、まともに日常生活ができないのであった。

小学校二年生のとき、日米戦争が始まった。真珠湾奇襲の日のことは覚えているが、戦争中、わたしは軍国少年ではなかったし、戦争に別に関心はなかった。太平洋の島々での玉砕や「後に続くを信ず」との言葉を残して出撃した特攻隊のことは新聞で知っていたけれども、親族に一人も職業軍人はいなかったし、遠い親戚の一人を除き、家族や友人知人で戦死した者はなく、わが町は空襲を受けず、個人的には戦争で何の被害も被らなかった。しかし、どういうわけか、敗戦後、偶然あるとき、本屋で日本兵の死骸の写真を見て、突然、鬱病に襲われ、家に帰って寝込んでしまった。それからは、死んだ日本兵が哀れで哀れでたまらず、日本兵の死骸のイメージが頭にこびりついて離れなかった。この日本兵たちはどこの誰で、どうして死んだのだろうか、どういうわけで死なねばならなかったのかと考え続けた。

それからは、どこかで日本兵の死骸の写真を見るたびに、また、日本軍があっちで負けたこっちで負けたという話を聞くたびに鬱状態に陥るのであった。戦争などというものに何の縁もなく何の関心もなかったわたしがなぜそうなるのか、自分ではまったくわけがわからなかった。

幻覚ではそれほど苦しんだ覚えはない。少々、気味悪かっただけである。夜中にすりガラスの窓に絢爛豪華《けんらんごうか》なダンスパーティの映像が映っていて、あたかも窓の向こうでダンスパーティが行われているかのようだった。また、夜、布団に入って眠ろうとして目を瞑《つぶ》ると、突然、体が浮き上がり、窓から外へと出て行って、町の上空を浮遊するのである。眠って夢を見ているのではなかった。そのあいだ、ちゃんと意識はあって、目を開けると、現実の部屋の布団の中に自分がいたからである。

いずれにせよ、どうしようもなく苦しかったので、わたしは、何とかこれらの症状の原因を摑み、そこから逃れようと必死にあがいた。そこでたまたま幸運にもぶつかったのがフロイトの精神分析であった。古本屋で見つけたフロイトの本を貪《むさぼ》り読んだ。そこには、わたしと同じようなことで苦しんでいる患者の症例があって、ここに自分の問題を解決する何らかの手掛かりがあるような気がした。ほかに頼るものがなかったので、溺れる者が藁《わら》をも掴むように、精神分析をよすがとして、これらの症状について考えに考えた。そのようなときおりの自己分析を何十年か続け、それが癖になって今も続いている。いろいろ紆余曲折があった。とにかく、わたしのような変な人間がどうしてできあがったかを理解するために自分の生い立ちを追求してゆくと、幼いときからの母との関係に行き当たり、何だかおかしい、母との関係に何か問題があるのではないかとだんだん気がついた。

母はわたしに相談することなく勝手にわたしが家業を継ぐと決め込んでいたが、母は大変苦労してわたしを育ててくれたのだから、息子のわたしが母に対して恩返ししなければならないのは当然であり、したがって、わたしはわたしの好きなように生きることは道義的に許されず、母の言う通りにするべきである、ということになっており、そのため、実際には、わたしは母に心理的に圧迫されて苦しんでいたはずであるが、わたしはこの事実を認めることができずに無意識へと抑圧し、意識的には、わたしをこよなく愛してくれる母のもとで自由に幸せに暮らしていると思い込んでいた。

要するに、幼いときから、わたしは世の中に母ほど愛情深くすばらしい母はいない、母はわたしのために自己を犠牲にして献身的に尽くしてくれ、そのためにえもいわれぬ多大の苦労を重ねてきた不幸な人である、おとなになったら、わたしをこよなく可愛がってくれた母の大恩に報いるためにウ度はわたしが自分を犠牲にして、世界一不幸な母を幸せにするために献身的に尽くさねばならない、と思っていた。あとから思い出してみると、そのように母のことを思っているとき、わたしは何とも言えない重苦しい憂鬱な気分に陥っていた。

自己犠牲的・献身的な母、世界一不幸な母というイメージはわたしの心に深く刻み込まれており、わたしは不幸な母を救い、幸福にする責任を負っていた。母がちょっとでも辛そうに悲しそうに寂しそうにしているのを見ると、その責任をおろそかにしているのではないかと自責の念に駆られて落ち込むのであった。わたしは母のもとで期待の重圧に押し潰されそうになり、もがきあがいていた。しかし、ずっとのちのことであるが、よく考えてみると、このイメージは現実の母と喰い違っていた。母は客観的に考えるとけっこう身勝手な人であった。いくら何でも母が「世界一不幸な」というのはあり得ないと思った。自己犠牲的・献身的な母というイメージは、わたしが自分で考えて判断したのではなく、母がわたしをいいように利用できる存在に仕立て上げるために、何度も何度も言い聞かせてわたしに植えつけたイメージであることが読めてきた。母が辛そうにしていたのは、わたしにそう見せつけていたのではなかったかと疑われてきた。母はわたしを母の人生計画を実現するために必要不可欠な要員と見なし、わたしをうしろめたい気持ちにさせて、わたしを思いのまま自由に使える便利な奉公人にしようとしていたらしい。そのためなのか、わたしを卑屈な依存的性格に育ててあげようとしていたらしい。わたしは激しく抵抗したが、それはわたしの現在の性格の基底に強く残っている。わたしが母とは別の意思と欲望をもつ人間であり、わたしにはわたしの人生があるということを母は考えていなかったらしい。それは思うも恐ろしい現実であった。しかし、それが読めてきたからといって、すぐ確信できたわけではなく、長いあいだ、この現実を現実と認めるには強い抵抗があった。母の愛を疑うと、おおげさに言えば、世界の安定、自分の存在の根拠が崩れるからである。わたしの心はこの現実の認識と、そのようなことはあり得ないという否認とのあいだを揺れ動いた。そして、いまだにこのイメージは完全には消えてはいない。

母が幼いわたしをどのような対象と捉え、どのように扱ったかは、現在のわたしの人格を構成している習癖、趣味、金銭感覚、性格特徴、友人関係・女性関係のパターン、ものの感じ方・考え方などのさまざまな要素に消し難い痕跡を残しており、「自己犠牲的・献身的な母」というイメージは偽りであって、現実の母は自分のことしか考えない冷酷無情なエゴイストだったのではなかったかというのは、わたしのさまざまな変な症状の起源を探ってゆくうちに理論的に推測されたことであって、確信があるわけではない。わたしが意識的に思い浮かべることができる母は、実にやさしくて、わたしを「目の中に入れても痛くない」ほど可愛がってくれ、細かいことによく気がつき、働き過ぎるほどの働き者で、つましくて綺麗好きで義理堅く世間の評判もよい人であった。親に全面的に依存している子は親が絶対に「いい人」であると信じる必要があり、そう信じていないと不安で耐えられないのであろう。

もちろん、母は主観的には善意そのものであって、わたしを苦しめていることに気づいてはいなかったと思われるが、わたしを猫可愛がりに可愛がったことが裏目に出て、そのためわたしを神経症に追い込み、結果的にわたしに恨まれ反抗されることになった。母の人生はこと志と違った挫折の人生だったのではないかと思われる。母はなぜわたしが言う通りにしないのか、わからなかったであろう。そして、わたしもまた、なぜ自分が母の言う通りにしたくないのか長いあいだわからなかった。いずれにせよ、母と心が通じたと感じたことはなかった。母はどういう人だったか、いまだによくわからない。

母は人間としてとくに道に外れた悪いことをしたわけでもなく、家のため夫のため息子のためを思ってまじめに懸命に働き過ぎるほど働いただけなのに、愛したはずの息子に恨まれることになるなんて、本能が壊れた人類の親子関係、子育ては何と難しいことであろう。

そういう母に育てられたわたしについて言えば、いつ頃からかははっきりしないが、わたしは自分のことを気が弱くお人好しで無欲で恬淡としていて純情で寛容で鷹揚で、人に気を使い過ぎるためいつも損ばかりしているやさしい性格だと何となく思い込んでいた。しかし、いま、わたしはいやらしくて狡《ずる》くて意地悪で陰険で卑怯・卑屈・卑劣でケチで狭量で小心臆病な点がいっぱいあることに気づいている（わたしは自己嫌悪に駆られて自虐に陥っているわけではない。平静に自分のことをそう思えるのである）。そして、いろいろな人に対するこれまでのわたしの言動を振り返ってみれば、そういう好ましくない性格傾向のひとつひとつについて、それらが確実に存在することを否応なく証明する事実がいっぱい思い出されるにもかかわらず、かつてはどうして自分のことを「気が弱くお人好しで無欲で……やさしい性格」だと本気で思うことができていたのかいかにも不思議な気がする。わたしの好ましくない性格傾向はすべて、相手がまずわたしにひどいことをしたので、それに対するやむを得ない反応であると正当化していたらしい。

ところで、日本兵の死骸の写真を見ると陥る憂鬱な気分と、自己犠牲的・献身的な母のイメージを思い浮かべると陥る憂鬱な気分とがどういうわけか同じような気分なのであった。母は商売のことや日常的なことにしか関心がない、ありふれた普通の「おばちゃん」であって、戦中も戦後も戦争のことなどに関心を示したことはなく、日本兵と母とは、本来、何の関係もないはずで、日本兵と母がなぜ同じような気分を惹き起こすのか、さっぱり見当がつかなかった。しかし、どうもこの二つの気分は似ている、日本兵と母とはわたしの心の中で何かのつながりがあるのであろうか、と考え始めたのはずっとずっとのちのことであった。

要するに、本来、何の関係もないはずの日本兵と母とがわたしにおいて結びついているのは、わたしの特殊な個人的事情のせいなのではないかと思うようになった。人格障害に起因するわたしのさまざまな症状、なぜそのようなことをしたのか自分でもわからないような愚劣な振る舞い、何の役にも立たない変な行動と、日本軍の馬鹿げた拙劣な作戦、真剣で必死なわりにはいたずらに犠牲が多くて現実的効果が乏しいおかしな戦いぶりとのあいだに共通点があり、同じような原因に発する同じような種類の現象なのではないか、そして、わたしが日本兵の死骸の写真を見て鬱状態に陥るのは、変なことばかりやって失敗し、しょっちゅう悔いているわたし自身の姿が鏡に映るように日本兵に映って見えるからではないかと思うようになった。

そういうわけで、わたしのような変な人間がどうしてできあがったかを理解するために自分の生い立ちを探求することと、失敗に懲りずに同じような負け戦さを重ねる変な日本軍がどのようにして形成されたかを知るために日本の歴史を学ぼうとすることとの二つのことが、どっちがどっちともつかないような渾然一体の企てとなった。根拠はなかったが、一方がわかれば、他方もわかるような気がしていた。いずれの場合も、その変な行動の起源は最初の出発点にあるに違いなかった。

死んだ日本兵は、実際には心ならずも徴兵され戦地へ追いやられ過酷な戦いを強いられ飢えさせられ殺されたのであるが、それに文句をつけるのは大日本帝国の忠勇なる臣民には許されず、タテマエとしては、あるいは兵士の主観としては、皇恩に報いるために当然の義務として喜び勇んで光栄ある祖国防衛とアジア解放の正義の戦いに赴いたことになっていた。

わたしは餓死もしていないし、虐待されたわけでも殺されたわけでもなく、日本兵とわたしとは似ても似つかず、そのあいだには天地雲泥の違いがあるが、おこがましいことながら、無意識的に感じ取っていた自分が母との関係において置かれていたみじめな状況を死んだ日本兵に投影し、自分を日本兵と同一視したのではないか、それで、死んだ日本兵の写真にショックを受けたのではないかと推測された。日本兵はわたしであった。

アジア・太平洋のあちこちで惨《むご》たらしく死んだ無数の日本兵のことが頭にこびりついて離れなくなると、なぜ日本はアメリカに勝ち目のない戦いを挑んだのか、なぜ日米戦争においてあのようなみじめな負け方をしたのかが気になってくる。日本は、十三世紀には東ヨーロッパまで征服していた世界帝国の元《げん》の襲来を二度も博多湾の水際で撃退し、近代においては日清日露の両戦役・第一次大戦に勝利して、有史以来、不敗を誇る無敵の皇軍が、神聖不可侵の天皇陛下のもとに祖国のため東洋平和のために命惜しまず戦う忠勇無双の日本兵を率いて戦ったはずなのに、日米戦争においては、緒戦のいくつかの小さな勝利を別にすれば、どういうわけか知らないが、あっちでもこっちでも負け続けなのであった。輝かしい皇軍のイメージと、現実のみじめな敗北との隔たりはあまりにも大きく、戦争の記録を読んでみると、日本兵の死因の半分または三分の二以上が餓死・病死だとのことで、それは基本的には日本軍の構造、大きく出れば、日本民族の構造に原因があるのではないかと考えられた。

わたしに関しては、わたしが生まれてからの（主として）母との関係、母はどういう人間であったか、母はわたしをどのように育てようとしたか、それに対してわたしはどのように反応したかなどを知る必要があり、日本軍に関しては、日本という国がどのように建国されたか、どういう支配体制を経てきたか、諸外国（とくに中国）とどう係わったか、武士はどのように出現したか、どう戦ってきたかなどの歴史を知る必要があった。

要するに、わたしの人格障害、愚かで変な行動の起源は、母が実は冷酷な虐待者であった事実を隠蔽し否認して、やさしく献身的な慈母であるとする偽りの物語を信じた自己欺瞞にあった。それと同じように、大東亜戦争における日本軍のわざわざ負けに行ったかのような拙劣な作戦行動のおおもとの起源は、倭軍が唐・新羅の連合軍に惨敗した事実を隠蔽し否認して、日本は天から降りてきた神が創った神の国であるとする偽りの物語を信じた自己欺瞞にあると考えられる。

いずれにせよ、そのような探索を続けた結果、それまでの人々に親しまれる好ましい自己像、心やさしい献身的な母親像、金甌無欠《きんおうむけつ》の揺るぎなき栄光の祖国日本像、忠勇無双・無敵の日本軍像が徐々にではあるが次々と疑われ、崩れ、否定され、逆転していった。それはショッキングな過程であったが、同時にそれにつれて、わたしの人格障害の症状も軽くなっていったようである。

2

さて、人類はアフリカで発祥し、日本列島は人類発祥の地ではないとのことである。したがって、日本列島に住んでいる人々の先祖は、どこか他のところからこの列島に流れついたのであろう。彼らは、東南アジアから南洋諸島から中国大陸南部から北部から韓半島から沿海州から樺太から、あるいはもっと遠くのどこかからやってきて住みついたのであろう。日本列島にやってきたということは、生まれ故郷で喰うや喰わずで生活が苦しかったか、あるいは、嫌われたか、差別されたか、虐待されたか、とにかく何らかの理由で住みにくかったからではないかと推測される。すなわち、もともと日本民族というものがあったわけではなく、あちこちで生きづらく差別され追い払われたさまざまな民族が列島にやってきて、雑居したり混血したりして最初の倭人・先住民・日本民族の基層を形成したのではないか、そのため、日本民族は基本的に劣等感・被差別感情・被害者意識が強く、同時に、がまん強い民族となって続いてきたのではなかろうかというのが、わたしの仮説である。

さまざまな民族がやってきて、列島のあちこちにばらばらに住んでいて、いくつかの小さな国（集落）をつくっていた。邪馬台国はそのうちのひとつだったのであろう。その後、紀元前に大陸に中国文明が成立してからは、あとから続々と大陸からやってきた連中は、半島を経ていたにせよ経ていなかったにせよ、文化的、技術的に優れていたであろうから、先住民族と混血しながら、支配権を握り、上層階級を形成したであろう。

日本が日本と称するようになったのは、七世紀後半のことのようで、それ以前は倭国と呼ばれていた。もちろん、倭国だけではなく、列島にはほかにもいくつかの国があった。そのなかで有力な国が他の国を滅ぼしたり、取り込んだり、他の国と妥協したりして、ひとつの中心的な国として倭国ができあがったのかもしれない。それは中国とは無関係に勝手に成立した国ではなく、国として姿を現したとき、はじめから中国の一地方、属国だったのではないか。

ヨーロッパ人がやってきて滅ぼされる前のハワイの王家は、たぶん、もともとハワイにいた人たちの中から出てきた人々であろうと思われるが、ハワイの王と違って、倭国の王は中国から派遣されたか、中国に任命されたか、とにかく中国（アジア大陸）からやってきた人だったのではなかったか。しかし、騎馬民族征服説が説くように、圧倒的に強力な騎馬民族の一団がやってきて一挙に日本の各国を統一し支配したのではないであろう。もしそうなら、現在あるような天皇制ではなく、絶対権力をもつ独裁者が支配する天皇制が出現したはずである。

わたしが、日本という国はそもそも成立したとき、はじめから中国の属国だったのではないかと考える根拠は天孫降臨神話である。それはなぜかについては、のちほど説明する。日本が中国の属国だった（いまはアメリカの属国であるが）ことは、多くの人が指摘している。岡田英弘氏は、『日本史の誕生』（一九九四）の中で、「日本の建国者は華僑」、「日本人は華僑の子孫」であると述べている。そのあと、『属国・日本論』（一九九七）を書いた副島隆彦《そえじまたかひこ》氏や、そのほか、属国という言葉を使うにせよ使わないにせよ、『日本辺境論』（二〇〇九）を書いた内田樹《うちだたつる》氏、最近では『永続敗戦論』（二〇一三）を書いた白井聡《しらいさとし》氏も同じような趣旨のことを説いていると思われる。日本が辺境であるのは、日本人が日本よりはるかに優れているとして仰ぎ見る中国を世界の中心に置いて、日本をそれに従属する周辺の劣等国と見たからであり、いまもどこかの国の属国と見ているからである。そして、現在、日米戦争に敗北した状態が永続しているのは、日本はアメリカの属国である事実を否認して、イコール・パートナーとか同盟国とか詐称するので、属国状態から脱する道が見えなくなっており、属国であるほかはないからである。

わたしも、いまをさること四十年ほど前、『ものぐさ精神分析』で日本が外的自己と内的自己とに分裂した国であると主張した。外的自己とは、日本が外国の属国であることを容認し、外国を崇拝し、外国に適応しようとする自己の一面であり、悪くすれば、自己卑下・劣等感を招く。内的自己とは、外国との関係を避けて自己の中に閉じ籠もり、外国を軽視し排除して、自己の独立自尊を守ろうとする自己の一面、悪くすれば、自己中心的・誇大妄想的になって、外国を蔑視し攻撃しようとする自己の一面である。

さて、日本が日本と称するようになったのは、七世紀に韓半島の白村江で倭軍が唐・新羅の連合軍に惨敗して、それまでの体制が崩壊して混乱し、あまつさえ、列島が唐軍に侵略されるのではないかと恐れたとき、あるいは、室伏志畔《むろぶししはん》氏が説くように、すでに列島の一部（九州）が唐軍に占領されていたとき、倭国の存立と防衛のために、その立て直しを図ろうとしたときのことであった。

それ以前も、中国との関係において、事実上、日本は属国ではあったが、属国であることをさして問題にしていたとは思われない。紀元一世紀に倭の奴国《なこく》が後漢の光武帝から「漢委奴国王《かんのわのなのこくおう》」の金印を授けられ、三世紀には邪馬台国の卑弥呼《ひみこ》が魏王朝から「親魏倭王」との称号をもらい、五世紀には倭の五王が宗王朝から「倭国王」と呼ばれている。これらのことは、列島の特定の一地域が中国の一部であったか、または中国に従属していたことを示している。しかし、この地域の王または代表者は中国に従属していることに反発などしていなかったようである。

ところが、いつの頃からか、倭国の王は、中国から派遣された、または任命ないし承認された一機関であることに甘んじなくなり、倭国を中国と区別し始めた。たとえば、聖徳太子が隋の煬帝《ようだい》に送って怒らせたという有名な国書「日出づる処の天子、書を日没する処の天子に致す、恙《つつが》なきや」は、日本人一般は中国と対等の立場に立った誇り高い態度として称賛するが、はっきり言って、むなしい突っ張りである。百済を救おうとして白村江に大軍を送って敗北したのも身の程知らずではなかったか。

しかし、これは日本の最初の自己主張、独立宣言であり、アイデンティティを確立しようとする試みであった。このような身の程知らずのむなしい突っ張りをせざるを得なくなったのは、日本が日本を中国とは別の国であると自覚し始め、その結果、必然的に中国に対して圧倒的に劣位にあることを認めざるを得なくなり、耐え難い劣等感から逃れようとしたためであろう。そのため、日本は外国に対して威張るか、戦争を挑むかせざるを得なくなったのである。

その結果、日本は中国を崇拝し模倣しようとする外的自己と、中国に反発し敵対しようとする内的自己とに鋭く分裂せざるを得なくなった。分裂の対象は近代に中国から欧米へと変わったが、日本はそのままずっと分裂し続けているというのがわたしの説である。

白村江において唐・新羅の連合軍に惨敗した頃の倭国は、中国とは別の国であると自覚し始めてはいたものの、まだその自覚は曖昧だったのではないか。それが明確に成立したのは、この敗北のあとのことではなかったか。当時、韓半島には、百済・新羅・高句麗の三国があったが（それ以前に新羅に滅ぼされたという任那《みまな》もあったらしいが）、倭国とそれら三国または四国の人々（および漢人も）は頻繁に往来していて、倭人は、百済人や新羅人をはっきりと自国とは別の国の国民であるとは思っていなかったのではないか。とくに任那人は倭人だったのではないか。百済人や新羅人は気軽に列島にやってきて、渡来人ないし帰化人として簡単に倭人になったのではないか。倭人は半島の一部を倭国だと思っていたのではないか。逆に、百済人は列島の一部を百済だと思っていたのではないか。倭人といっても、列島だけでなく、半島にもいたであろう。いや、倭人と非倭人とは別にはっきりとは区別されていなかったのではないか。

実際、古代の有名な倭人たち、継体《けいたい》天皇、中大兄皇子（天智天皇）、大海人皇子《おおあまのおうじ》（天武天皇）、中臣鎌足《なかとみのかまたり》、蘇我一族そのほか多くの人たちは、現代の漠然とした常識で一般に純粋な日本人と思われているようであるが、百済人あるいは新羅人ではなかったかとも言われている。聖徳太子は実在しなかったとの説があり、天皇だったとの説があり、ペルシア人だったという説すらある。卑弥呼は魏人だったかもしれない。

フロイトは、幼児が自分は目の前にいる父母と称するこのありふれたつまらない男と女との子ではなく、実は王様がある事情で手放した子であるとか、母と称するこの女が高貴な男と仲良くなってできた子であるとか思い込むというよくある現象を「家族物語」と呼んだが、天武天皇期に編纂され始めたとされている日本最初の歴史書『日本書紀』は日本民族のいわば「家族物語」であると言えよう。当時の日本にはまだ敗戦の後遺症が尾を引いており、当然のことながら、『日本書紀』は日本という独自の国を正当化し、その誇りを回復するために編纂されたと考えられるから、誰でも容易に推量できるように、その目的に都合の悪い事実は排除され歪曲され、好ましい嘘が捏造されているはずである。

そこで、倭国は日本国となり、倭人は日本人となったが、それまでの倭国がそのまま日本国となり、倭人がそのまま日本人となったわけではないであろう。半島にいた倭人の多くは倭人でなくなったかもしれないし、百済が滅亡して多数の百済人が列島に逃げてきたとのことであるが、彼らは日本人になったであろう。日本人になった新羅人もいたであろう。

日本国が成立すると、倭国の王は天皇となった。日本は唐の助けを借りて百済と高句麗を滅ぼして朝鮮を統一した新羅とは完全に別の国家になった。

日本という国が、出発点において、属国というか朝貢国というか冊封国というか植民地というか、いずれにせよ、他の国に依存せず支配されず、自力だけで独自に建国した自主独立の国ではなかったということを、日本人は、建国以来、はっきりとまたは暗々裡に知っていたと思われる。さっき言ったことを繰り返すが、その証拠は天孫降臨神話である。このような神話をつくったのは、その必要があったからであり、なぜ必要だったかというと、その正反対が事実だったからであろう。事実は、日本が地上のほかの国からやってきた、ありふれた人たちがつくった国だったということであろう。しかし、日本の創世神話・建国神話では、天照大神の孫の瓊瓊杵尊《ににぎのみこと》が高天原から葦原中国《あしはらのなかつくに》に降臨し、その孫か曾孫の神武天皇が初代の天皇で、それ以降、その血筋を受け継ぐ万世一系の天皇が未来永劫に日本国を統治することになっている。

また、日本民族が同じ血でつながった単一の純粋な民族であるという神話も、その正反対が事実なので、その事実を否認するためにつくられたのであろう。この神話は、日本民族が権力支配・命令・強制によるのではなく、あるいは、何らかの共通の普遍的原理をみんなが信奉することによるのではなく、それぞれのうちに自ずから湧き起こる「和」の心情によって統合を保ち、争わず仲良く暮らすというイデオロギー（共同幻想）の根拠になっている。

倭国の王が天皇となったのは、倭国が敗戦の屈辱を味わったからで、天皇制は屈辱からの逃亡である。単なる王では、皇帝が支配する中国に朝貢する冊封国のトップに過ぎず、中国に対して劣位にとどまるので、中国の皇帝に対抗するためには、天皇は天上の神の子孫であり、神でなければならなかった。そして、なぜ天皇が、歴代、実質的権力をもたず、抽象的権威しかない地位にとどまったかというと、実質的権力をもつならば、同じく実質的権力をもつ世俗的な中国の皇帝と競うことになり、競うことになれば、負けるからである。観念（共同幻想）の世界において、天上の神の子孫である天皇は中国の皇帝に対してつねに絶対的優位にある。天皇制によって、日本は中国に対する劣等感を補償することができたのではないかと思われる。易姓革命の原理に基づいて、徳がある（実は武力で勝ったのであるが）とか、天命を受けたとかで、普通の人が前の皇帝に取って代わって新しい皇帝になるということになっている中国とはそこが違っている。

さっきも述べたが、ことほどさように、日本の歴史は中国を意識し、中国との優劣にこだわり、中国に対して分裂した外的自己と内的自己とが葛藤し続けてきた歴史なのである。日本の歴史におけるさまざまな事件を理解するためには、対立する外的自己と内的自己とがどのように争っているか、せめぎあっているか、両者のどちらが優位に立っているか、どちらが抑圧されているか、あるいは、両者が並立しているか、何とか調和しているか、適当なところで妥協しているかなどの観点から考察する必要がある。

六世紀に仏教が伝来したときの崇仏派の蘇我氏と排仏派の物部氏の争いは、外国文化を尊重する外的自己と日本の伝統に価値を置く内的自己との争いと見ることができる。

大化の改新は、国際関係を重視する外的自己の蘇我氏の政権を国内派の中大兄皇子と中臣鎌足が倒壊させた反乱だったのではないか。あるいは、新羅派の蘇我氏と百済派の中大兄皇子

（百済人だったかもしれない）との権力闘争であって、策を弄した中大兄皇子と中臣鎌足が油断していた蘇我入鹿《いるか》に勝っただけのことかもしれない。

また、身内だったかもしれない百済を助けようと白村江に倭軍を送り、唐・新羅の連合軍と戦った中大兄皇子は、内的自己の立場に立っていたと考えられるが、惨敗を喫して、唐の侵略を恐れるようになった。そこで、鬼畜米英と叫んで戦って敗れた近代日本が敗戦後アメリカを崇拝したように、外的自己へと立場を逆転し、唐を崇拝し模倣し始めた。大海人皇子はそれに不満だったようで、天智天皇が亡くなると、ただちに近江朝に背いて壬申《じんしん》の乱（六七二年）を起こし、天智天皇の息子の皇太子・大友皇子を自害に追い込み、天武天皇となった。

近江朝と大海人皇子との対立は、単に皇位継承をめぐる対立ではなく、外的自己と内的自己との争いだったのではないか。天智天皇に吉野に追放されていた単なる野人の大海人皇子が正規軍をもつ朝廷を倒せるほどの武力を簡単に得られるはずはなく、唐を模倣する朝廷に反感をもつ豪族層が大海人皇子のもとに結集したのであろう。しかし、大海人皇子も天武天皇として即位すると、内的自己の立場に立って神である天皇が統治する日本国というタテマエを保ちながらも、外的自己の立場にも配慮したようである。それは、尊皇攘夷派であった勤王の志士たちが幕府を倒して明治政府を樹立すると、開国を拒否するわけにはいかなくなったのと同じようなことだったのではなかったか。いずれにせよ、内的自己と外的自己とのあいだを揺れ動くという点では日本という国は昔から変わらないようである。

それ以後の日本の歴史も、外的自己と内的自己の関係の変転、その表現形態としての開国と鎖国の交替、外国との友好と敵対の交替として考察すれば興味深いであろう。日本の歴史の際だった特徴は、国際関係が安定せず、開国と鎖国のあいだを揺れ動くことである。この伝統はまだ続いており、日本は外国との関係に関して一貫した方針を欠いていて、いまだに外交が下手である。これが日本の特徴となったわけは、たとえば、ヨーロッパ諸国またはハワイ王国と比べてみれば、すぐわかるであろう。ヨーロッパ諸国は他国と隣接していて、そもそも鎖国など不可能であり、ハワイ王国は、近代以前は、外国にどう対するかを考えて、外的自己を形成する必要などなかった。

奈良時代の後半は、白村江での敗戦のショックも薄れ、遣唐使の派遣は計画されたが、たびたび中止になり、唐から採り入れた律令制もぼやけて、外的自己と内的自己の関係に関しては目立ったことはなかったようである。

平安時代は内的自己の時代であった。初期に遣唐使は廃止となり、中国との公式の関係は途絶え、国風文化の隆盛を見る。すなわち、かな文字が発明され、漢字かな混じり文が創始され、古今和歌集が編纂され、世界初の恋愛小説と言われる『源氏物語』が書かれた。しかし、末期になると、武士が台頭し、平清盛が実権を握り、それまでの鎖国と国風文化に対する反動からか、神戸に港を開き、日宋貿易を盛んに行って利益をあげ、外国文化を採り入れ、仏教信仰を深め、厳島神社に経典を奉納した（平家納経）。要するに、清盛は開国派だったと言えよう。

平安時代末期に、武士に政権が移ったのは、地方の農民が開墾《かいこん》し耕作した荘園が京の公家のものになることに対する不満があり、農民の中の喧嘩に強い者が武士になって、次第に権力をもつようになったからであろう。それで平家がのしあがったのであるが、平家の世が長く続かず、源氏に敗北したのは、武士階級の代表者たるべき平家が政権を取ると公家化して、娘を天皇に嫁がせるとか、摂関家の藤原家と同じようなことをやりだして人々の信望を失ったからであろう。また、平家は国を開いて中国との関係を重視し、国内のことをおろそかにしていると見られたからであろう。それで、土地を獲得して国内の新しい勢力となった武士たちは平家の政策に不満を募らせ、武士階級の利害を重んじてくれると期待された源氏の陣営に雪崩を打って馳せ参じたからであろう。

源平の争いは内的自己・鎖国派の源氏と、外的自己・開国派の平家との争いであったと見ることができる。

義経は頼朝の要求に屈した藤原泰衡《やすひら》に殺され、源範頼《のりより》は頼朝に殺され、頼朝は落馬して死亡し（暗殺されたとの説がある）、頼家は北条時政に暗殺されたようで、そして、実朝は甥の公暁《くぎょう》に暗殺され、そのあとすぐ公暁は誰かに殺され（この二つの殺しは仕組まれたという説がある）、義朝の血筋の源氏の諸将は全員死亡して、鎌倉幕府は北条時政が執権となって実権を握った。以後、北条氏が代々、執権を受け継ぐ。こういう経緯を見ると、平家を倒して鎌倉幕府を開いたと思われている源氏は、看板として北条氏に利用されただけであって、用がなくなると排除されたかのように見える。それとも、はじめは源氏が鎌倉幕府の実権をもっていたが、北条氏が巧妙な策略を使って源氏から実権を簒奪《さんだつ》したのであろうか。実際はどうだったのであろう。いずれにせよ、武士たちの支持が朝廷に好意的な源氏から離れて、地元の立場を重んずる北条氏へと向かったのであろう。

何はともあれ、開国を推し進めた平家に反発した武士たちに支持されて成立した鎌倉幕府の源氏政権は、当然、中国との関係から退き、京都をも避けて、遠い田舎の関東に閉じ籠もった。源氏が滅びて、あとを引き継いだ北条政権も、終始、鎖国の方針を貫いた。十三世紀、日本に服属を求めるフビライの国書を携えてやってきた元の使節全員の首を刎《は》ねた北条時宗は内的自己の模範的人物であろう。当時、元は、東ヨーロッパまで征服していた世界最強の大帝国であり、戦争になれば、日本は敗北し、占領されて当然であった。自己中心的で、もっぱら自尊心を守ることに心を奪われ、外の世界のことに無関心で、現実的条件を軽視ないし無視するのは内的自己の特徴であるが、時宗はまさにその通りの人物であって、幸運にも台風が吹き荒れて海上の元軍が潰滅してくれたからよかったものの、もしそうならなかったならば、日本はどうなっていたであろう。

元軍の撃退に成功したのは台風のこともさることながら、当時の日本においては、時宗を代表として武士たちが外国人に侵入されたくない気持ちが強く、外国人を嫌い排除しようとする戦意が旺盛であったことが第一の理由だったのではないかと思われる。元軍に勝った結果、神国思想が強められ、天祐神助・神州不滅が信じられるようになったとのことであるが、そのことがのちのち日本の歴史に多大の影響を及ぼすことになる。

文永の役・弘安の役のあと、鎌倉幕府は、予想される第三次の蒙古襲来に備え、権力を一手に握ろうと無理をして、武士層の反感を買ったため、倒壊を招くことになったのではないかと思われる。鎌倉幕府のあとを受けた後醍醐天皇も同じように天皇に権力を集中しようとしたため、同じように武士層に背《そむ》かれて、建武の新政は短期に終わった。日本の歴史においては、独裁者となって、中央集権的権力を確立しようとすると、必ずと言っていいほど挫折するのであるが、それは、地方のそれぞれの武士たちの権限と利益を奪うことになり、反発を買うからだと思われる。それは、日本の建国の特殊な事情からきていると思われるが、歴史的に日本には独裁政権はなじまないのである。

次に政権を担った足利幕府は、内的自己に凝り固まった前政権への反動からか、逆の方向に走る。足利義満は、明の皇帝の冊封を受けて日本国王となり、日明貿易によって巨利を稼いで国内で栄華を極める。この開国状態は応仁の乱を経て戦国時代へと続く。

織田信長はまさに開国派の闘士であった。積極的にキリスト教を容認し、宣教師を援助し、南蛮文化を採り入れ、鉄砲を活用した。彼はワインを飲み、洋装を好んだそうである。彼が暗殺されて跡を継いだ豊臣秀吉は彼の路線を引き継ぎ、さらに拡大して、明の征服を企てて朝鮮を侵略した。

秀吉は全国を統一し、周りを配下の諸大名で固め、刃向かう敵は一人もなく、強大な権力をほしいままにする絶対君主として君臨していたが、秀吉の死（一五九八）のわずか二年後、天下分け目の関ヶ原の戦いにおいて、秀吉側の石田三成が率いる西軍が、五大老の筆頭とは言え単なる一大名の徳川家康率いる東軍に敗北するのである。これは、経済力や軍事力ではるかに優位に立っていたはずの平家が、貧しい田舎武士の寄せ集めの源氏に敗北した源平合戦に先例があるように、時代の流れが内的自己のほうに傾いたためであろう。すなわち、応仁の乱で京の街は荒廃し、それに続く戦国時代には、キリスト教や鉄砲などの南蛮文化が花盛りで、全国各地で諸大名が覇権を求めて争い、殺し合いが蔓延し、ついには、秀吉は半島まで軍を進めて明と戦った。まさに開国派が猖獗《しょうけつ》を極めたような事態に人々は飽きて反発したのであろう。

江戸時代はまさに戦国時代への反動であった。徳川幕府の最大の功績は生類憐れみの令を発布して殺傷を戒めたことであろう。徳川幕府を倒した明治政府は幕府が犬ばかり大事にしたと嘲笑したが、生類憐れみの令はまさに文字通り生命の尊重が趣旨であって、平和主義そのものであった。初期の島原の乱を別にすれば、江戸時代は国内戦争も対外戦争もない、これまた世界の歴史に稀な二百数十年の平和が続いた時代であった。

ところが、幕末に欧米諸国の軍事力に脅かされ、不平等条約を押しつけられると、反動の反動の反動が起こって、明治政府は徳川幕府を世界の情勢に背を向けて安逸の夢を貪り、無警戒・無防備に陥って諸外国の侮りを招き、国を危険に晒したと罵倒し、逆の極端に走って文明開化と富国強兵に邁進し、日本は軍事大国となって戦争に次ぐ戦争に明け暮れることになる。

その揚げ句の果てが真珠湾奇襲であった。わたしは、真珠湾奇襲はペリーの恫喝に対する報復であり、傷つけられた誇りを取り戻そうとする必死の企てであったと考えているが、日米戦争が惨澹《さんたん》たる敗北に終わった戦後から見ると、工業生産力が十倍以上のアメリカに戦争を仕掛けるなど狂気の沙汰としか思えないが、日本の軍部は発狂していたわけではなく、国民も騙されて強制されていたわけでもなかった。それなのに、なぜ日米戦争は始まったのか。

アメリカが日本を追いつめ挑発したとの説がある。日本はアメリカが仕掛けた罠にはまったという説がある。当時、アメリカ国民には反戦気分が強かったが、ルーズベルト大統領は何としてでも戦争を始めたくて、日本が絶対に承認できないようなハル・ノートを突きつけて日本が戦争に踏み切らざるを得ないように仕組んだとの説がある。実際、日米が戦えば、国力の違いから言って、アメリカが絶対的に有利で日本が不利であり、アメリカが勝つに決まっていた（と大統領は思っていたに違いないないし、客観的にもそうだったであろう）ので、戦争をやりたがったのはアメリカであると考えるのが理に適《かな》っている。弱いほうが好んで戦争を始めたがるわけはない。追いつめられた日本はありそうにない万が一の勝つ可能性に縋ったのであろうか。

しかし、当時の日本は軍部だけでなく、国民も戦争をしたがっていたとしか考えられない。敗戦直後、国民は軍部に強制されて嫌々ながら止むを得ず従ったと言われたが、それは明らかに嘘である。日本軍は敗色が濃くなると、玉砕や特攻隊など戦史に例がないようなとんでもない悲惨な戦法に訴えたが、国民から反対の声は起きなかった。むしろ、国民の多くは「死を恐れないから日本軍は強いのだ」と称賛していた。

日米開戦前から、国民のあいだにも英米撃つべしの声が漲《みなぎ》っていた。すでに支那事変（日中戦争）は始まっていたし、勝てるはずの中国に勝てないのは英米が邪魔しているからであると考えられていた。ここでハル・ノートを受け容れる気はからきしなかった。ハル・ノートを受け容れるよりは、ひょっとしてどうにかなるかもしれないから、一か八か戦争をやってみるほうがましだと考えたのであろうか。

しかし、そもそも、日本はなぜ中国を侵略したのか。近代に欧米がアジアを侵略し始めたとき、「アジアはひとつである」と叫んだ岡倉天心《おかくらてんしん》ならずとも、同じ被害者であった日本・中国・朝鮮が手を組んで対抗すべきであったとは誰でも思いつきそうなことであるが、なぜ、そうならなかったのか。

日本に都合がよい手前勝手な考え方をすれば、日本はそうしたかったのだが、中国は腰抜けで英米の言いなりになっており、朝鮮は危機感を欠き、あまつさえロシアを引き入れようとしており、まったく頼りにならなかったので、欧米の植民地主義からアジアを解放するためには日本が東亜の盟主となって中国と朝鮮を支配し指導せざるを得なかったということになる。とにかく、朝鮮はさておくとしても、日清日露の両戦役、第一次世界大戦に勝って舞い上がって、中国を見下していた日本に中華思想の中国が従うはずはなかったであろう。

日本が中国を見下し侵略したのは、当面の理由のほかに、古代に根をもつ理由もあると思われる。すでに指摘したように、日本はその成立事情によってもともと劣等感が強い国であって、太古以来、中国に対して劣等感をもち続けてきた。近代に中国が欧米に屈伏するのを見て、日本はこの優劣をひっくり返し、中国に対してこれまで劣位に置かれてきた恨みを晴らす絶好のチャンスと捉えたのではないか。もちろん、そのようなことは中国侵略を正当化する理由にならないが、それにしても、中国人をチャンコロと呼んで馬鹿にし、虐殺・強奪・強姦をほしいままにしたらしい日本兵の振る舞いは度を越しており、欧米の侵略に対抗して日中が手を組むことができなかったのは、中国側の理由もないではないが、日本側の理由のほうが大きいのではないか。

何はともあれ、敗戦直前、軍部は本土決戦・一億玉砕を怒号していたが、戦争に負けた途端に、また反動の反動の反動が起こって逆の極端に走り、日本は愚かにも負けるに決まっている無謀きわまりない戦争を始めたことになり、鬼畜米英は自由と民主主義の憧れの国となり、非武装中立・絶対平和主義を唱えるいわゆる進歩的文化人が跋扈《ばっこ》した。

ところで、戦前戦後を通じて、どうもアメリカは日中が仲良くならないよう、同盟しないよう、対立するようにいろいろ策を講じてきたらしいが、現在も、日中関係はぎくしゃくしている。この問題を解決するためには、日中不和の中国側の責任もさることながら、日本側の責任は日本人が引き受けなければならないであろう。そのためには、天孫降臨神話をつくらざるを得なかったわれわれの祖先の苦衷を理解しながらも、かつて日本は中国の属国であった事実を認識し、中国との関係において日本が行ってきたさまざまな言動の理非曲直を慎重に検討し反省してみる必要があるのではなかろうか。日本が歴史的に外的自己と内的自己との両極端のあいだをつねに揺れ動いてきたのは、最初の出発点にあった日本国の劣等性を直視し、現実的に解決する道を探ることなく、安易に天孫降臨神話に逃げ込んで糊塗《こと》しようとした古代に起点があるのではないか。

もちろん、中国にも問題はいろいろある。かつて中国は周辺の諸民族を東夷西戎南蛮北狄と呼んで卑しめ、ときには彼らに武力を用いたこともなかったではないものの、それは主として防衛のためであった。もともとの中華思想にはどこかおおらかなところがあって、中国が世界の中心であるとうぬぼれてはいたけれども、野蛮国が皇帝に敬意を表して朝貢してくれば、褒賞を与えて帰すという儀式的な点が強かった。しかし、十九世紀中葉にイギリスにアヘン戦争で敗れ、すぐあとまたイギリスとフランスにアロー戦争でも敗れ、さらに十九世紀末には日本にも敗れ、さらに二十世紀に侵略され、屈辱の近代を味わわされると、中華思想は変質して強権的な原理となった。そして、被害者は加害者の真似をするという法則の通り、中国は、今や、軍事大国となり、チベット族・ウイグル族を弾圧し支配し虐殺し、蒙古族・満州族を差別し、日本・ベトナム・フィリピンと領土領海問題で争い、珊瑚など他国の資源を勝手に採取し、南シナ海に軍事基地を建設しようとし、西太平洋に勢力を伸ばそうとして、アメリカと対立しており、まさにかつての大日本帝国にそっくりである。

日本がアメリカと敵対し、中国はアメリカに頼っていた二十世紀前半の時代がさかさまになり、日本と中国が立ち位置を交換して、今や中国がアメリカと敵対し、日本はアメリカに頼っている。今、中国は、かつて日本が中国を見ていたように日本を見ているのではなかろうか。

3

ところで、話を戻すと、敗戦後の当時、三つの史観があった。日本人のお気に入りの皇国史観、アメリカ人に好都合な東京裁判史観、ロシア人が信じていた左翼史観。わたしはどの史観もどこかいかがわしくて納得できず、あれこれ考えあぐね、何十年かのち、人類の歴史は、とくに戦争は、現実的条件に根拠がある合理的現象ではなくて、幻想と幻想との不条理なぶつかり合いに過ぎないのではないかと考えるに至った。そこで、経済的条件が歴史を決定するという史的唯物論を一字入れ替えて、幻想が歴史を決定するという史的唯幻論を提唱した。わたしは、世界の歴史も日本の歴史も現実的根拠のない、またははっきりしない幻想から幻想へさらにまた幻想へとふらふら迷走してきた歴史であり、人々がどのような幻想に囚われていたかによって説明できるのではないか、いずれの歴史も進歩史観とか唯物史観とか皇国史観とかマニフェスト・デスティニーとか歴史的必然性とかの誤った固定観念から解放されたときに初めて、あまり見当違いをせずにおおまかなところを把握できるようになるのではないかと考えている。

史的唯幻論による歴史把握の一例をあげてみよう。たとえば、現在の日韓関係は次のように説明できるのではないか。

日韓関係はとくに慰安婦問題に関して歴史認識が喰い違ってこじれにこじれている。さきの戦争中、多くの朝鮮人女性が日本軍に強制連行され慰安婦にされたことを日本政府は認めず、われわれ韓国人が満足できるような謝罪もしないし、補償もしないというのが韓国側の言い分である。それに対して、日本側は、朝鮮人女性を慰安婦に使ったことは確かであるが、日本軍は関与していないし、強制連行などしていないし、それに、慰安婦も含めて日韓関係の諸問題は日韓基本条約によってすでに解決済みであるとの立場を取っている。

なぜ日本の見方と韓国の見方とがこれほど大きくずれているのであろうか。日本の見方では、日本は李王朝の正式の承認のもとに合法的に韓国を併合したのであって、それ以来、韓国の教育制度を整え、鉄道網をめぐらし、産業を発達させ、多大の資金援助をして韓国の近代化に貢献した。もちろん、反逆した韓国人も少なからずいたが、一般の韓国人はそれを歓迎し大いに協力した。この前の大戦中は、多くの韓国人は自ら進んで男は兵士や軍属となり、女は女工員や看護婦や慰安婦となって大日本帝国臣民としての責務を果たした。しかるに、日本が敗北すると態度を一変させ、日本は犯罪国家で、韓国は日本の強権と暴力に支配されて屈辱を強いられた被害者であるなどと恨みがましいことを言い始めた。しかし、日本は敗戦国なので不本意ながら一歩も二歩も引き下がり、韓国を植民地にしたことを謝罪し、莫大な補償をした。そして、朝鮮戦争で荒廃した韓国が奇跡的な復興を遂げ、経済先進国となるのを助けた。それに付け込んで図に乗り、いまだに韓国人は根も葉もない言いがかりをつけてグズグズ文句を言い続けている。

日本人の多くは、反発されるので大っぴらには言わないが、腹の中では、だいたい以上のように考えているようである。たとえば、慰安婦は日本軍に強制連行されてひどい目に遭ったと韓国人が非難すると、日本人は、慰安婦を狩り集めたのは主として朝鮮人の業者であって、日本軍が泣きわめいて嫌がる女の子を拉致したことはない、慰安婦に自ら応募してきた者もいる、日本軍は慰安婦を高給で遇した、朝鮮女性の魅力は日本女性に決して劣るものではないことを示そうと日本人慰安婦に負けてなるものかと懸命に仕事に励み日本兵に心から尽くしていた朝鮮人慰安婦もいた、などと事実を挙げて反論したりするが、韓国人は耳を貸さない。事実の当否が問題ではないらしい。また、朝鮮は日本に併合されたことによって近代化できたとか、韓国が成し遂げた漢江の奇跡は日韓基本条約に基づく経済援助・技術援助のおかげであるとか日本人が指摘すると、韓国人は怒り狂って否定するが、これまた事実の当否の問題ではないらしい。

創氏改名や本土への連行、そのほか、日本軍の将兵（特攻隊員すらいた）や軍属として戦った朝鮮人がいたことなどは、すべて強制によると韓国人は言いたがっているようであるが、創氏改名は任意の方針であったし、朝鮮人の徴兵制は一九四四年からであるが、志願兵制は一九三八年からあり、たとえば、一九四三年には、六千三百名しか採用しなかったのに、志願者は三十万名あまりもいた。自ら進んで大日本帝国の臣民になろうとした朝鮮人は大勢いたのである。

これらの事実を韓国人が頑強に否認するのは、あまりにも屈辱的だからであろう。その屈辱は、日本人に暴力で強制されて必死に抵抗したが、力及ばずついに屈した普通の屈辱ではなくて、言われる前に先回りして日本人の要求を忖度《そんたく》し、自ら進んで卑屈に迎合した特殊な屈辱である。そのときは媚《こ》びた笑顔を浮かべていたかもしれないが、あとから思い出すと、はらわたが煮えくり返るような屈辱である。この深刻な屈辱を日本人は理解できず、韓国人は何やら不満らしいから宥《なだ》めようと、心からは納得できないがとにかく頭を下げておけと謝罪したり、過大な補償をしたりする。そのときの日本人が本当は何も反省していないことが韓国人にはわかるので、ますます苛立ち逆効果となる。恩恵を与えることは植民地化された傷を引きずる韓国人の心には感謝ではなく反発と怒りを起こさせることが日本人にはわからない。それがわかっていないうちは、日本が韓国にどれほど謝罪しようと補償しようと韓国人の恨みを鎮めるには何の効果もない。日本に対する韓国人の非難は、日本に植民地化されたことによってかくかくしかじかの損害を被ったから、それに見合うこれだけの謝罪と補償を要求するというような現実的・合理的な次元のものではないからである。そのことを日本人は理解しないし、また、韓国人自身も自分が日本をなぜこれほどしつこく恨んでいるかの真の理由がわかっていないようである。

　事実上、日本は朝鮮を植民地化したことによって、利益をあげたどころか、財政的には大赤字だったが、しかし、そのようなことはさておいて、敗戦後の日本人は不本意ではあるが大いに譲歩して不必要に過大な補償をしてやったつもりである。そのおかげで韓国人は多大の恩恵を受け、利益を得たはずなのに、感謝するどころか、図に乗って要求を吊《つ》り上げてくると日本人には見える。今度は日本人が腹を立てる。韓国人は明々白々な事実を否定する妄想狂、言を左右にする無責任な嘘つきと見える。日韓関係はますます歪みに歪むが、その歪みの真の原因を日韓がともにわかっていないため、日韓が外交交渉をして友好関係の回復を表明しても上っ面の妥協にとどまり、腹の中ではお互いに納得していないので、またすぐ歪む。

　日本人が韓国人の屈辱と怒りを理解できないのは、現在の日本人がアメリカ人に対して、かつての日本人に対する朝鮮人のように、媚びた笑顔を浮かべて自ら進んで卑屈に迎合しており、かつ、そのことを否認しているからであろう。おのれの見苦しい面から目を背ける者は他者の同じような面が見えなくなるのである。

いつか将来、日本が対米依存から解放された暁には、現在の韓国人が日本人を恨んでいるように、アメリカ人に対する日本人の積年の恨みが噴出するであろう。そのとき、アメリカ人はなぜ恨まれるかわからず、日本人は恩知らずだと思うであろう。日韓関係の歪みは日米関係の歪みとつながっている。

以上は史的唯幻論に基づいた現代のこじれた日韓関係の解読であるが、わたしはこれまで同じく史的唯幻論に基づいて世界の歴史（『嘘だらけのヨーロッパ製世界史』）を、アメリカの歴史（『日本がアメリカを赦す日』）を解読してきた。本書は同じ視点から日本の歴史を解読しようとする試みである。ヨーロッパ人がつくったヨーロッパの歴史も、日本人がつくった日本の歴史も、アメリカ人がつくったアメリカの歴史も、そこに何が描かれているかということより、何が隠されているかを探求することが重要である。何を隠しているかこそがそれぞれの歴史を自覚されないで暗黙のうちに決定しているからである。

どの民族・国家も、そのようなことはなかったことにしたい屈辱の事件・罪過の事件を過去に多々抱えており、それらのトラウマを隠蔽・否認・歪曲・正当化しようと必死にあがいてきている。というより、ある深刻なトラウマがあったからこそ、そのトラウマにどう対処するかということをきっかけとして民族が民族として、国家が国家として成立したのである。そのトラウマとは、ヨーロッパ人にとっては、ローマ帝国に蛮族と蔑視され植民地化された屈辱であり、日本人にとっては、白村江において唐・新羅連合軍に敗北した屈辱であり、アメリカ人にとっては、親切に迎えてくれた先住民を大量虐殺した罪過であった。

それぞれのトラウマの隠蔽・否認・歪曲・正当化の策として、ヨーロッパ人はヨーロッパ文明至上主義を、日本人は天孫降臨神話を、アメリカ人は自由民主主義の正義をデッチあげた。そのようなデッチあげは、何百年経とうが何千年経とうが、当該の民族・国家のあり方を永遠に規定し続ける（そのデッチあげがデッチあげであることを自覚して克服しない限りは）。なぜなら、それは当該の民族・国家の政治的・経済的・文化的構造を形成し、いったん形成されたその構造は存在し続けるからである。ヨーロッパ・日本・アメリカのそれぞれの歴史は、それぞれのトラウマの隠蔽・否認・歪曲・正当化のための必死の努力の軌跡として理解しなければならない。

岸田秀（きしだ・しゅう）

精神分析者、エッセイスト。1933年香川県生まれ。早稲田大学文学部心理学専修卒。和光大学名誉教授。『ものぐさ精神分析　正・続』のなかで、人間は本能の壊れた動物であり、「幻想」や「物語」に従って行動しているにすぎない、とする唯幻論を展開、注目を浴びる。著書に、「岸田秀コレクション」全19冊（青土社）、『希望の原理』（朝日出版社）、『幻想の未来』（講談社学術文庫）、『二十世紀を精神分析する』（文藝春秋）、『歴史を精神分析する』（中公文庫）、『性的唯幻論序説』（文春新書）、『嘘だらけのヨーロッパ製世界史』（新書館）、『唯幻論大全 岸田精神分析40年の集大成』（飛鳥新社）など多数。

柳澤健（やなぎさわ・たけし）

1960年東京都生まれ。慶應義塾大学法学部卒。文藝春秋に入社し、『週刊文春』『Sports Graphic Number』編集部などに在籍。2003年に退社し、フリーとして活動を開始する。2007年にデビュー作『1976年のアントニオ猪木』（文藝春秋）を上梓。著書に『1993年の女子プロレス』（双葉社）、『1985年のクラッシュ・ギャルズ』（文藝春秋）、『日本レスリングの物語』（岩波書店）、『1964年のジャイアント馬場』（双葉社）、『1974年のサマークリスマス』（集英社）がある。

日本史を精神分析する

自分を知るための史的唯幻論

著者　岸田秀・柳澤健

発行　2016年12月23日　第1版第1刷発行

発行者　株式会社　亜紀書房
東京都千代田区神田神保町1-32
TEL　03-5280-0261
振替　00100-9-144037
http://www.akishobo.com

装丁　南伸坊
扉画　「泥絵　武州潮田遠景」一般財団法人　黒船館所蔵
レイアウト　コトモモ社
DTP・印刷・製本　株式会社トライ
http://www.try-sky.com

Printed in Japan

これが沖縄の生きる道

仲村清司／宮台真司

一五〇〇円

沖縄　オトナの社会見学　R18

仲村清司／藤井誠二／普久原朝充

一六〇〇円

亜紀書房翻訳ノンフィクションシリーズ

戦地からのラブレター
第一次世界大戦従軍兵から、愛するひとへ
ジャン＝ピエール・ゲノ 編著
永田千奈 訳
一九〇〇円

ミズーラ
名門大学を揺るがしたレイプ事件と司法制度
ジョン・クラカワー 著
菅野楽章 訳
二五〇〇円

黒い司法
黒人死刑大国アメリカの冤罪と闘う
ブライアン・スティーヴンソン 著
宮﨑真紀 訳
二六〇〇円